JN072110

図解

諸子百家の思想

浅野裕一

角川文庫
24052

はじめに

春秋・戦国時代は、諸子百家と呼ばれる思想家たちが活躍した時代で、中国の思想史上最大の黄金期である。人はいかに生きるべきか、国家・社会はいかに在るべきか、そもそも人間とは何か、世界とはいったい何かといった難問に解答を見出《みいだ》そうと、さまざまな思想家が思索の旅を続けた。

彼らは異なる学派との論争を繰り返しながら、互いに刺激し合って思想の水準を高めていく。表向きは論敵の主張を全面的に否定しておきながら、裏では相手の長所をこっそり取り込むといったやり方も、しばしば行われた。こうして各学派は、自己の弱点を覆いながら、他学派を批判する舌鋒《ぜっぽう》を磨いていったのである。

諸子百家が活動した春秋・戦国時代は、同時に絶え間のない戦乱の時代でもあった。周王朝の建国当初には千余りもあった封建諸国は、侵略と併合によって次々に滅び、春秋時代の初めには百余り、戦国時代には十余りにまで減少していく。この国家の大量絶滅の過程で無数の人々が殺戮《さつりく》され、辛うじて生き残った人々も、祖国や家族・財産を失って飢えや寒さに苦しみながら、悲嘆に暮れて死んでいった。

このように凄惨な時代であったからこそ、人々は思想に未来への希望を託そうとした。思想とは、所詮は言葉が紡ぎ出した観念的思弁でしかない。だがあまりにも暗く惨めな現実に打ちのめされた人々にとっては、実体のない言葉が描き出す未来像が、最後の希望の灯火《ともしび》となったのである。言葉や観念によって目の前の現実を乗り越え、世界を変えられると信ずる徒手空拳の闘いにこそ、思想の本質がある。本書を通じて、思想という営みの面白さを、多少なりとも感じ取って頂ければ幸いである。

「諸子百家」を書名に掲げる以上、縦横家《しょうおうか》の『鬼谷子《きこくし》』や神農家《しんのうか》の許行《きょこう》・陳相《ちんそう》なども扱うべきであろうが、紙数の都合で収録できなかった。興味のある方は、本書を一つの契機として、さらに他の諸子百家の思想にも触れて頂ければと願う次第である。

二〇二三年九月五日

浅野裕一

目次

図版作成　小林美和子

第一章　諸子百家とは何か

諸子百家の分類

諸子《しょし》とは多くの学者先生といった意味で、百家《ひやつか》とは多数の学派の意味である。したがって百は具体的な数字ではなく、実際に諸子の学派が百もあったわけではない。しかも名家《めいか》や法家《ほうか》、陰陽家《いんようか》といった学派名の多くは、諸子百家が活動した春秋・戦国時代には存在していなかった。

これらの学派名は、前漢末の学者・劉歆《りゆうきん》に始まる。劉歆の父である劉向《りゆうきよう》は、前漢成《せい》帝《てい》の時代に、秘府《ひふ》（宮中の図書館）が所蔵する典籍の校訂《こうてい》を命ぜられた。劉向は一書の校訂が終了するたびに、目次と解題を作成し、それを叙録《じよろく》としてそれぞれの書物に附載《ふさい》して皇帝に奏上《そうじよう》した。こうして劉向が作った叙録だけを集めた書物が『別録《べつろく》』である。ただし『別録』は亡《ほろ》んでしまい、わずかにその一部が他の書物に引用されて伝わるに過ぎない。

劉向はすべての校訂作業を終える前に死去したが、哀帝《あいてい》は息子の劉歆に典籍校訂の事業を継承させた。劉歆は父の遺業を引き継いで完成させるとともに、秘府の典籍を七種に分類して『七略《しちりやく》』を著した。『七略』の内訳は、輯《しゆう》略・六芸《りくげい》略・諸子略・詩賦《しふ》

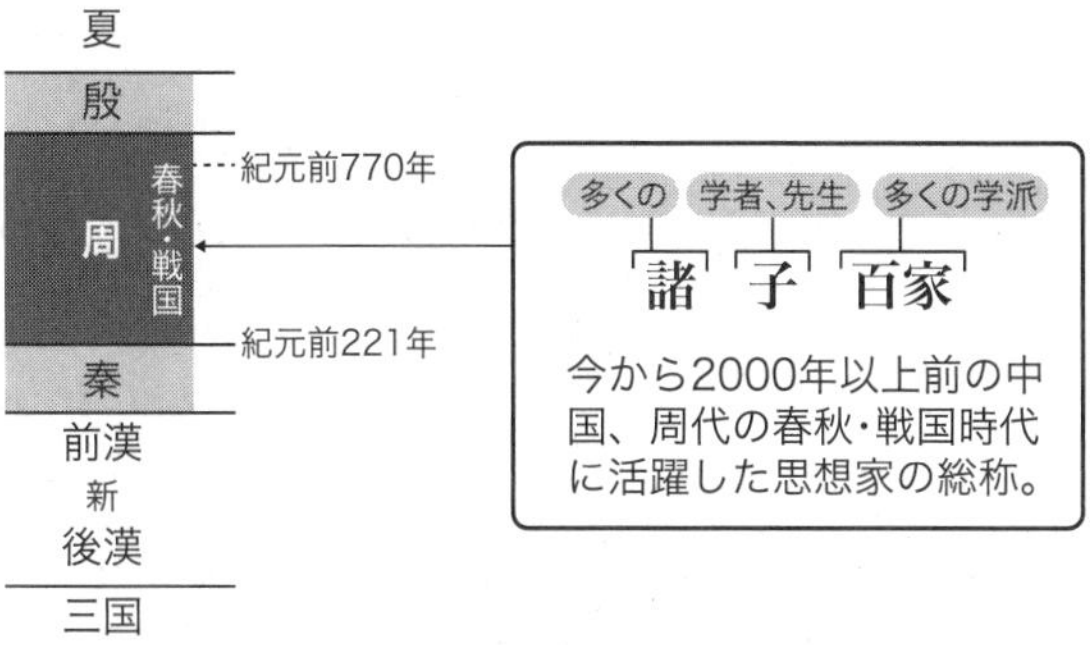

学派の分類、命名は前漢の『七略』の諸子略によるとされ、諸子略の9種に、兵書略の兵家を加えて10種と考える。

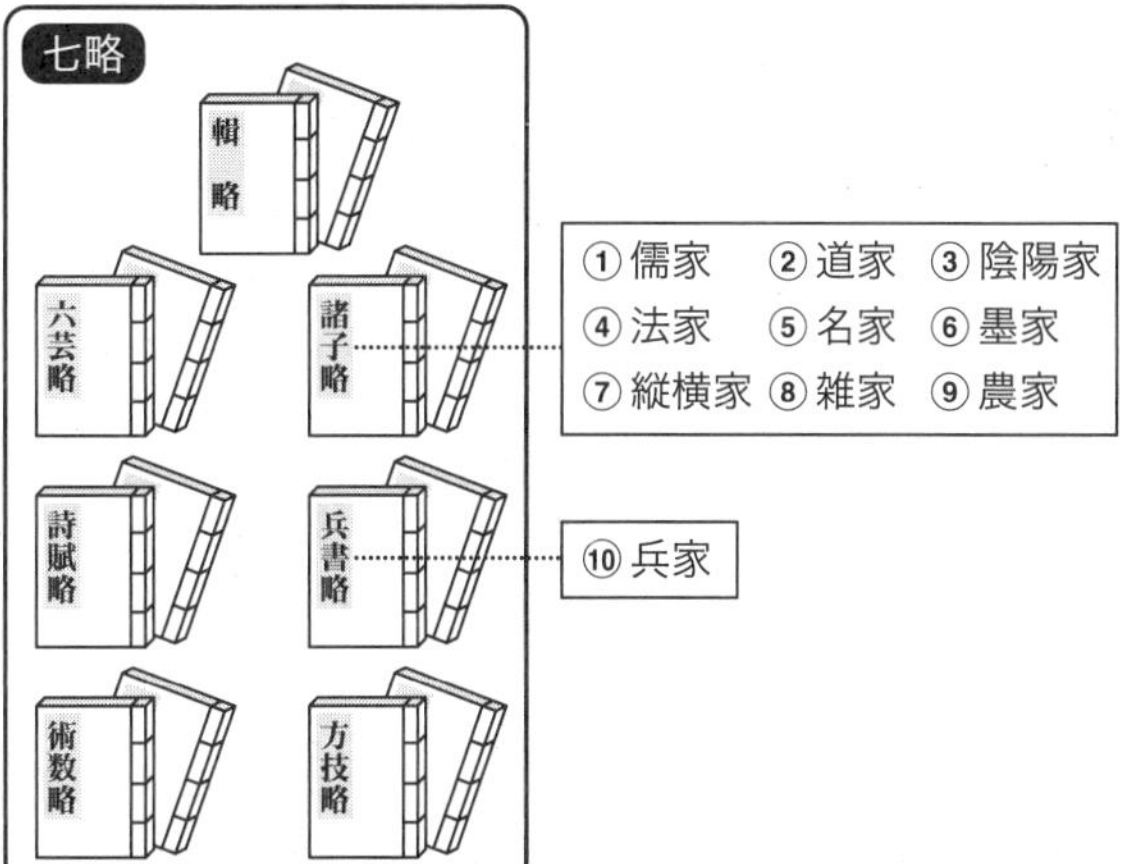

略・兵書略《へいしょ》・術数略《じゅつすう》・方技略《ほうぎ》の七種であるが、先頭の輯略は全体の総論だから、実質的には六種となる。

この『七略』もまた亡んで伝わらないが、後漢の班固《はんこ》が作った『漢書《かんじょ》』芸文志《げいもんし》は、『七略』の体裁を踏襲しているから、芸文志によってその分類形態を知ることができる。それによれば諸子略の中は、さらに（1）儒家《じゅか》、（2）道家《どうか》、（3）陰陽家《いんようか》、（4）法家《ほうか》、（5）名家《めいか》、（6）墨家《ぼくか》、（7）縦横家《しょうおうか》、（8）雑家《ざっか》、（9）農家《のうか》、（10）小説家《しょうせつか》の十種に分類されている。

最後の小説とは、巷《ちまた》の噂話などを聞き記した、ちっぽけな話という意味で、とても思想と呼べる代物ではない。そこで通常は、小説家を除外して九流《きゅうりゅう》百家と呼ぶ。ただし兵家については、別に兵書略が立てられたため、九流には含まれていない。もちろん実質的には、兵家を加えて十流と考えた方がよい。

新出土資料の発見

春秋時代後期に孔子《こうし》が魯《ろ》に学団を創設して、諸子百家の時代が幕を開けてからのち、直伝《じきでん》・再伝《さいでん》・三伝《さんでん》の後学たちの具体的活動は、これまでほとんど不明であった。その最大の原因は、確実にこの時代に成立したと証明できる文献が乏しかった点にある。

そのため儒家が「六経《りくけい》」と総称する『詩《し》』『書《しょ》』『礼《れい》』『楽《がく》』『易《えき》』『春秋《しゅんじゅう》』などの書物を、それぞれどのように経典化《けいてんか》していったのか、その過程もやはり不明のままであった。

だがこうした状況は、一九七〇年代以降相次いだ古代文献の出土によって、大きく変わりつつある。一九七二年には山東省臨沂県銀雀山《りんぎけんぎんじゃくざん》の前漢墓《ぜんかんぼ》から、竹簡《ちくかん》に記された『孫子兵法《へいほう》』『孫臏《そんぴん》兵法』や『六韜《りくとう》』『尉繚子《うつりょうし》』といった兵書、『晏子春秋《あんししゅんじゅう》』などが発見された。翌年の十二月には湖南省長沙馬王堆《こなんしょうちょうさまおうたい》の前漢墓から、帛《はく》に記された甲・乙二種類の『老子』(帛書『老子』)や、『経法《けいほう》』『十六経《じゅうろくけい》』といった黄老《こうろう》思想の文献、『戦国縦横家書《せんごくしょうおうかしょ》』と名付けられた『戦国策《せんごくさく》』に似た文献、春秋時代の歴史説話を集めた『春秋事語』、『易《えき》』や医学書など大量の書物が発見された。

これらの考古学的発見により、『六韜』や『尉繚子』のようにこれまで偽書《ぎしょ》の烙印《らくいん》を押されてきた書物が復権したり、成立時代をめぐる論争に有力な手掛かりが提供されるなど、大きな成果が得られたのだが、依然として大きな問題も残された。発掘された墳墓は、ほとんどが秦代や漢代の造営であったため、先秦、つまり秦の始皇帝《しこうてい》の統一(前二二一年)より前の春秋時代や戦国時代の書物なのか、漢代に入ってからの書物なのかを判断する決定的な決め手にはならなかったのである。

春秋末から戦国期の終わりまでは、諸子百家が活動した中国学術史上の黄金時代で、『論語《ろんご》』『孟子《もうし》』『荀子《じゅんし》』『老子《ろうし》』『荘子《そうじ》』『韓非子《かんぴし》』『孫子《そんし》』『呉子《ごし》』など、日本人にも馴《な》染《じ》みの深い中国古典と言えば、大半がこの時代の書物である。

郭店楚簡の発見

諸子百家の著作については、辛亥《しんがい》革命によって中華民国が成立した（一九一二年）頃から、伝承通り先秦《せんしん》の書とする考え方（信古《しんこ》）と、それを疑って秦漢《しんかん》以降の書とする考え方（疑古《ぎこ》）、及び両者を折衷する考え方（釈古《しゃくこ》）の立場が入り乱れ、激しい論争が展開されてきた。

そのため、諸子百家の書物の成立時期を額面通り先秦と見るか、それとも秦漢以降と見るかは、古代思想史の学界では極めて重大な問題であり続けたのである。ところが前項で紹介した新出土資料は、いずれも秦漢期の墓からの発見であったため、最大の争点に決着をつける決め手にまではならなかったのである。

だが最近になって事情は一変した。一九九三年に湖北省荊門市《こほくしょうけいもんし》郭店《かくてん》の一号楚墓《そぼ》から七百三十枚ほどの竹簡《ちくかん》が出土した。墓があった場所は、春秋・戦国時代の楚の都・郢《えい》の北方、約九キロメートルで、楚の貴族の墓《ぼ》陵地《りょうち》だったところである。この竹簡はそ諸子百家の著作の成立年代をめぐっては、先秦か否かで激しい論争が展開されていた。

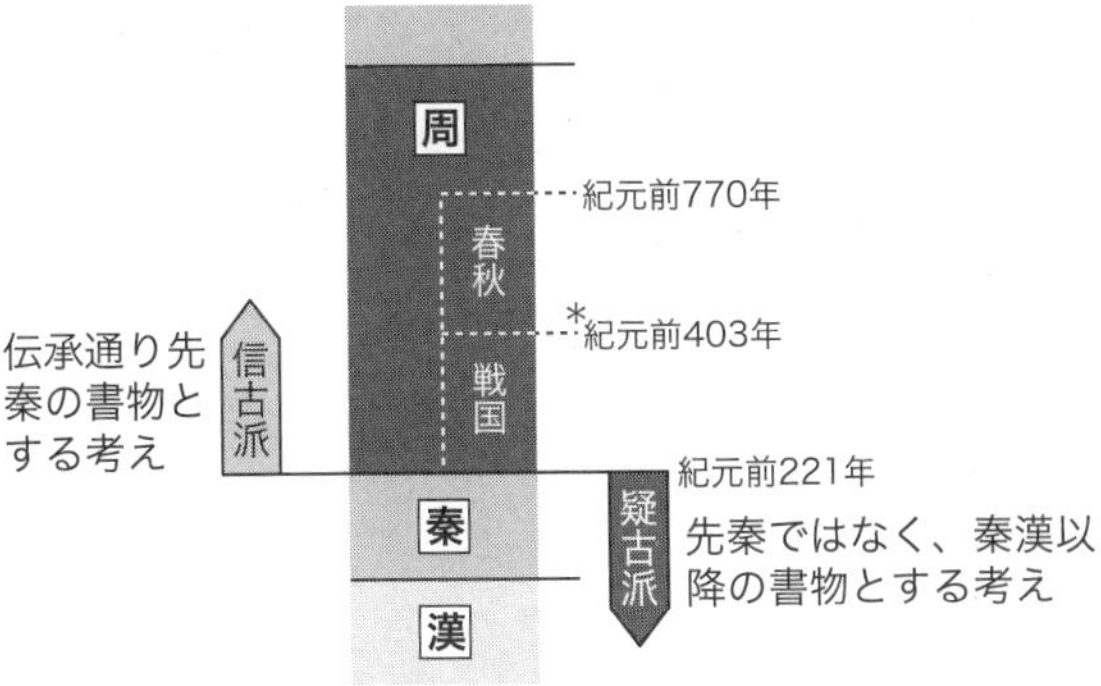

＊戦国時代開始年については、複数の区分法がある。

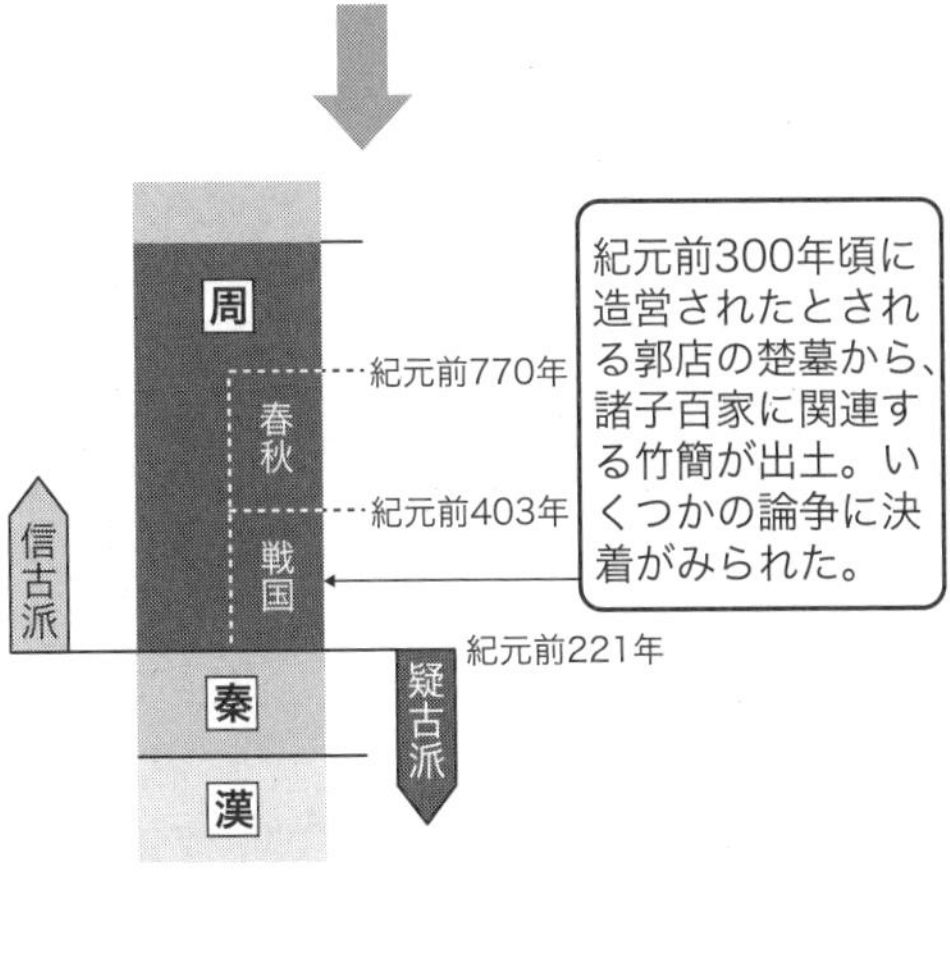

の後整理・解読され、その全容は一九九八年五月に文物出版社から『郭店楚墓竹簡』として刊行された。

それによれば、竹簡の中には、三種類の『老子』抄本《しょうほん》や『太一生水《たいいっせいすい》』と名付けられた道家関係の著作、『礼記《らいき》』緇衣《しい》篇をはじめとする儒家関係の著作などが含まれている。

そして最も重要な点は、これらが戦国時代中期（前三四二～前二八二年）の後半、紀元前三〇〇年頃に造営された墓から出土した点である。戦国期の墓から、思想関係の文献がまとまった形で発見されたのは今回が初めてであり、戦国期の墓から出てきた書物は、先秦時代の書物であることが確定するから、先秦か秦漢以降かとの論争に決着をつける、いくつかの決定的な決め手が得られた。この点で郭店楚簡の発見は、画期的な意義を持つのである。

郭店楚簡の儒家系文献

郭店楚簡《かくてんそかん》の中に、儒家関係の著作が多数含まれていたことは、先に述べた孔子の後学、七十子《しちじっし》及びその門人たちの活動を考える上で、有力な手掛かりを提供する。郭店から出土した儒家関係の著作は、『礼記《らいき》』緇衣《しい》篇、『魯穆公問子思《ろぼくこうもんしし》』『窮達以時《きゅうたついじ》』『五《ご》

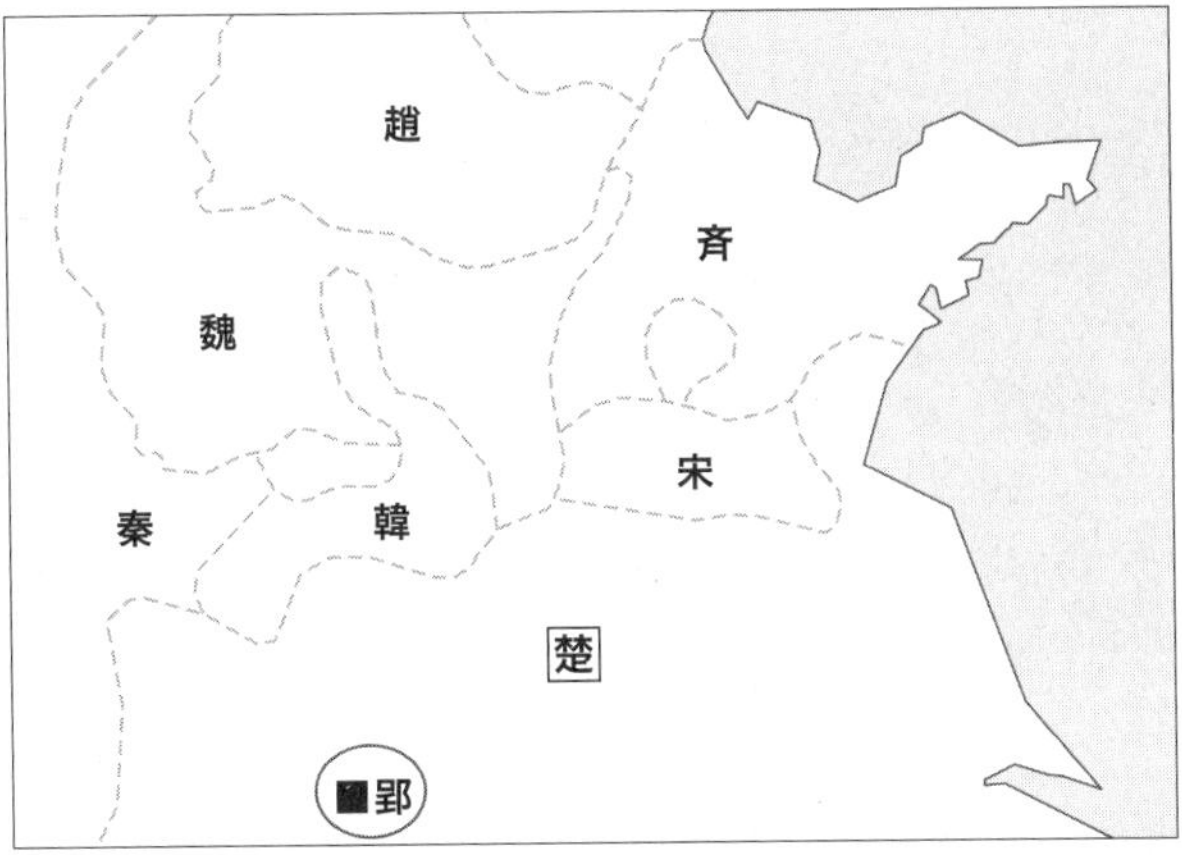

春秋・戦国期の楚の首都、郢の付近で、1993年、湖北省荊門市郭店の一号楚墓から、儒家、道家に関連したものをはじめ、さまざまな竹簡が出土した。

行《こう》』『唐虞之道《とうぐのみち》』『忠信之道《ちゅうしんのみち》』『成之《せいし》聞之《ぶんし》』『尊徳義《そんとくぎ》』『性自命出《せいじめいしゅつ》』『六徳《りくとく》』『語叢《ごそう》一』『語叢二』『語叢三』『語叢四』などである。

ただし『語叢』は、楚の太子《たいし》の教育係（「東宮《とうぐう》の師《し》」）と目される被葬《ひそう》者《しゃ》が、さまざまな文献から有益な文章を抜粋して、太子教育のテキスト用に編集したものと考えられる。したがって、その中に儒家的な文章が多数含まれてはいても、その全体を儒家の著作と見なすわけにはいかない。儒家的内容をほとんど含まない『語叢四』などは、とりわけそうである。また竹簡に篇名が記されていたのは『五行』のみで、後はすべて竹簡を整理した中国の研究者が、内容の特色を考えて便宜的に命名したものである。

これらの中で、儒家系文献であることが最も明瞭《めいりょう》なのは『魯穆公問子思』で、そこに出てくる子思《しし》は、孔子の孫である。郭店楚簡の儒家系文献には、子思以外の儒者の名前は見えない。後で紹介する上博楚簡《しゃんはくそかん》の儒家系文献に、孔子・子路《しろ》・顔回《がんかい》・子貢《しこう》・子羔《しこう》など有名な人物が多数登場するのとは、全く対照的である。

これは上博楚簡の儒家系文献には、孔子と門人の問答体で書かれた篇が多いのに対して、郭店楚簡の儒家系文献の側には、理屈だけを書いた篇が多く、固有名詞がほとんど出てこないためである。

しかし書いてある内容を読むと、仁義《じんぎ》や礼楽《れいがく》が話題になっていて、これらが間違いなく魯・斉《せい》・衛《えい》などで活動した儒家によって作られた文献であることがわかる。

「六経」の成立時期

さてこれらの儒家的著作から、我々はどのようなことを知り得るのであろうか。その第一は、「六経《りくけい》」の成立時期である。儒教では『詩《し》』『書《しょ》』『礼《れい》』『楽《がく》』『易《えき》』『春秋《しゅんじゅう》』の六種の書物を経書・経典と見なし、「六経」と総称する。

これまでは、『易』が儒教の経典になったのは、民間人の書籍所持を禁ずる始皇帝の「挟書の律《きょうしょりつ》」や焚書坑儒《ふんしょこうじゅ》（前二一三年）により、儒者が『詩』や『書』を口にすることを禁じられ、吉凶を占う実用の書として禁圧の対象外とされた『易』を経典に取り込んでからだとされてきた。つまり『易』は秦漢交代期以降に、初めて儒教の経典になったのであり、それ以前は『易』を除いた五経《ごきょう》だったというのが、従来の定説だったのである。

だが郭店楚簡の「六徳」には、「諸《これ》を詩・書に観《み》れば、則《すなわ》ち亦《ま》た在《あ》り。諸を礼・楽に観れば、則ち亦た在り。諸を易・春秋に観れば、則ち亦た在り」と、『詩』『書』『礼』『楽』『易』『春秋』を経典視する記述が見える。さらに「語叢《ごそう》一」にも、「易は天道と人道を会《あつ》むる所以《ゆえん》なり」とか、「詩は古今の志《こころざし》を会むる所以なり」「春秋は古今の事を会むる所以なり」といった記述が含まれる。これによって紀元前三〇〇年をかなり遡《さかのぼ》る時期から、すでに『易』が儒教の経典とされ、「六経」の考え方が成立していたことが判明した。

郭店楚墓《かくてんそぼ》の造営時期は、副葬品《ふくそうひん》の特徴から紀元前三〇〇年頃と推定されている。また副葬品の中に、高齢者に対して君主から下賜《かし》される鳩杖《きゅうじょう》が含まれていたことから、被葬者《ひそうしゃ》は七十歳を超える高齢だったと推定されている。

とすれば郭店楚簡は、被葬者の男性が生前所持していた書籍であるから、それが筆写された時期は、前三〇〇年を相当遡るとしなければならない。もし被葬者が七十数歳で死亡し、二十歳頃にこれらの書物を入手していたとすれば、郭店楚簡は前三五〇年頃にはすでに書写されていたことになる。

『中庸』の作者は誰か

しかもこれらの書物が原著ではなく、転写を重ねた写本であることを考慮すれば、原著の成立は書写された時期をさらに遡り、戦国前期や春秋末がその時期になるであろう。またこれらの儒家的著作は、孔子の孫である子思《しし》と魯《ろ》の穆公《ぼくこう》の問答を記す篇の存在や、思想内容の特色から、主に子思学派の著作と考えられる。

したがって、もともとこれらの著作は、七十子《しちじっし》及びその門人たちの活動時期とほぼ同じ頃、孔子が学団を構えた魯や、魯の隣国の斉《せい》といった山東地方で書かれたと推定される。とすれば「六経」の考え方も、孔子の死後まもなく、七十子の時代にすでに成立していた可能性が高くなる。

また『礼記《らいき》』緇衣《しい》篇が出土したことも、大きな意味を持つ。現行の『礼記』四十九篇は前漢の戴聖《たいせい》が伝えた「小戴礼記《しょうたいらいき》」に基づくとされる書物であるが、その中の大学《だいがく》篇と中庸《ちゅうよう》篇を南宋の朱子が抽出して、『大学』『中庸』として独立・単行させ、さらに

『論語』『孟子』と合わせて四書と称した。最初は偽学《ぎがく》として弾圧されて四書は一時禁書とされたが、後に朱子学が大いに流行して国家公認の学問となったため、大学篇と中庸篇は『礼記』の中で最も有名な篇となり、その結果、両篇の成立時期が大きな関心を集めることとなった。

『史記』孔子世家《こうしせいか》で司馬遷《しばせん》は「子思は中庸を作る」と述べて、中庸篇の作者を孔子の孫の子思としている。一方の大学篇の作者については、子思とする説や曾参《そうしん》及びその門人とする説などがあるが、いずれも確証に乏しい。もっとも、大学篇と中庸篇の作者を、孔子の直弟子である七十子の徒とする点では共通しており、これが伝統的な理解であった。そこで大学篇や中庸篇は、春秋末、すなわち前五世紀後半に著作された書物だと考えられてきたのである。

『中庸』に対する疑古派の見方

こうした伝統的な見方が大きく転換したのは、姚際恒《ようさいこう》や、清末公羊学派《くようがくは》の康有為《こうゆうい》に源を発する顧頡剛《こけつごう》などの疑古《ぎこ》派の活動以後のことである。疑古派はそれまで先秦の書とされてきた文献に対して、片っ端から疑念を提示し、その多くに秦・漢以降の成立だとの判定を下した。

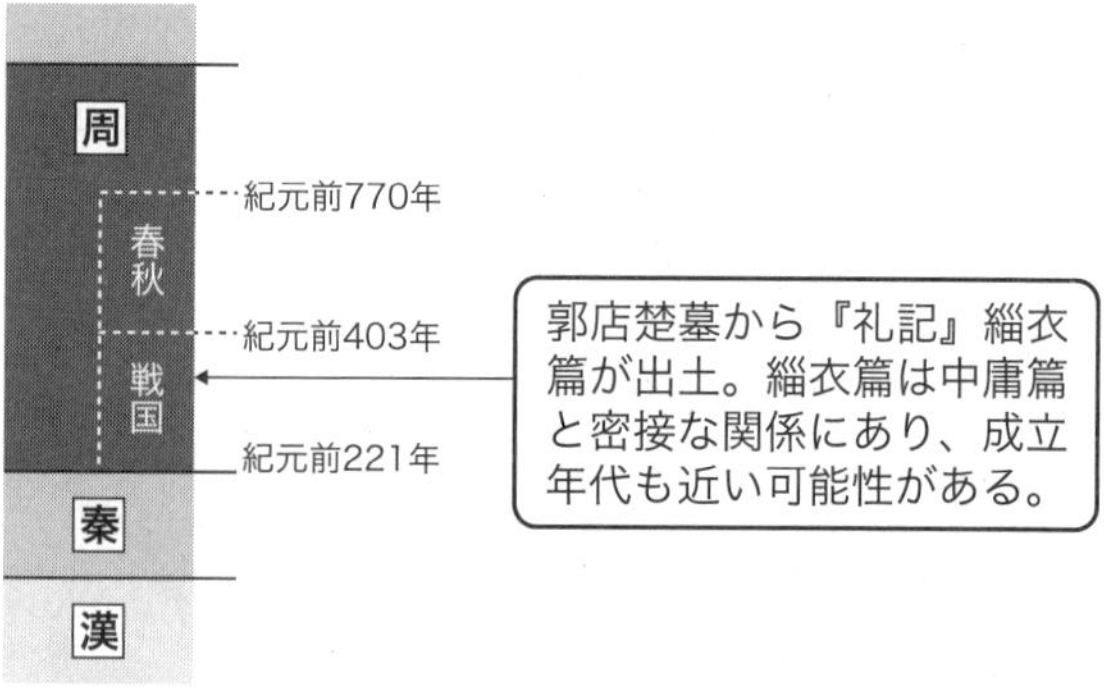
周
紀元前770年
春秋
紀元前403年
戦国
紀元前221年
秦
漢
郭店楚墓から『礼記』緇衣篇が出土。緇衣篇は中庸篇と密接な関係にあり、成立年代も近い可能性がある。

この風潮は直ちに日本にも伝わり、古代の伝承を無批判に信じ込むのは非学問的態度であり、文献を精緻《せいち》に分析して古代伝承に批判的姿勢を取ることこそが、真に科学的な研究なのだとする考えが学界の主流となる。『大学』や『中庸』に対しても、こうした観点から再検討が加えられた。

『中庸』に関して言えば、『中庸』全体を前半と後半に二分し、前者を子思本人もしくはそれに近い門人の著作、後者を一五〇年以上も後の秦の時代の子思学派の著作と見る説、二分説を否定した上で、戦国末の荀子の頃に成立していた原型を、秦の始皇帝の時期に完成させたとする説、道家思想の影響や漢代的述作《じゅっさく》形態との酷似《こくじ》を指摘して、『中庸』を前漢武帝期以降の作とする説などが、その代表的なものである。

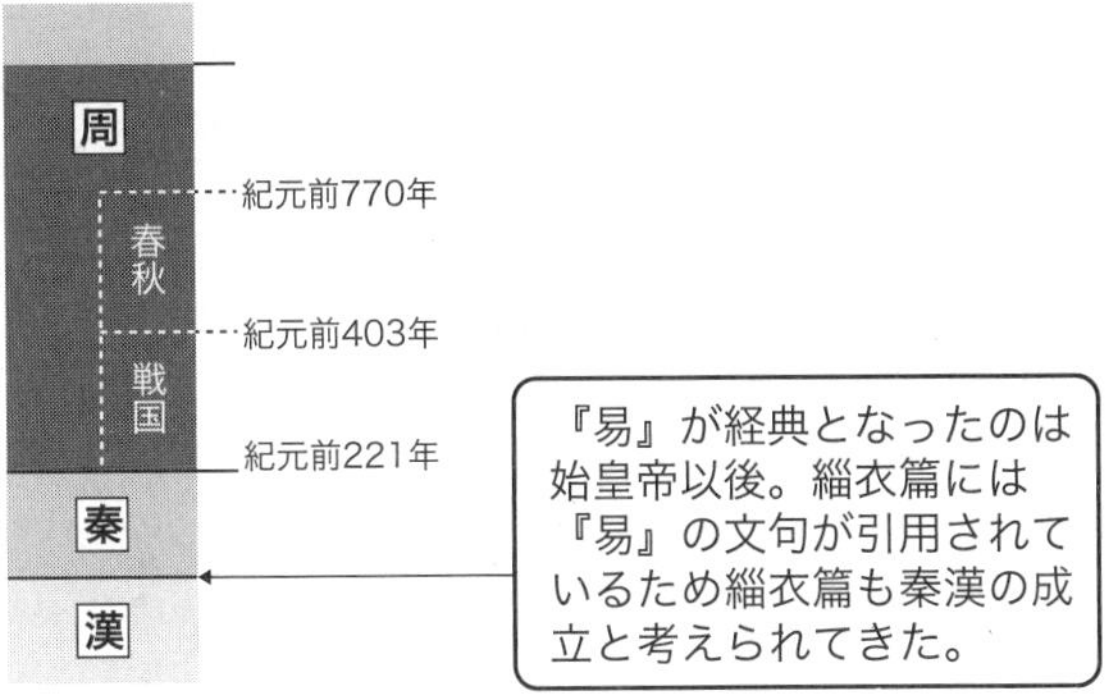
周
紀元前770年
春秋
紀元前403年
戦国
紀元前221年
秦
漢
『易』が経典となったのは始皇帝以後。緇衣篇には『易』の文句が引用されているため緇衣篇も秦漢の成立と考えられてきた。

同様に『大学』も、おおむね秦漢期以降の儒家の著作とされるに至った。その結果、大学篇・中庸篇を含む『礼記《らいき》』自体についても、その大半の篇は、秦漢の儒家の著作と考えられるようになった。

だが郭店楚簡の中から『礼記』の緇衣《しい》篇が発見され、疑古派の諸説は根本から覆《くつがえ》ってしまった。

緇衣篇は、表記《ひょうき》篇・坊記《ぼうき》篇とともに、かねてから中庸篇との密接な関連が指摘されてきた篇である。緇衣篇は、孔子が天下の為政について自説を開陳《かいちん》する体裁を取るが、その中で孔子は『易《えき》』の文句を引用している。『易』が儒家の経典になったのが、秦の始皇帝以後だとするのが疑古派の見解であったから、それに従えば、緇衣篇の成立も当然漢代に入ってからだということとになる。

第二の衝撃・上博楚簡の出現

戦国中期の墓から『礼記《らいき》』の緇《し》衣《い》篇が出土した以上、その成立を漢代だと主張することは全く不可能となった。おまけに前三〇〇年以前から、すでに『易』が儒家の経典と見なされていたことも判明したから、疑古派の論拠は完全に吹き飛んでしまったわけである。

こうした状況を踏まえるならば、『礼記』四十九篇の大半は、やはり七十子《しちじっし》及びその後学の手に成ると考えるべきであろう。そこで『礼記』や郭店《かくてん》楚《そ》簡《かん》を資料に用いて、孔子から孟子に至る儒教の展開を探ることが可能となってきたのである。

さらに一九九九年一月五日付の中国の日刊紙「文匯報《ぶんわいほう》」は、上海博物館は香港の骨《こっ》董市場《とういちば》から、戦国時代の墓から出土した竹簡《ちくかん》約千二百本を購入して整理・解読を進めており、その成果は近く公刊されると報じた。

その内容は、『易経《えききょう》』をはじめとして、儒家・道家・兵家などの著作八十数篇、約三万五千字にわたり、『礼記』緇衣篇や『礼記』孔子《こうし》間居《かんきょ》篇、楚の貴族と史官との問答を記す「夫子《ふうし》答史籀問《とうしちゅうもん》」、孔子の詩論や「賦《ふ》」「楽礼《がくれい》」「楽書《がくしょ》」など音楽に関する篇、

「顔淵《がんえん》」「子路」「子羔《しこう》」「曾子《そうし》」「曾子立孝《そうしりつこう》」など孔子の門人に関する諸篇、道家に関する著作と目される『彭祖《ほうそ》』や『恆先《こうせん》』、「曹沫之陳《そうまつのじん》」といった兵書などが含まれている。

この上博楚簡は、九分冊に分けて全体が公表される予定で、二〇〇六年の段階で第五分冊まで刊行されている。またどの文献の一部なのかわからない断片だけを収録する別冊も刊行される予定である。内容が公開されるやいなや、多数の研究者が論文を執筆し、雑誌の印刷まで待てないというので、インターネット（簡帛網）に先を争って発表される有様で、現在最も白熱した研究分野になっている。

思想史の編年は有効か

今後これらの新出土資料の研究が進めば、春秋末から戦国末までの諸子百家の思想が、これまでとは比較にならないほど鮮明にされるであろう。そして従来の通説・定説の類《たぐ》いは、より大規模に、より徹底的に破壊されるであろう。先秦の書物であることを疑って漢代以降の成立だと主張してきた疑古《ぎこ》派の学説は、今や壮大な屁理屈《へりくつ》の山と化しつつあり、その破綻《はたん》はもはや確定的である。

あの一見緻密《ちみつ》そうに見えた論証の、どこに欠陥があったのであろうか。彼らは『史《し》記《き》』『漢書《かんじよ》』に記されるような古代の伝承を、信憑性《しんぴようせい》に乏《とぼ》しいとして片っ端から疑ったのだが、疑う側の論拠の方が、主観的こじつけに傾いていて、実は疑わしかったのである。

筆者も親しくしている清華《せいか》大学の李学勤《りがくきん》教授は、一九九四年に『走出疑古時代《そうしゆつぎこじだい》(さらば疑古時代)』を出版し、この風潮から抜け出すべきだと宣言した。これは古代思想史研究のパラダイムを転換させた、記念碑的著作である。

だが日本には、疑古派の思考回路から抜け出せない学者がまだまだ大勢いる。疑古派の立場から書物の成立時代をできるだけ引き下げようとする側は、新出土資料の出現によって、以前に発表した自分たちの学説が覆《くつがえ》されるのを恐れ、近年「思想史の編年《へんねん》」などという考え方を、もっともらしく主張してきた。自分たちが勝手に組み立てた「思想史の編年」の側を絶対的な基準にして、それに合うよう新出土資料の成立時代の側を引き下げようとするのである。

だが「思想史の編年」なるものを組み立てる基準は、似たような思想は同じ頃にできたというに過ぎない。だがこうした基準は、似たような思想が長期間存続した場合は、何の有効性も持たない。

編年には豊富なサンプルが必要

古生物学で言えば、ある限られた時代にのみ棲息《せいそく》し、その後絶滅した生物は、特定の時代を割り出すための指標、示準化石となれる。三葉虫の化石が出てくれば、そこは必ず古生代《こせいだい》の地層なのであり、トウキョウホタテの化石が出てくれば、そこは必ず新生代新第三紀鮮新世後期か新生代第四紀更新世の地層と特定できるのである。

これに反してカブトガニやオウムガイのように、生きた化石と呼ばれるような、ほとんど形を変えないまま、長い時代を生き延びてきた生物の化石は、時代を特定する指標にはなりにくい。古生代から姿を変えずに生き延びてきたシーラカンスが捕獲されたからといって、コモロ諸島の沖合が古生代の海というわけではない。

しからば古代思想史の分野で、一見似たように見える思想の内部をさらに細かく分類し、より精密な編年を作り上げることは可能だったであろうか。答えは否である。古代儒家思想について言えば、編年を組み立てる指標になり得るのは、せいぜい『論語』『孟子』『荀子』の三つぐらいしかない。

こうした制約の下で、『論語』にはなく『孟子』に似ているから、孟子の頃にできたとか、『論語』や『孟子』にはなく『荀子』に似ているから荀子の頃にできたなどと言ってみても、指標とされる『論語』『孟子』『荀子』それぞれの前後の状況が皆目《かいもく》たとえば、春秋末に活動した孔子の『論語』。戦国中期に活動した孟子の『孟子』、戦国後期に活動した荀子の『荀子』を用いて思想史の編年を作ることは可能か？

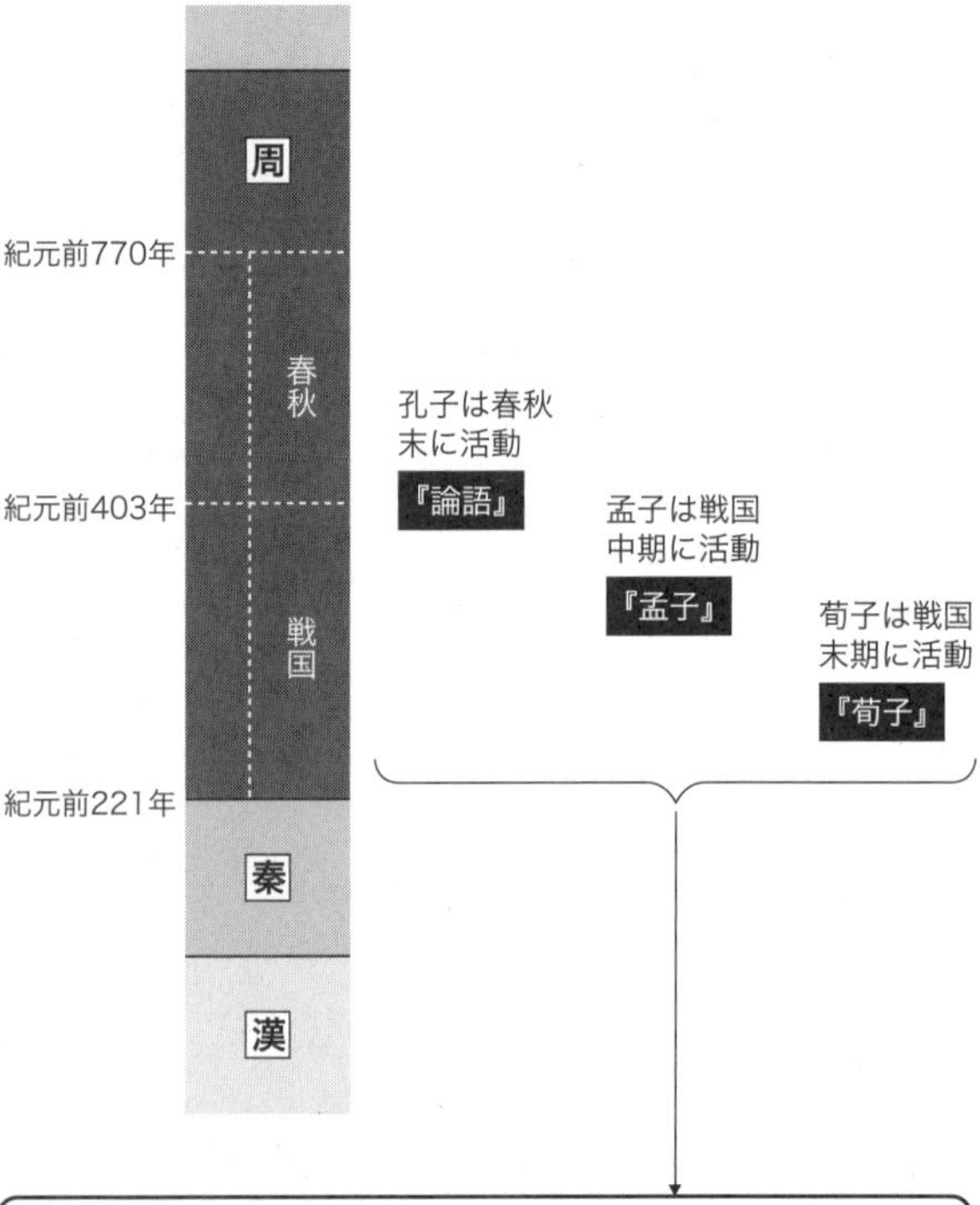

三書の前後が不明な状況下では、それぞれは指標とならず、有効な判定材料とは言いがたい。特定の時期にのみ存在するような指標となるものがなくてはいけない。

不明で、そのパターンの思想が『孟子』や『荀子』の直前にできたのか、それともかなり前からできていたのか、『孟子』や『荀子』の直後に消滅したのか、その幅と様式変化の状況がほとんどわからない以上、そうした判定方法は何の有効性も持たない。

このように考えてくると、豊富な材料を用いた細かな様式変化の編年がないにもかかわらず、似たものは同じ頃にできたというだけのお粗末な基準を振り回し、それを乱麻《らんま》を断《た》つ快刀であるかのように錯覚して小利口《こりこう》ぶったところに、失敗の原因があったとしなければならない。

孔子学団の誕生

西周から東周の春秋時代前半まで、古代中国の人々が法《のっと》るべき規範と仰いだのは、堯《ぎょう》・舜《しゅん》・禹《う》・湯《とう》・文《ぶん》・武《ぶ》といった古代先王《せんおう》の言葉である。ために先王の言葉を収録する『詩経《しきょう》』『書経《しょきょう》』は、中国世界の人々が共通してその権威を認める典籍、経典《けいてん》の扱いを受けたのである。

そこで自説を述べて他人を説得しようとする場合、「先王《せんおう》の令《れい》に之有《これあ》りて曰《いわ》く」(『国語《こくご》』周語中《しゅうごちゅう》)とか、「詩《し》に亦《ま》た之有《これあ》りて曰《いわ》く」(同)と、『詩経』や『書経』に記される先王の言を引用して自説を補強するのが、当時の知識人の常套《じょうとう》手段であった。

このように、天から命令を受けて新王朝を開いた王者の発言こそが、中国世界の人々にとって、唯一の権威ある教えであったから、天下を統治した実績を持たない一介の民間人の言論を法るべき教えと見なすことなど、その当時は全く考えられないことであった。

ところが春秋後期（前五二六〜前四〇四年）になると、思想家個人が門人を集めて学団を形成し、学団内において、師匠の言説が法るべき規範、尊重すべき教えとされる状況が生まれてくる。この新たな風潮の先駆は、孔子が魯《ろ》の都・曲阜《きょくふ》に開いた学団であった。

孔子は自ら礼学の師匠を名乗って、多数の門人を集めた。古代先王は、それぞれ自分が創始した王朝に固有の礼制や音楽を制定したとされる。だがそうした古代の礼学《れいがく》は、永い時の経過とともに伝承者を失って忘れ去られ、孔子の時代にはほとんど具体的中身がわからない状態であった。

だが孔子は、自分だけは夏《か》・殷《いん》・周《しゅう》三代の王朝の礼楽に精通していると宣伝した。そこで父兄は、子弟を孔子の学団に入門させて礼楽の知識を学ばせ、その知識によって仕官の道が開けることを期待したのである。

墨家と兵家の誕生

孔子の学団に続いて現れたのは、墨子《ぼくし》の学団である。墨子の学団もやはり魯《ろ》の国内で誕生した。儒家と墨家の思想は大きく異なっていた上に、学団の根拠地がともに魯国であったために、『墨子』には、孔子の後学たちと墨子が交わした論戦の様子が記録されている。そして儒家も墨家も魯を根拠地にしつつ、広く国外に教線を拡大していったため、荘周《そうしゅう》が「儒墨《じゅぼく》の是非《ぜひ》」と呼んだ両者の対立も、天下全体に広がっていく。かくして儒家と墨家は、戦国時代の全期間を通じて、最も大きな勢力を誇る諸子百家の双璧《そうへき》となったのである。

またこれより少し前、孔子とほぼ同じ頃に、南方の呉では兵法家の孫武《そんぶ》が活躍している。呉人《ごひと》はもともと漢民族ではなく、長江《ちょうこう》下流域に居住する未開の蛮夷《ばんい》であったが、前五八五年に族長の呉寿夢《ごじゅぼう》が王号を僭称《せんしょう》して呉を建国した。以来たびたび隣接する楚《そ》と干戈《かんか》を交えてきたが、呉王闔閭《こうりょ》の代を迎えるや、にわかに強大になる。このとき闔閭に仕えて将軍となったのが、『孫子』十三篇の作者とされる孫武である。孫武はもともとは斉《せい》の国の出身であったから、彼によって中原《ちゅうげん》の軍事思想が呉に導入されたと考えられる。

孫武を召し抱えた闔閭は、楚に対する大規模な侵攻作戦を企てた。前五一一年、闔

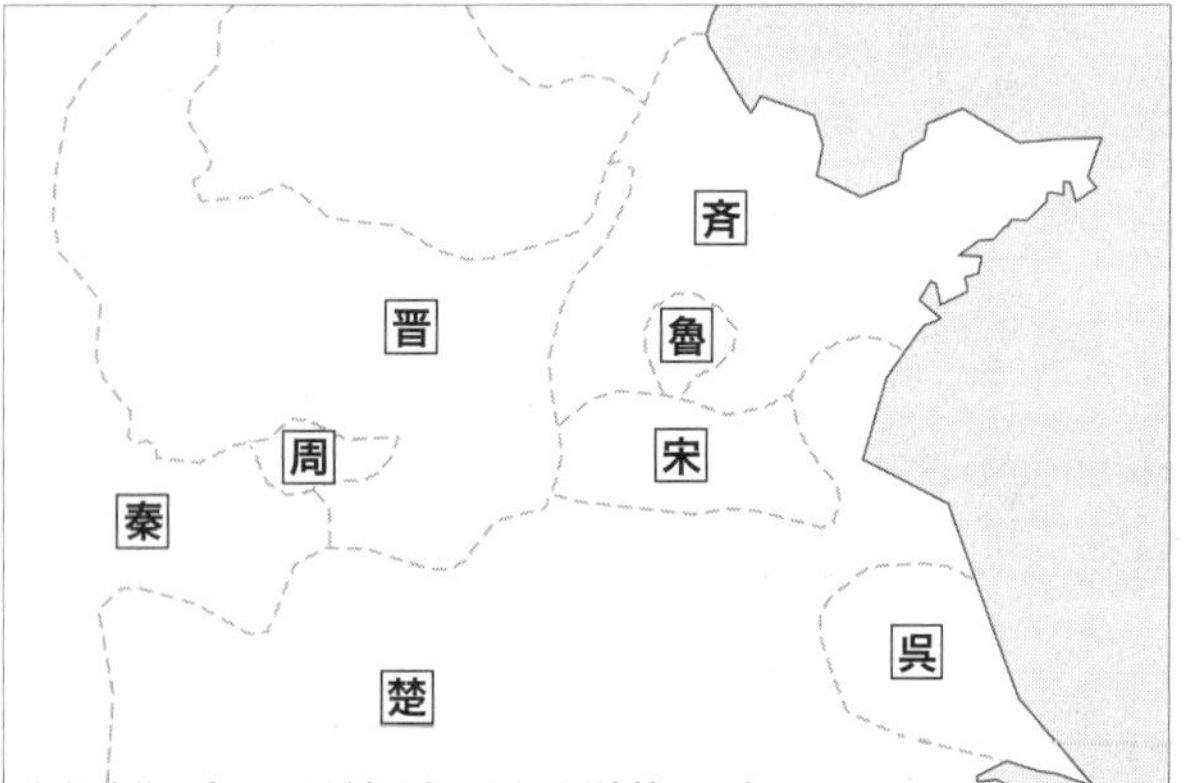

春秋時代の各国は邑制国家であり、国境線は目安

中原から離れた長江下流域に位置した呉。

闔は伍《ご》子《し》胥《しょ》と孫武が立案した対楚戦略を実行に移しはじめる。呉軍は楚軍をあちこち奔走させて、しだいに疲労させる作戦をとる。これら一連の機動戦によって、強大な楚の軍事力が疲弊しきったのを見とどけた上で、前五〇六年、呉は蔡《さい》・唐《とう》二国の兵をも合わせて楚に総攻撃をかけ、五度の会戦に連戦連勝して、ついに長駆、楚の都の郢《えい》（湖北省江陵《こうりょう》）に入城する。楚王は命からがら北辺に逃亡し、春秋の超大国である楚のほぼ全域が、またたく間に占領されるといった空前の大勝利を収める。この勝利によって兵法家・孫武の名声は天下に鳴り響き、『孫子』十三篇を奉ずる学派が形成される。

道家の誕生

儒家・墨家・兵家の誕生を見てきたが、それと相前後して、道家の祖とされる『老子』が成立したと考えられる。

『老子』の成立時期を最も古く設定するのは、孔子とほぼ同時代の春秋末とする『史記』老荘申韓列伝《ろうそうしんかんれつでん》である。だがこの伝承を信ずるに足らないとして退け、『老子』を戦国期後半から漢初にかけての成立と見るのが、近年の通説であった。

ところが馬王堆漢墓《まおうたいかんぼ》から帛書《はくしょ》『老子』が発見され、さらに郭店楚墓《かくてんそぼ》から竹簡本《ちくかんぼん》『老子』抄本《しょうほん》が発見されるに及んで、従来の通説も大幅な見直しを迫られている。前三〇〇年頃の造営と推定される郭店楚墓から竹簡本『老子』抄本が出土し、かつ被葬者が七十歳を超える高齢だったことを考慮すれば、『老子』抄本が書写された時期は、前三三〇年とか前三四〇年頃に設定しなければならないであろう。しかも原著が成立してから、転写を重ねて広く流布《るふ》するまでには、相当の期間を要する。

したがって『老子』は、戦国前期（前四〇三～前三四三年）にはすでに成立していた可能性が高い。そして『史記』が指し示す時期、すなわち春秋末に『老子』が存在していた可能性すら、決して否定はできないのである。もしそうだとすれば、儒家・墨家・兵家・道家などは、ほぼ時を同じくして誕生したことになる。

これまで宇宙生成論を備える道家思想としては、『老子』があるのみであった。しかし郭店楚簡の中には、『太一生水《たいいっせいすい》』と命名された道家の書物が含まれており、さらに上博楚簡の中には、『恆先《こうせん》』の書名を持つ道家の書物が含まれていた。この新しく発見された『太一生水』や『恆先』にも、それぞれ独自の宇宙生成論が展開されているから、すでに戦国前期から、宇宙生成論を唱える道家思想が、『老子』以外にも複数存在していた状況が明らかになってきた。

戦国中期に諸子百家が出そろう

墨子の死の前後、時代は春秋から戦国へと転換する。戦国期に入ると、ますます多くの思想家が現れ、本格的に諸子百家の時代が幕を開ける。法家の思想家としては、呉起《ごき》や商鞅《しょうおう》、中不害《しんふがい》や慎到《しんとう》、そして韓非子《かんぴし》などが活躍する。

この他《ほか》にも、「天下の安寧《あんねい》にしてもって民の命《いのち》を活《い》かし」、「民の闘いを救い、攻を禁じ兵を寝《や》め、世の戦いを救わん」（『荘子』天下篇）ことを願った宋鈃《そうけん》や尹文《いんぶん》の学派も、反戦・非闘の平和主義を掲げて盛んに活動したし、また上は君主から下は庶民に至るまで、すべての人々が自ら農耕すべきだと、天下皆農《かいのう》を訴えてまわった許行《きょこう》や陳相《ちんそう》の学派（農家《のうか》、神農家とも称する）も存在した。

さらに恵施《けいし》や公孫龍《こうそんりゅう》といった論理学派（名家《めいか》）、国際的な謀略活動に従事した蘇秦《そしん》や張儀《ちょうぎ》などの縦横家《しょうおうか》、陰陽や五行《ごぎょう》によって世界の成り立ちを説明する鄒衍《すうえん》のような陰《いん》陽家《ようか》など、多くの学派が現れて諸侯の間を遊説して歩く。もとより儒家や墨家の活動は、以前にも増して盛んに行われたし、兵家もまた多くの流派を生み出しながら発展し続けた。

これらの諸子により、世界のあるべき姿や、国家の望ましい統治方法、理想的人間像などについて、多彩なアイデアが提出された。彼らは門人を引き連れて各地を遊説し、行く先々の君主に対し、自己の思想を受け入れるよう弁論活動を繰り広げた。

当然、異なる学派があちこちで鉢合わせする結果となり、至る所で論争が展開された。論戦に敗れると、鄒衍との論争に敗北した公孫龍が、客として厚遇してくれていた平原君《へいげんくん》から退けられたように君主の保護を失ってしまい、経済的に困窮することにもなるため、学派間の論争は熾烈《しれつ》を極めた。そうした論戦の過程で、異質な思想同士が刺激し合って、相手からの新しい要素を取り入れながら、それぞれの学派はさらに思索を深めていく。

諸子百家の黄金時代

こうした状況にいっそう拍車を掛けたのは、斉の威王《いおう》（在位：前三五八～前三二〇年）・宣王《せんおう》（在位：前三一九～前三〇一年）による思想家の招聘《しょうへい》・優遇策である。

威王と宣王は天下中から著名な学者を招聘し、それに応じて集まった学者には、国都である臨淄《りんし》の稷門《しょくもん》の下に屋敷を与え、大夫《たいふ》の待遇で召し抱えた。その結果、威王のときに七十二人が稷下《しょっか》に集まり、次の宣王のときには数百人から千人にも達する学者が集まるなど、多数の思想家が狭い地域に集結する状態が出現した。

この思想的集積は、各学派が異質な思想と接触する機会を飛躍的に増し、論争を活発化させるとともに、より広範な思想的影響関係を生み出す。かくしてこの時期、臨淄は学術・思想の中心地となり、稷下の学士を中心に諸子百家の黄金時代が出現した。陰陽家の鄒衍《すうえん》が、斉を中心に魏《ぎ》や燕《えん》まで遊説の足を延ばしたのも、ちょうどこの頃である。

宣王の次の湣王《びんおう》（在位：前三〇〇～前二八四年）の治世になると、斉が燕に敗北して国土の大半を占領されるなどしたため、一時稷下の学は衰退したこともあるが、次の襄王《じょうおう》（在位：前二八三～前二六五年）の時代にすぐ復興したので、斉に思想家が集まる状況は戦国最末まで継続し、戦国後期を代表する儒者である荀子《じゅんし》も、襄王の時代の一

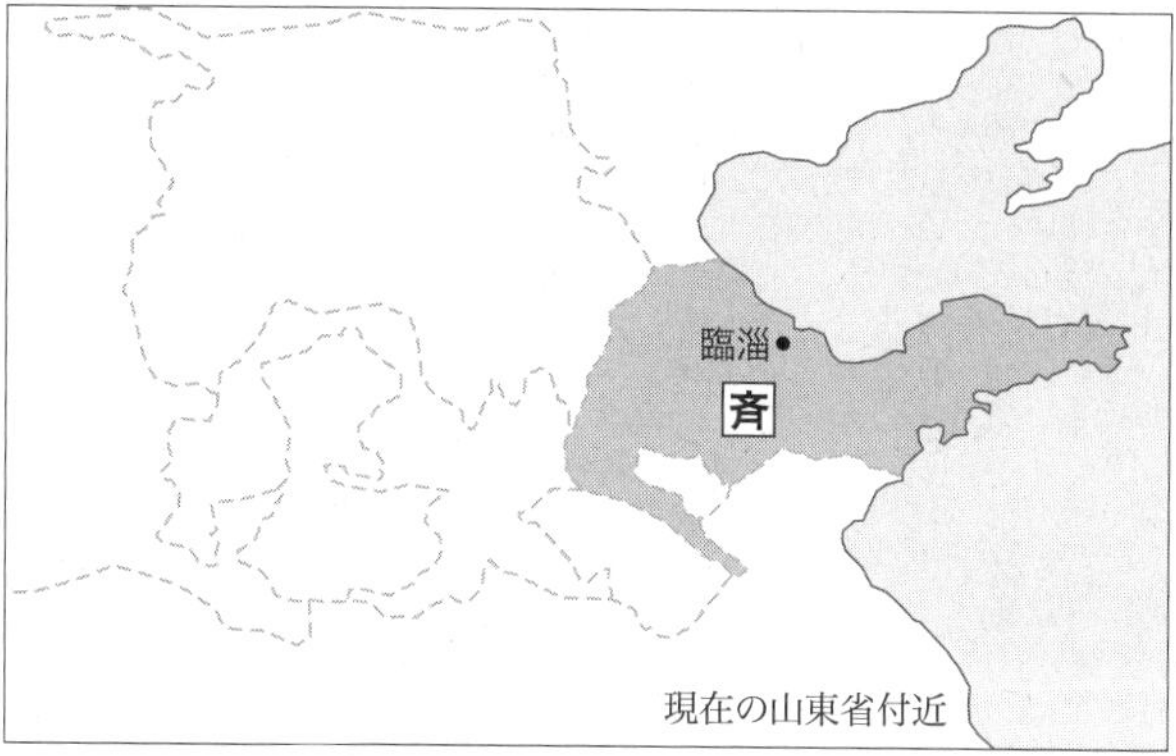

春秋から戦国を通じての強国、斉。

時期、斉の稷下で活動して三度も祭酒《さいしゅ》（学長）の役を務めている。

一方、西方に目を転ずれば、秦の宰相・呂《りょ》不韋《ふい》（前二九〇頃～前二三五年）は、目前に迫った秦による統一を睨《にら》んで、秦王朝の天下統治の理念を提出すべく、食客《しょっかく》三千人を動員して、『呂氏春秋《りょししゅんじゅう》』を編纂《へんさん》させた。

そこには、天人相関《てんにんそうかん》思想と封建《ほうけん》体制を基軸《きじく》とした王朝体制が示されていたが、罪を得て呂不韋が失脚したため、彼が提示した理念もまた廃棄された。それに代わって、来るべき統一国家の理念となったのは、韓非子流の法術思想であった。

諸子百家の終焉

前二二一年、秦は東方の六国《りっこく》を完全に滅ぼ

して、中国世界を再統一する。始皇帝と宰相の李斯《りし》は、封建制を廃止して郡県《ぐんけん》制を施行するとともに、韓非子流の法術思想によって巨大な帝国を運営した。

しかも封建制復活の是非をめぐる論争に絡んで、民間人の書籍所持を禁ずる「挟書《きょうしょ》の律《りつ》」が出され、前二一三年には、民間人が所蔵していた書籍をすべて提出させて焼き払う焚書《ふんしょ》が実行された。

さらに「詩書を偶語《ぐうご》する者は弃市《きし》せん」（『史記』秦始皇本紀）と、『詩経』や『書経』の話をすれば死罪、焚書を免れようと「詩書百家」（同）の書籍を隠匿《いんとく》すれば強制労働といった、厳重な思想統制が実行された。

秦の統一によって東方諸国が滅亡し、それまで自分たちを保護してくれていた諸侯が姿を消した結果、諸子百家もまた活動の舞台を失ってしまう。その上さらに、「挟書の律」による焚書や思想統制が重なって、この時期に諸子百家の時代はほぼ終息を迎えることとなった。

秦帝国がわずか十五年あまりで滅亡したため、次の漢の時代に入っても、辛くも焚書を免れた書物は残されており、諸子の思想は人々の記憶の中にも保存されてはいた。そのため、漢代にもなお諸子の影響は残存したが、それでも往時の繁栄を回復することは二度となかった。思想弾圧による典籍の大量消滅と学団組織の解体は、諸子百家にとってあまりにも大きな打撃だったからである。

漢代以降の学術は、秦の焚書を免れた書籍の範囲内という、大きな制約の下に再出発せざるを得なかった。つまり秦の焚書は、その後の中国世界の学術の大枠《おおわく》を規定してしまったわけで、それが後世に及ぼした影響は計り知れないものがある。後世の学者は、先秦の書物を古典として尊重したが、このとき完全に亡くなってしまった書物は、議論の対象にすることさえできなかったからである。

諸子百家の精神

諸子百家が活動した春秋・戦国時代は、周王室の統制力が全く失われ、有力諸侯が覇権を目指して争い合う戦乱の世であった。力と力がぶつかり合う分裂状態の中で、思想家は天下はどのように統一されるべきか、国家をいかに統治すべきか、人はいかに生きるべきかなどをテーマに思索を重ね、さまざまな思想を生み出した。

既存の体制が日々崩壊していくにもかかわらず、未来への展望は全く開けてこない混乱状態。一般の民衆にとっては迷惑この上ない時代なのだが、思想家にとっては絶好のチャンスが到来した時代でもあった。もしかしたら、世界は自分が案出した構想通りに統一されるかもしれない。自分の思想が地上に実現されるかもしれない。そう

	学派	厚遇した君主	国
韓非子	法家	始皇帝	秦
恵施	名家	恵王	魏
孫武	兵家	闔閭	呉

実際に国政に携わったり、献策を受け入れられたりした思想家は数多く存在するとされる。自分の思想や理論が実現されるかもしれないという可能性が思想家を勇気づけた。

した可能性が現実に存在したからである。こうした夢が思想家を勇気づけ、彼らを膨大な思索と著述、情熱的な遊説活動へと駆り立てた。魏《ぎ》の恵王《けいおう》は遊説に訪れた孟子に対して、「叟《おきな》は千里を遠しとせずして来《き》たる」（『孟子』梁恵王上篇《りょうけいおう》）と語りかけたが、夢が信じられる時代が、思想家の情念を支えていたのである。

一方、各国の君主の側も、積極的に諸子の遊説を受け入れ、しばしば客として厚遇した。諸侯もまた、国家の安定的統治策や、敵国の脅威への対応策などを模索しており、遊説に訪れる諸子から、何か有益な秘策が得られるのではないかと期待したからである。しかも高名な学者を賓客《ひんきゃく》として迎え入れることは、君主の名声を高め、国威を発揚《はつよう》する手段ともなったから、なおさら諸侯は諸子の来訪を歓迎した。

諸子百家が盛んに活動し、中国学術史上、稀有《けう》な黄金時代を築いた背景には、こうした歴史的状況が存在していた。だが秦の思想弾圧を経て漢代に入ると、かつて諸子百家の思想活動を支えていた社会状況そのものが失われてしまう。たしかに漢は秦と違って、学術を保護・奨励する方針をとった。しかし諸子の活動にとって何より重要だったのは、上記のような世界の分裂状態だったのである。

思想界の沈滞

前二〇二年の漢帝国の成立後、天下の体制は日増しに整備され、安定度を増していく。当然、眼前に存在する漢の王朝体制こそが、唯一在るべき理想の世界像とされるから、思想家がその体制を無視ないし否定して、自由気ままに世界の在るべき図柄《ずがら》を構想したり、主張したりすることは、もはやできない。もしそのような真似をすれば、国家への反逆行為と受け取られかねないからである。

こうして思想家の創造的な発想力は急速に萎《しぼ》んでいき、皇帝を頂点にがっちりと組み立てられた既成の階層秩序の枠組みの中に、一個の歯車として組み込まれることになる。後は、漢の体制を称賛して気に入られ、このピラミッド型の階層秩序の中で、どこまで上昇できるかだけが関心事となる。

もしこの体制の中で上昇できずに、底辺の方に沈澱《ちんでん》したり、あるいは体制の外に放り出されたりすれば、もはや活躍の機会は永遠にめぐってこない。かつての春秋・戦国時代のように、ある君主に断られても、捨てる神あれば拾う神ありとばかり、別の君主を探せばいいという具合には、決していかなくなったのである。かくして漢の王朝体制が堅固さを増すにつれて、時代の価値観のみが唯一の価値基準となって人々を縛りつけ、思想界は閉塞《へいそく》状況へと追い込まれていく。

漢代に入っても、しばらくの間は諸子百家の思想が一部残り、特に道家の一派である黄老道《こうろうどう》は、漢帝国を運営する指針として、大きな影響力を持っていた。しかし武帝の頃から、しだいに儒家が勢力を強め、それまで主導的地位を保っていた黄老道を追い落とす。この後は、思想活動はほとんど儒家の枠内でのみ行われるが、基本的なパターンが固定してしまったため、急速に独創性と面白さを失っていく。儒家の学問によって漢の国家体制を賛美する行為のみが、思想家に残されたほとんど唯一の活動となったのである。

第二章　儒家《じゅか》

孔《こう》子《し》

儒教の開祖

孔子の最古の伝記である『史記《しき》』孔子世家《こうしせいか》によれば、孔子は魯《ろ》の襄公《じょうこう》二十二年（前五五一年）、魯の都・曲阜《きょくふ》の南東、昌平郷《しょうへいきょう》の陬邑《すうゆう》に、貧しい下級武士の次男坊として生まれたとされる。父の名は叔梁紇《しゅくりょうこつ》、母の名は顔徴在《がんちょうざい》と伝えられるが、孔子は野合《やごう》の子だったという。何か複雑な事情が存在したのであろう。

陬邑は全くの寒村《かんそん》だったが、やがて孔子は曲阜の城内に移り住む。成人した後も、低い身分のせいで、上級の官職にはありつけず、倉庫番や牧場《まきば》の管理人といった小役人を務めるなど、転々と職を変えてやっと食いつなぐ有様だった。

その後孔子は、にわかに礼学《れいがく》の師匠を名乗って門人を集めはじめる。しだいに門弟の数が増え、礼学者としての評判も高くなるにつれて、孔子の心には、高い地位を獲得して政治に参加したいとの欲望が渦巻きはじめる。だが一介《いっかい》の匹夫《ひっぷ》に過ぎぬ孔子が、卿《けい》や大夫《たいふ》といった高級貴族と肩を並べ、魯の朝廷で政務を執《と》るなどということは、いくら身分制が崩《くず》れかけていた春秋末であっても、土台無理な相談であった。

待てど暮らせど登用されるはずもなく、しびれを切らした孔子は魯に見切りをつけ、弟子を引き連れて国外に出る。むろん登用してくれる君主を探す就職活動の旅で、定《てい》公《こう》十三年（前四九七年）、五十五歳のことであった。すでに初老の域に入っていたにもかかわらず、この挙に及んだこと自体、孔子の為政への執着がいかに強かったかを物語る。

門人の縁故《えんこ》をてづるに利用するなどして、七十名以上の君主に売り込みを図ったが、結局どこの君主からもまるで相手にされなかった。十四年にもわたる諸国放浪の旅が完全に失敗に終わった後、夢破れた孔子は魯に舞い戻り、門人の教育に専念する。かくして孔子は、哀公《あいこう》十六年（前四七九年）、七十三歳の生涯を閉《と》じる。

礼学とは何か

孔子教団は礼学を看板に掲げていたのだが、そもそも礼学とは何であろうか。

周王朝の朝廷では、定まった期日に、天地や祖先神、山川《さんせん》の神霊を祭る祭祀《さいし》儀礼《ぎれい》が行われる。また天子の即位や葬儀、諸侯や使節の入朝などに関しても、繁瑣《はんさ》な儀礼が執り行われる。人々は、これらの儀礼を唯一の行動規範と仰《あお》ぎ、それに厳格に従って行動するよう求められた。礼法に服従し続ける限り、人々は自己の主体的な意志や感情のままに、好き勝手に振る舞うことを禁じられ、身分制に基づく一定の様式の下に、常に受け身の言動を取らざるを得なくなる。

したがって王朝儀礼の順守は、人々を天子の権威に服従させ、王朝体制を強固に維持する上で、重要な役割を果たす。体制側の人間、保守的な人間が、決まって儀礼の尊重を口にするのは、そのためである。だが封建諸侯の力が強大となって、天子の命令を無視するようになれば、彼らは当然、周の王朝儀礼をも無視しはじめる。有力な諸侯は、天子が独占してきた儀礼を自国の朝廷で勝手に実施して、自らを天子に擬《ぎ》す僭越《せんえつ》を繰り返す。

このように王朝体制の弱体化と王朝儀礼の衰退とは、表裏一体の現象であるかのように進行する。そこで王朝儀礼をもう一度復活させれば、王朝体制の弱体化も阻止《そし》できるとの発想が生じてくる。そのために、古代の礼制を復元しようとする学問が礼学である。

もとよりこれは、全くの錯覚でしかない。政治力・経済力・軍事力などの領域で、天子と諸侯の力関係が逆転したところに根本原因があるのであって、王朝儀礼の衰退はそれに付随《ふずい》する二義的《にぎてき》現象に過ぎない。したがって派生《はせい》的現象の側を操作することによって、根本原因の側を変更できると考えるのは、本末転倒の幻想となる。

礼学の実態

孔子は周《しゅう》の王朝儀礼の衰退《すいたい》を嘆《なげ》き、周の礼制を復元することにより、乱世を終わらせて周の盛時《せいじ》を回復するのだと吹聴《ふいちょう》した。それでは、本当に孔子は、周の黄金時代の礼制を知っていたのであろうか。

或《あ》るひと禘《てい》の説《せつ》を問《と》う。子《し》曰《いわ》く、知らざるなり。其《そ》の説を知る者の天下に於《お》けるや、其《そ》れ諸《これ》を斯《ここ》に示《み》るが如《ごと》きかと。其の 掌《たなごころ》を指《さ》す。（『論語』八佾《はちいつ》篇）

ある人が禘《てい》の祭りの意義を質問した。孔子は、知らないよ、そんなことを知っている人がいれば、天下だって手のひらに乗せて眺《なが》めることができるだろうよと言って、自分の手のひらを指さした。

周の天子は、正月《せいげつ》に祖先神である禘を都の南の郊外で祭る。これが禘の大祭である。

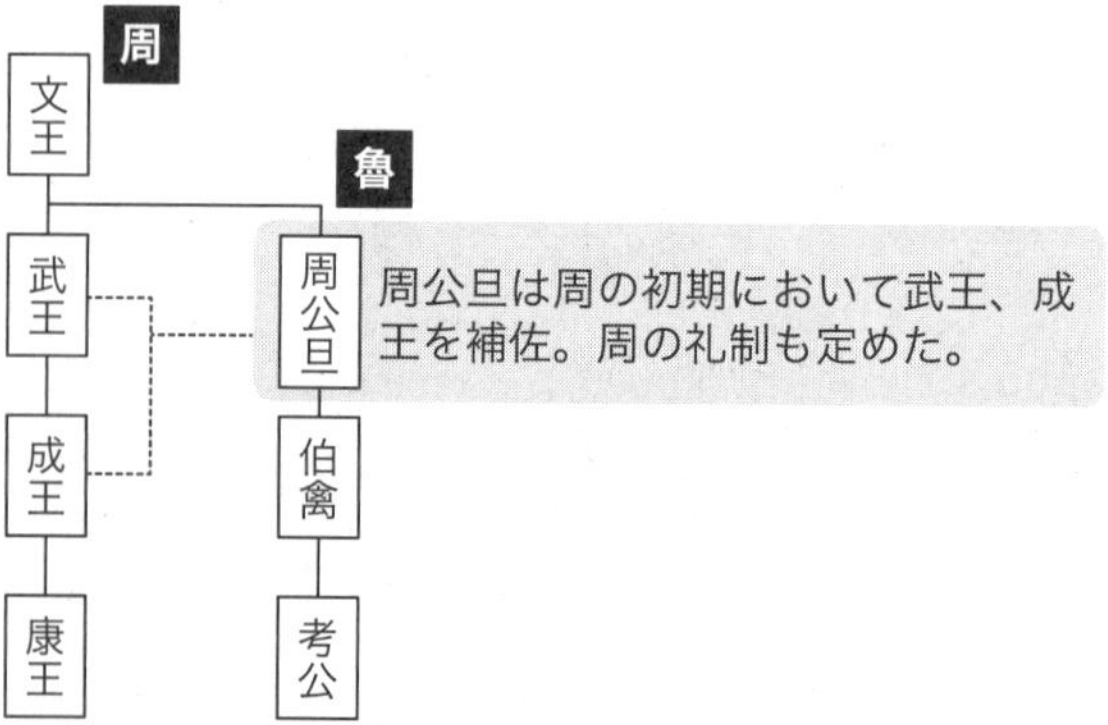
周
文王
武王
成王
康王
魯
周公旦
伯禽
考公
周公旦は周の初期において武王、成王を補佐。周の礼制も定めた。

ある人がその意義を孔子に尋ねたところ、孔子は何一つ答えられずに、はぐらかしの一手で逃げを打つ。またあるとき、礼学の大家だとの評判が立ったお陰で、孔子は周公《しゅうこう》を祭祀《さいし》していた大廟《たいびょう》に入ることができた。

子《し》大廟《たいびょう》に入《い》りて、事《こと》ごとに問《と》う。或《あ》るひと曰《いわ》く、孰《たれ》か陬人《すうひと》の子《こ》を礼《れい》を知ると謂《い》うや。大廟に入りて事《こと》ごとに問う。子之《これ》を聞《き》きて曰く、是《こ》れ礼なり。（『論語』八佾篇）

孔子先生は周公旦《しゅうこうたん》を祭る魯の大廟に入られるや、これは何か、あれは何に使うのかと、いちいち質問された。そこで居合わせた人が、誰が陬《すう》の田舎者の小倅《こせがれ》を礼の大家《たいか》だなどと言ったのだ、奴《やつ》は何も知らないぞと罵《ののし》った。それを聞かれた先生は、平然として、知ってても知らんふりで尋《たず》ねるのがあなた、礼儀というもんですよと答えられた。

ここで孔子は、礼学を対人関係の礼儀作法にすりかえて、問題をはぐらかしている。

王朝儀礼は周の貴族が独占

孔子の時代から五百年も前の文王《ぶんおう》・武王《ぶおう》の時代に、周公旦《しゅうこうたん》が制定した周の礼制。その姿を体系的に復元するのは、至難《しなん》の業《わざ》である。諸子百家の中で礼学を看板に掲げたのは、孔子教団のみであった。当然孔子は、礼学を独占できる特殊な立場にあったと考えたくなるが、実はそうではない。

周王室の王朝儀礼は、周の王族や卿《けい》・大夫《たいふ》などの高級貴族のように、自ら朝廷の儀式に参列して礼法に習熟している者か、あるいは王室直属の祝官《しゅくかん》や史官《しかん》のように、儀式の進行を司《つかさど》る官職にあった者でなければ、その詳細《しょうさい》を知ることができない。

特に王朝儀礼に関する体系的かつ具体的知識を保持し、礼法に込められた由緒《ゆいしょ》や意義まで説明できるのは、典礼《てんれい》の記録を代々保存・伝承してきた周王室の史官に限定される。そこで魯の君主だった恵公《けいこう》は、周王室で行われていた郊廟《こうびょう》の儀礼を魯にも導入

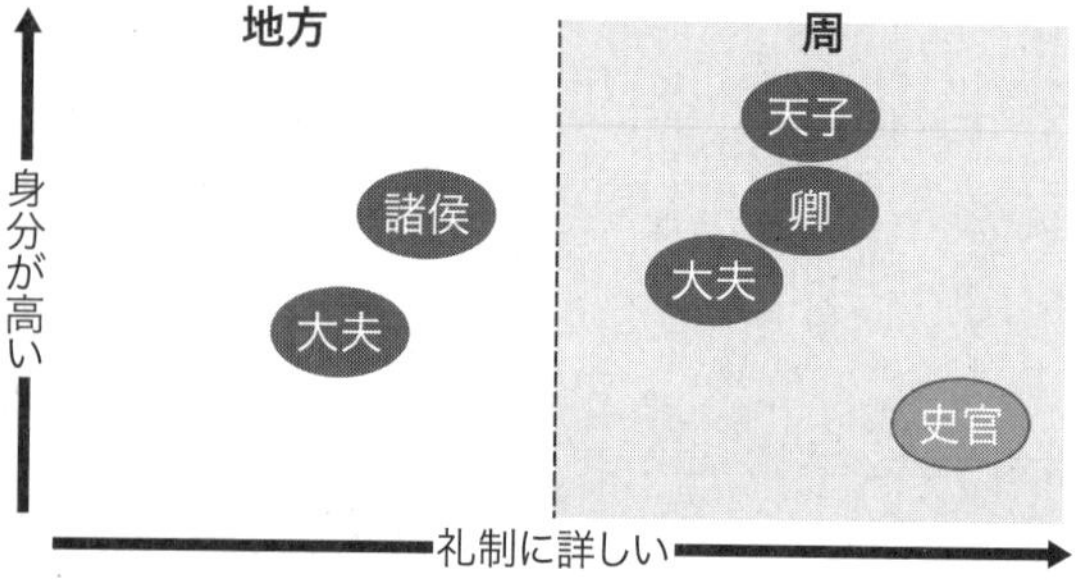

諸侯といえども、周の礼制は知り得ない。周王室の王朝儀礼を知るのは、儀式に直接参加する高級貴族か、儀式の進行を司る官職の人間のみ。礼法の意義や伝承まで知るとなると、その中でも史官に限定された。

したいと願い、「魯《ろ》の恵公《けいこう》、宰譲《さいじょう》をして郊《こう》廟《びょう》の礼を天子に請《こ》わしむ。桓王《かんおう》、史《し》角《かく》をして往《ゆ》かしむ。恵公は之《これ》を止《とど》む。其《そ》の後《のち》は魯に在《あ》り。墨子《ぼくし》は焉《これ》に学《まな》ぶ」（『呂氏春秋』当《とう》染《せん》篇）と、臣下を周の桓王に遣《つか》わして請願し、周の史官・角《かく》を魯に派遣してもらったのである。角が郊廟の儀礼を魯に伝えた後も、恵公は彼を引き留《と》め、その子孫は代々魯に住み続けた。そして墨子《ぼくし》は角の子孫から学問を学んだのだという。

このように周の王朝儀礼は、周の都・洛《らく》陽《よう》の宮殿に出入りする貴族に独占されていたのであって、地方に封建《ほうけん》されていた諸侯クラスの人物でさえ、その全容は知ることのできないものであった。したがって周の史官の一族でもない限り、周の礼制を伝承することは全く不可能だったのである。

この点は日本も同じで、平安時代の朝廷儀礼、有職故実《ゆうそくこじつ》に精通している人物は、京都の御所に出入りできる殿上人《でんじょうびと》に限られる。

孔子の学統は正体不明

ところが孔子は、卑賤《ひせん》の生まれであったため、王朝儀礼どころか、諸侯の朝廷や卿《けい》・大夫《たいふ》の家で行われていた儀礼さえ、ろくに目撃できない境遇にあった。にもかかわらず孔子は、にわかに礼学の師匠を名乗って門人を集め、自分は夏《か》・殷《いん》・周《しゅう》三代の王朝儀礼について完璧《かんぺき》な知識を持っていると豪語したのである。それでは、孔子は誰から礼学を学んだのであろうか。

衛《えい》の公孫朝《こうそんちょう》子貢《しこう》に問《と》いて曰《いわ》く、仲尼《ちゅうじ》は焉《いず》くにか学《まな》べる。子貢曰く、文武《ぶんぶ》の道は未《いま》だ地に墜《お》ちずして人に在《あ》り。賢者は其《そ》の大なる者を識《し》り、賢ならざる者は其《そ》の小なる者を識《し》る。文武の道は有らざるところ莫《な》し。夫子《ふうし》焉《いず》くにか学ばざらん。而《しか》して亦《ま》た何《なん》の常師《じょうし》か之《こ》れ有らん。（『論語』子張篇）

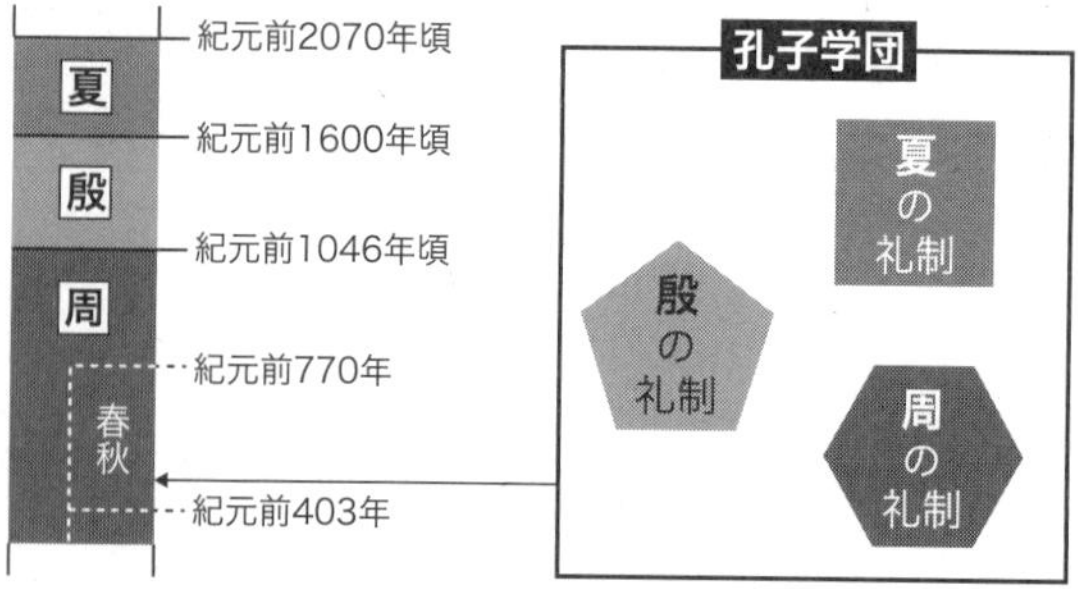

三代の王朝儀礼を知ると言う孔子だが、夏王朝の時代は孔子の活動していた春秋後期から1000年以上遡る。

衛の国の公孫朝が子貢に尋《たず》ねた。お宅の先生は、誰のところで学問を修《おさ》められたのですかな。子貢は答える。文王《ぶんおう》・武王《ぶおう》の道は、今や衰退《すいたい》の一途《いっと》とはいえ、まだ完全に消滅してしまったわけではなく、人々の記憶の中に残されております。賢者は大事な部分を憶《おぼ》えていますし、そうでない者は隅《すみ》っこのことを憶えております。してみれば人間はどこにでもいますから、文武の道がないところはありません。そこでうちの先生は、至るところで学んだわけでして、誰といって決まった先生などいなかったのでありますよ。

公孫朝は衛の大夫で、朝廷儀礼の体験者であったため、どうも孔子の礼学は素姓《すじょう》が怪《あや》しいと睨《にら》んだ。そこで彼は子貢に孔子の学統《がくとう》を尋《たず》ねる。案《あん》の定《じょう》、返ってきた答えは、勉強なんかどこでもできる、先生なんか要らないよとの居直《いなお》りだけであった。

孔子が抱いた妄想

孔子の学団においては、教えとして学ぶべき対象は、先王《せんおう》の教えであり、先王の礼《れい》楽《がく》であった。ただしそれは、あくまでも孔子の言説《げんせつ》を経由《けいゆ》した先王の教えでしかない。さらに師匠《ししょう》と門人が一つの学団を形成する以上、当然門人たちは、師匠が示す先王の教え以外に、師匠の言説をも自分たちが学ぶべき教えだと考えるようになる。

その結果、先王の教えの上に孔子の個人的教えが乗っかる、二段重《がさ》ねの構造が出来《でき》上《あ》がる。つまり伝統的権威を持ち、普遍《ふへん》的価値を認められてきた先王の教えの上に、一介《いっかい》の民間人たる孔子の教えが乗っかり、後者は前者が持つ既成《きせい》の権威を借りる形で、自己を箔《はく》づけする構造が生じたのである。

古代先王の教えこそが唯一の普遍的教えだとの観念がまだ強固な時代に、初めて個人によって開設された学団であるから、孔子の学団がそうした二重構造を宿すのは、時代の制約からくる当然の現象だったと言えよう。

孔子は周王朝の衰退が招いた乱世をしきりに慨嘆《がいたん》し、本来在《あ》るべき世界秩序の回復を唱え続けた。だがそのために孔子が提示した手段は、文王・武王・周公旦《しゅうこうたん》の時代、つまり周初の礼制《れいせい》に復帰せよというに過ぎず、しかもそのように主張する孔子自身、周初の礼制など、実は何一つ知らなかった。このように孔子の思想活動の出発点そのものが、極めて詐欺《さぎ》的性格の強いものであった。

さらに孔子は、魯《ろ》に周に代わる新王朝を樹立して自ら王者となり、わが手で復元した周初の礼制を地上に復活させようとする妄想《もうそう》に取りつかれる。この狂気を帯びた誇《こ》大妄想《だいもうそう》は、もとより実現はしなかったが、孔子の夢想が現実世界に阻まれて挫折《ざせつ》したとの怨念《おんねん》は、孔子の後学《こうがく》たちの間に深く浸透し、以後儒教の中に深い陰翳《いんえい》を刻むことになる。

『論語』に見える野心

『論語』陽貨《ようか》篇によると、定公《ていこう》八年（前五〇二年）、魯《ろ》で反乱を起こした公山弗擾《こうざんふつじょう》が、孔子を自分の陣営に引き入れようと招いてきた。孔子は「子《し》は往《ゆ》かんと欲《ほっ》す」と、応諾《おうだく》しようとする。ところが正義感の強い子路《しろ》は、いくら仕官《しかん》したいからといって、何も反逆者の公山弗擾のところに行かなくてもよいではありませんかと、孔子を押しとどめる。すると孔子は、わざわざこのわしを指名してきたからには、公山弗擾にも深い考えがあってのことに相違ない、わしを登用する者さえいれば、わしはこの魯に、東の周王朝を建国してみせるぞ、と答える。

この野望は、孔子の著名な言葉からも見出《みいだ》せる。

子曰《しいわ》く、鳳鳥《ほうちょう》至らず、河《か》は図《と》を出《い》ださず。吾《われ》は已《や》んぬるかな。（『論語』子罕《しかん》篇）

いくら待っても、天からは鳳鳥が舞い降りてこないし、黄河《こうが》からは背中に図を載せた龍馬《りゅうま》が現れない。わしはもうおしまいじゃ。

鳳鳥《ほうちょう》と河図《かと》は、王者が出現して新王朝を開き、乱世を終わらせて太平《たいへい》の世をもたらす瑞兆《ずいちょう》である。鳳鳥も河図も一向《いっこう》に現れぬ状況は、近い将来、新王朝の出現によって太平の世が実現する可能性がなく、今後も乱世《らんせ》が続くことを意味する。そこで孔子は嘆《なげ》いたのだが、決してそれは、地上に生きる人間たちへの哀《あわ》れみから発せられた嘆きではない。なぜなら孔子は、「吾《われ》は已《や》んぬるかな」と、自分の人生とのみ結びつけ、当事者として嘆いたからである。

孔子は周王朝に取って代わる新王朝の樹立を願い、上天《じょうてん》から自分に命令が下《くだ》る日の到来《とうらい》を祈り続けた。だからこそ瑞兆が出現しない事態は、孔子にとって自己の野望が叶《かな》えられない事態、すなわち人生の失敗を意味したのである。

惨めな最期

どこの君主からも相手にされぬまま、哀公《あいこう》十一年（前四八四年）、孔子は六十八歳で魯に舞い戻る。そして哀公十六年（前四七九年）、孔子は不遇《ふぐう》の生涯《しょうがい》を閉《と》じる。どういうわけか、『論語』には孔子の死に関する記述がない。そこで『史記《しき》』孔子《こうし》世家《せいか》が伝える孔子の最期《さいご》を紹介してみよう。

孔子が病《やまい》だと聞いて子貢《しこう》が面会に訪《おとず》れると、孔子は杖《つえ》に背負われるようにして、屋《や》敷《しき》の門の辺《あた》りをうろうろしていた。

子貢の姿を見た孔子は、泰山《たいざん》も崩《くず》れ落ちてしまうのか、梁柱《りょうちゅう》も砕《くだ》け散《ち》ってしまうのか、哲人《てつじん》もこのまま凋《しぼ》んでしまうのかと歌う。歌いながら悲しみ募《つの》る孔子の頬《ほほ》を、涙が伝《つた》った。

そして孔子は子貢に向かい、天下が幾久《いくひさ》しく無道であったため、ついにわしを王朝の宗主《そうしゅ》とはしなかったと語りはじめる。上天から徳を授《さず》かった哲人を無視し、覇道《はどう》に明《あ》け暮《く》れる戦乱の中で、新王朝を創始し、自ら天子たらんとした野望が挫折《ざせつ》した怨《うら》み

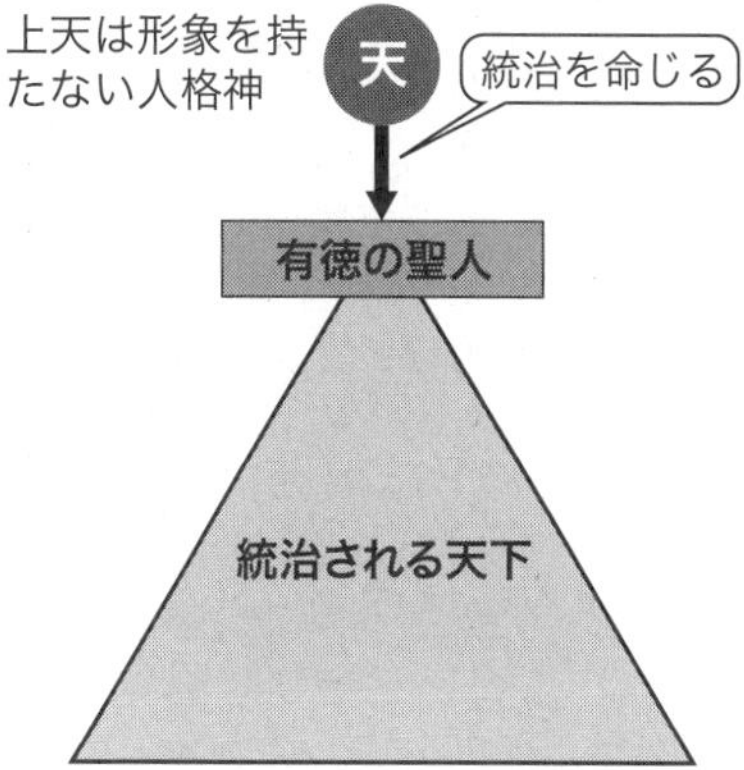

有徳の聖人が天下を統治する、儒家の唱える統治モデル

を、涙ながらに訴えたのである。

　このように儒家は、儒教の教祖である孔子が失意のままに死んだと言い伝えた。それでは、教祖が天子になり損《そこ》ね、惨《みじ》めな死を遂《と》げたとする伝承は、その後の儒教にどのような影響を与えたであろうか。

　孔子が天子になり損ねたと嘆《なげ》いて死んだことは、儒教にとって深刻な矛盾《むじゅん》であった。なぜなら儒教は、有徳《ゆうとく》の聖人こそが天から受命《じゅめい》して天下を統治すべきであり、これまでの歴史もそのように推移《すいい》してきたとの徳《とく》治《ち》主義を標榜《ひょうぼう》するからである。

　もし孔子が有徳の聖人なのだとすれば、徳治主義は孔子に至って破綻《はたん》したことになる。また徳治の因果《いんが》律《りつ》が依然として正しいのだとすれば、孔子は有徳の聖人ではなかったことになってしまう。孔子の死は、後学《こうがく》の徒《と》に深刻な矛盾を残すものであった。

『論語』は『侖語』

諸子百家の著作は、『孟子』『荀子』『老子』『荘子《そうじ》』『墨子』『孫子』『呉子《ごし》』『韓非子』『公孫龍子《こうそんりゅうし》』と、思想家個人の人名が、そのまま書名に移行するのが通例である。そうであれば、孔子の言行録の書名も、『孔子』となって当然である。しかるに『論語』という珍妙な書名が付けられたのはなぜか。

『漢書』芸文志《げいもんし》・六芸略《りくげいりやく》・論語は、書名の意味を、「論語は、孔子、弟子・時人に応答し、及び弟子相与に言いて、夫子に接聞するの語なり。当時弟子は各々記す所有り。夫子既に卒し、門人は相与に輯《あつ》めて論篹《ろんせん》す。故に之を論語と謂《い》う」と解説する。これは、孔子の死後、直伝の弟子たちが各人が記録して置いた孔子の言葉を持ち寄り、実際に孔子がそのように発言したか否かを議論し検証した上で、確実に孔子の言葉だと確定させた語録なので、『論語』と称するのだとの説明である。それではこうした班《はん》固《こ》の説明は、どれほどの妥当性を備えているのであろうか。

『論語』には、同じ文章が少し形を変えて別の篇にも重出する現象が見られる。こうした重複箇所が存在する杜撰《ずさん》な現象は、『論語』の編集が念入りな議論を経て実行されたのではない情況を物語っている。したがって門人たちが議論した上で確定した語なので『論語』と称するとの班固の説明は成り立たない。

　そもそも『論語』の書名は前漢武帝期までは存在せず、その書名は武帝期に孔子旧宅の壁中から発見された「古論語」に由来する。このテキストには、戦国末まで使用されていた古文で、『論語』なる書名が記されており、それが昭帝期から宣帝期にかけて一般的に使われるようになった。古文では、始皇帝が文字統一した後の今文を基準にすれば、文字の構成要素が大きく異なっている。そこで古文で「論」と記された文字は、元来は「侖」だったと思われる。古文を今文と較《くら》べると、偏と旁《つくり》の関係が大きく相違している。「首」が「道」だったり、「胃」が「謂」だったり、「説」が「悦」だったり、「眚」が「性」や「姓」だったりするように。

　それでは「侖語」とは、いかなる意味なのであろうか。「侖」（亼冊）字は、竹簡を糸で編綴《へんてつ》する形の「册」と、一箇所に集める意の「亼」から成る会意文字で、竹簡を集めてきて糸で綴《つづ》り、冊書の形に編集する意味である。孔子の死後、直伝や再伝の門人たちが、各々が保存する孔子の言葉を記した竹簡を持ち寄り、それらの竹簡を糸で編綴して冊書の形に編集した際、集めてきた孔子の語録といった意味で、書名を「侖語」にしたと思われる。このように考えるならば、『漢書』芸文志の班固のように、「論」字に強く引きずられた牽強付会《けんきょうふかい》の説を加える必要もなくなり、また重複箇所が散見する杜撰な現象も、当然の事態として納得できるのである。

その際、門人たちはなぜ書名を『孔子』にしなかったのか。その一つ目の要因としては、孔子の時代には、まだ墨子や荘子など諸子百家の活動が開始されておらず、わざわざ孔子の名を冠して他の思想家の著作と区別する必要がなかったためであろう。

二つ目の要因は、門人たちは深く孔子を崇拝していて、学団内でお言葉といえば、それは孔子の発言を意味するとの共通理解が存在したからであろう。これは宗教団体でも普通に見られる現象で、お言葉と言っただけでも、それが敬愛する教祖様の発言を指すことは、自明なのである。

こうした要因から、孔子の言行録だけが、思想家の個人名がそのまま書名になるとの原則からはずれ、『論語』という極めて破格の書名で通行してきた。前漢昭帝期以降、『論語』の書名が一般に定着してから、特にその意味を疑う者もいないまま、既に二千年以上が経過した。荀子は「名には固宜《こぎ》無く、之を約して以て命《なづ》け、約定まりて俗成れば之を宜と謂い、約に異なれば之を不宜と謂う。名には固実無く、之を約して以て命け、約定まりて俗成れば之を実名と謂う」（『荀子』正名篇）と、名称に固有の正しさなど存在しないから、正名の鍵《かぎ》は「約定まりて俗成る」か否かにあると指摘

公羊伝	子夏から経文解釈を伝授された公羊高に端を発する公羊学派による解釈。
穀梁伝	穀梁赤に端を発する穀梁学派による解釈。
左氏伝	劉歆が秘府の典籍を整理したときに発見したとされる左氏伝による解釈。

春秋学の三派は正統性をめぐり論争を展開した。

する。そうであれば『論語』の書名も今さら変更の必要がない約束事であり習俗である。

『春秋』学の虚構

孔子の死後、子貢《しこう》・子夏《しか》・子張《しちょう》・曾参《そうしん》など、七十子《しちじっし》と総称される直伝《じきでん》の門人たちは、それぞれに門人を集めて学団を形成し、魯《ろ》や斉《せい》を中心に思想活動を行う。その際、彼らの意識には、孔子は王者として新王朝を創始すべき聖人だったのだと宣伝し、孔子の怨念《おんねん》を晴らさんとする復讐《ふくしゅう》心（ルサンチマン）が強く作用し続けた。

そのため彼らは、礼楽《れいがく》に関する古代の伝承を収集・整理したり、ある部分は空想を交《まじ》えて捏造《ねつぞう》したりして、三代の礼楽に関する文献をせっせと書き綴《つづ》り、それを孔子が門人に伝授する形で叙述《じょじゅつ》する手法《しゅほう》を用いて、いかにも孔子が三代の礼制に精通《せいつう》していたかのように見せかけた。現在『礼記《らいき》』や『大《だ》戴礼記《たいらいき》』などに収録される諸篇《しょへん》の大半は、こうした偽装工作により、春秋末から戦国期にかけて生み出されたと考えられる。

また彼らのある部分は、孔子は魯の編年体《へんねんたい》の歴史記録である『春秋《しゅんじゅう》』に筆削《ひっさく》を加え、そこに孔子王朝の理念を込めたのであり、史書《ししょ》を教材に天下の人々を教え導く天子の仕事を代行したのだから、孔子は実質的に天子だったのだとする虚構《きょこう》を考え出した。この考えを最も明快に主張したのは、戦国中期の孟子である。そして彼らは、孔子が『春秋』に込めた微言《びげん》から大義《たいぎ》を抽出《ちゅうしゅつ》するには、特殊な解釈方法が必要だとして、公《く》羊伝《ようでん》・穀梁伝《こくりょうでん》・左氏伝《さしでん》などの春秋学の流派を生み出した。

したがって、儒家の誕生には、孔子を受け入れなかった世間に対する復讐心が根ざしている。儒家が孔子は一見庶民に過ぎなかったように見えるが、実は素王《そおう》（天子の冠をかぶっていない無冠の王者）だったとする孔子素王説を唱《とな》えるようになるのも、こうした精神から発している。

子思学派の著作が出土

子思《しし》は孔子の孫で、魯《ろ》の穆公《ぼくこう》（在位：前四〇九～前三七七年）に仕《つか》えた。子思はこれまで『中庸《ちゅうよう》』の作者と伝えられてきており、子思学派はその後も長く活動を継続したようである。司馬遷《しばせん》は『史記《しき》』の中で、孟子《もうし》は子思の門人に学業を受けたと記す。これが事実であれば、孟子は子思学派から多くの思想的影響を受けたことになる。

ただしこれまでは、春秋・戦国期の子思学派の活動を伝える文献がほとんど存在しなかったため、具体的に孟子がどのような影響を受けたのかは、皆目《かいもく》不明であった。古来『中庸』は子思の作と伝えられてきたのだが、近年はそうした伝承を疑い、秦《しん》から漢初《かんしょ》にかけての成立とする見解が学界の大勢を占めてきたので、なおさら子思学派と孟子を繋《つな》ぐ接点が見出せない状況だったのである。

だがこうした手詰《てづ》まり状態も、ごく最近になって打開される可能性が出てきた。先に紹介したように、一九九三年に湖北省《こほくしょう》荊門市《けいもんし》郭店《かくてん》の一号楚墓《そぼ》から、七〇〇枚以上の竹簡《ちくかん》が出土した。そしてその中には、以前馬王堆漢墓《まおうたいかんぼ》から発見されたのと同じ『五行《ごこう》』や、『礼記《らいき》』緇衣篇《しいへん》のほか、『魯穆公問子思《ろぼくこうもんしし》』『窮達以時《きゅうたつい じ》』『唐虞之道《とうぐのみち》』『忠信之道《ちゅうしんのみち》』『成之聞之《せいしぶんし》』『尊徳義《そんとくぎ》』『性自命出《せいじめいしゅつ》』『六徳《りくとく》』などと命名された儒家の著作八篇が含まれていた。

儒家の著作の中の『魯穆公問子思』は、「魯《ろ》の穆公《ぼくこう》、子思《しし》に問《と》いて曰《いわ》く、何如《いか》なれば而《すなわ》ち忠臣と謂《い》うべきかと。子思曰く、恒《つね》に其《そ》の君《きみ》の悪を称《あげつら》う者は、忠臣と謂うべし」と、忠臣の定義をめぐる魯の穆公と子思の問答を記す。したがって、この篇が子思学派の文献であることは、ほぼ間違いないであろう。

さらに『成之聞之』には、「慎《つつし》みて之《これ》を己《おのれ》に求め、以《もっ》て天常《てんじょう》に順うに至る」と、『中庸』に似た思考が見え、『性自命出』にも「性《せい》は命《めい》より出《い》で、命は天より降《くだ》る」と、『中庸』に類似した性命思想が説かれる。また『五行』や『礼記』緇衣篇も、かねより子思学派及び『中庸』との密接な関連が指摘されてきた文献である。

孟子に与えた子思学派の影響

郭店楚墓出土の儒家的著作は、その大半が子思学派の文献であると考えられる。とすれば、子思学派と孟子の間にどのような繋がりがあったのかを、我々は初めて考察できるようになったわけである。

竹簡《ちくかん》資料を眺《なが》めると、たとえば、『六徳《りくとく》』には「此《こ》れ何《なに》をか六徳《りくとく》と謂《い》う。聖智《せいち》なり、仁義《じんぎ》なり、忠信《ちゅうしん》なり」と、仁義の語が見える。これまで仁と義を仁義と連称《れんしょう》するのは、孟子に始まると考えられてきた。しかし今回の発見によって、子思学派から孟子が受け継いだ思考だったことが明らかになった。

『性自命出《せいじめいしゅつ》』には、「未《いま》だ教えずして民の恒《つね》なるは、性の善なる者なればなり」と、民の性を善と規定する思考が見える。したがって性善説も孟子の全くの独創ではなく、すでに子思学派に、その原形となる思考が存在していたことが判明した。

『五行《ごこう》』には、「唯《た》だ徳有る者にして、然《しか》る后《のち》に能《よ》く金声《きんつ》げて玉之《ぎょくこれ》を振《おさ》む」と、有徳の人物だけが自己の徳を完成に導けるとの主張が見える。その際『五行』は、徳を完成させる修養のプロセスを、鐘《かね》が演奏開始を告げてから、玉が演奏終了を告げるまでのプロセスになぞらえている。そして『五行』は、それを「君子は集《つ》(就)きて大成す」と、「集大成《しゅうたいせい》」とも表現する。

その一方で孟子は、「孔子は之《これ》を集大成と謂《い》う。集大成なる者は、金声《つ》げて玉之《これ》を振《おさ》むるなり」(『孟子』万章下篇《ばんしょう》)と、ほとんど同じ思考を述べている。この点も、孟子が子思学派から多大な影響を受けたことを物語る。

このように出土資料の発見によって、従来不明だった子思学派と孟子の関係がようやく明らかになりつつある。今後の研究によって、どこまでが子思学派からの継承であり、どこからが孟子の独創であったのかが、かなりの程度解明されることであろう。

孟《もう》子《し》

華々しい孟子の活躍

孟子は戦国前期、前三七〇年前後に、魯《ろ》に隣接する小国家である鄒《すう》に生まれ、戦国中期の後半、前三〇〇年前後にこの世を去った。『史記』孟子荀卿《じゅんけい》列伝によれば、若い頃の孟子は、孔子の孫である子思《しし》の門人に学業を受けたという。やがて学者としての名声も高くなり、多くの弟子を抱えて、鄒に学団を形成したと思われる。

前三一九年、孟子は魏《ぎ》の恵王《けいおう》（在位：前三七〇～前三一九年）の招きに応じて、中原《ちゅうげん》の大国である魏を訪れる。孟子はチャンス到来とばかり恵王に王道《おうどう》思想を吹き込んだが、何せ恵王はすでに九〇歳を超す老齢で、翌年死去してしまう。代わって即位したのは、襄王《じょうおう》（在位：前三一八～前二九六年）であるが、孟子はその頼りない人柄を見て失望し、すぐに魏を退去している。

次に孟子は、斉《せい》の宣王《せんおう》（在位：前三一九～前三〇一年）の招きで、東方の強国である斉に赴《おもむ》く。宣王は孟子を厚遇して上卿《じょうけい》の身分を与え、国政の最高顧問《こもん》の地位に据《す》えた。孟子は今度こそ成功間違いなしと意気込み、しきりに宣王に自説を吹聴《ふいちょう》した。

ところが前三一五年、斉の北にある燕《えん》で王位継承をめぐる内乱が勃発《ぼっぱつ》する。孟子は軍事介入するよう強く宣王を煽《あお》った。斉は翌年混乱に乗じて燕に侵攻し、またたく間にその全域を占領してしまう。大勝利に気をよくした宣王は、占領継続と燕の併合《へいごう》を主張したが、孟子は全面撤退《てったい》を唱《とな》えて宣王と対立した。その後、燕では占領に対する抵抗運動が起き、また斉の強大化を恐れる大国が、連合して斉を攻撃する構えを見せた。

そのため宣王の占領継続策は惨《みじ》めな失敗に終わり、孟子の予想が的中した形となった。宣王は自分の不明を孟子に詫《わ》びたが、このときの対立が尾を引いて、孟子は前三一二年に斉を立ち去る。

孟子の晩年

後《うし》ろ髪《がみ》引かれる思いで斉《せい》を去った孟子は、一時宋《そう》に滞在した後、故国の鄒《すう》に舞い戻《もど》る。それでもあきらめきれない孟子は、鄒の穆公《ぼくこう》や隣国の滕《とう》の文公《ぶんこう》を相手に、自分の理想を説いてまわった。魏《ぎ》や斉が天下の覇権《はけん》を争う大国だったのに反して、鄒や滕は

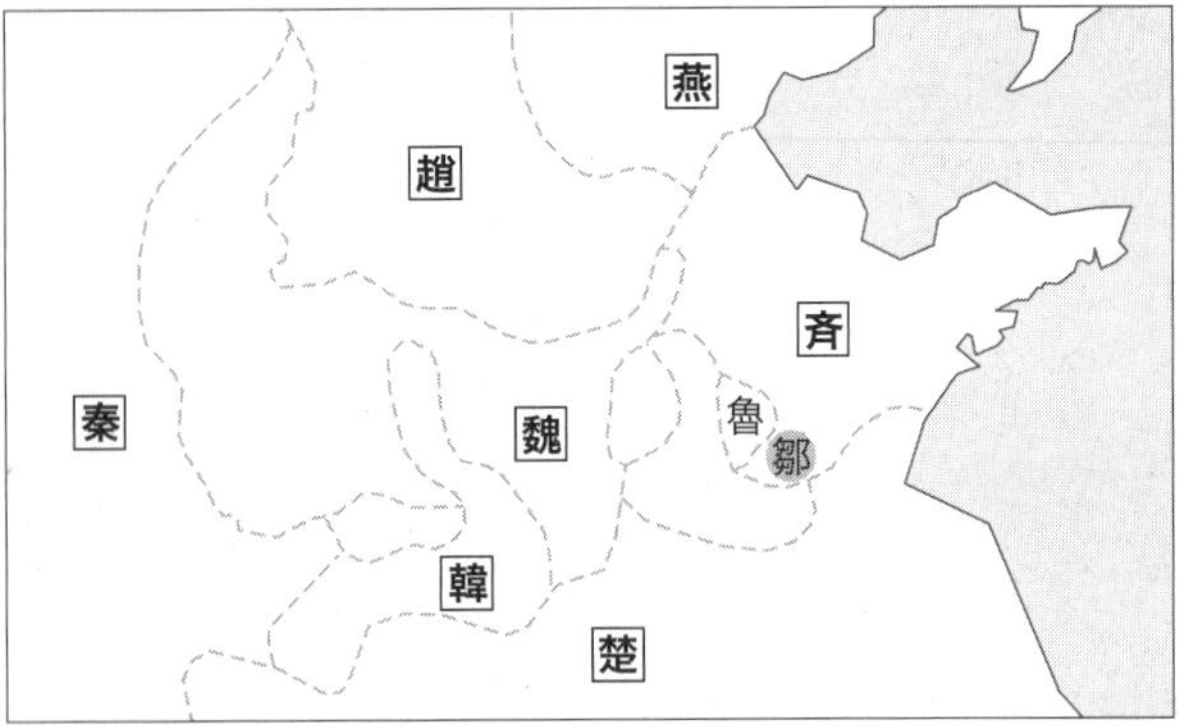

孟子の活動した戦国前期は「戦国七雄」と呼ばれた七つの大国が勢力を競っていた。孟子の故国は魯に隣接する小国家・鄒とされる。

おとぎ話に出てくるような、ちっぽけな小国に過ぎない。まるで大都会のひのき舞台で活躍した看板役者《かんばんやくしゃ》が、旅芸人に落ちぶれはて、田舎《いなか》の小学校の体育館で児童相手の芝居を演ずるに似た凋落《ちょうらく》ぶりであった。

しかし孟子の情熱は少しも衰《おとろ》えず、古代に実行されていた農耕形式とされる井《せい》田《でん》制《せい》を復活させるべきだとか、親がなくなった後は、三年の間喪《も》に服すべきだとする主張などを、熱心に説き続けた。だが、おとぎ話に出てくるような小国の君主をいくら説得してみたところで、それで天下全体を変えることなどできるはずもなく、ほとんど自己満足の世界に浸《ひた》っているに過ぎない空《むな》しい業《わざ》であった。

こうしてしばらくの間くすぶっていたのだが、魯に仕官していた門人の楽正子《がくせいし》の口《くち》利《き》きで、魯の平公《へいこう》（在位：前三一六〜前二九五年）が孟子を招聘《しょうへい》するとの話が持ち上がる。孟子にとってはラストチャンスだったのだが、色々な手違いが重なって、結局この話は流れてしまう。

夢破れた孟子は引退を決意し、門人たちと『詩経《しきょう》』『書経《しょきょう》』の校訂《こうてい》や『孟子』七篇の編集に専念する。かつては大国の君主を説得して、自分の理想を世界に実現してみせると意気込《いきご》んでいたのだが、終わってみれば、孔子の場合と同じく、何一つ願望が叶えられない失敗の人生であった。以上が孟子の生涯のあらましである。

孟子がいつ頃、どのような死を迎えたのかについては、今のところ確実な資料が存在しない。前二九五年から前二九〇年の間に没したのではないかと推定されている。

覇者を目指した斉の宣王

孟子の思想には多くの要素が含まれているが、まず彼の政治思想の特色である王道政治の主張を紹介してみよう。

斉《せい》の宣王《せんおう》問《と》いて曰《いわ》く、斉桓《せいかん》・晋文《しんぶん》の事《こと》は、得《え》て聞《き》くべきか。孟子対《こた》えて曰く、仲尼《ちゅうじ》の徒《と》、桓《かん》・文《ぶん》の事を道《い》う者無し。是《ここ》を以《もっ》て後世《こうせい》伝《つた》うること無ければ、臣は未《いま》だ之《これ》を聞かざるなり。以《や》む無《な》くんば、則《すなわ》ち王か。曰く、徳何如《いか》なれば、則ち以て王たるべきか。曰く、民を保《やす》んじて王たらば、之《これ》を能《よ》く禦《とど》むるもの莫《な》し。曰く、寡人《かじん》の若《ごと》き者も、以て民を保《やす》んずべきか。曰く、可なり。(『孟子』梁恵王《りょうけいおう》上篇)

斉の宣王は、斉の桓公や晋の文公の覇業《はぎょう》について、お教え願えないかと尋《たず》ねた。するとと孟子は次のように答えた。孔子の門下では、桓公・文公といった覇者のことを口にする者は一人もいませんでした。そのため彼らの事跡《じせき》は後世につたわらず、私もとんと聞いた覚《おぼ》えがありません。どうしてもというのであれば、王者についてならお話しできますが。そこで宣王は、どんな徳があれば、王者になれるんでしょうかと聞いた。民衆を安んじて王者になれば、誰も妨害《ぼうがい》はできませんよと孟子は答える。それじゃ私のような者でも、民衆を安んずることができましょうかと宣王は尋ねた。孟子は太鼓判《たいこばん》を押す。できますとも。

桓公と文公は、強大な軍事力で覇権《はけん》を握《にぎ》り、周の天子（周王）に代わって諸侯を統《とう》率《そっ》した、春秋時代の覇者である。即位間もない宣王は、桓公・文公の覇業に学び、自

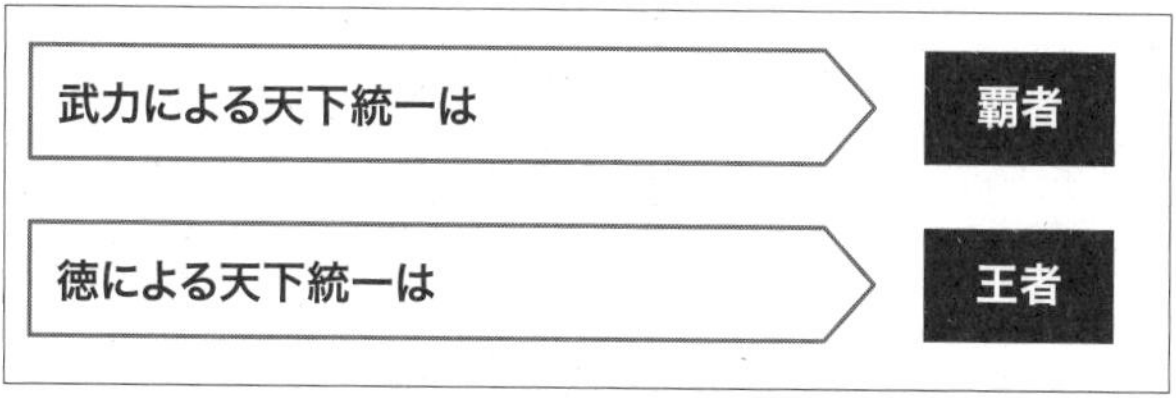

覇者と王者では天下統一の手法が異なる。孟子は王者になる方法として、王道政治を説いた。

らも武力で天下を統一せんと意気込み、孟子にその事跡を尋ねたのである。

殺人を好むのは王道に非《あら》ず

孟子は宣王《せんおう》の考えを否定し、代わりに王者の道を説く。宣王の側から徳に言及《げんきゅう》したところを見ると、武力で天下統一するのが覇者《はしゃ》、徳で天下を統一するのが王者だとの認識は、共通理解として定着していたらしい。ここで孟子が示す徳の中身は、「民を保《やす》んず」の一点のみである。この後には、屠殺される運命の牛に宣王が憐憫《れんびん》の情を示したことを指摘《してき》して、孟子があなたにも王者の資質《ししつ》があると励《はげ》ます記述が続く。この点からも、民衆の生命・身体を保全し、安全な生活を保障しようとする精神こそ、王者たる徳の中身であることが確認できる。孟子は魏《ぎ》の襄王《じょうおう》に向かっても、同じ考えを述べている。

孟子は魏《ぎ》の襄王《じょうおう》と会見した。（中略）襄王は出《だ》し抜《ぬ》けに尋《たず》ねたもんだ。先生、天下はこの先、どんな風に安定するんでしょうかとね。だからわしは答えてやったよ。どこかの国の君主によって、統一されるでしょうなと。そうしたら襄王は、統一するのは誰なんでしょうと聞いてきた。そこでわしは、殺人を好まない人物が、天下統一の事業を達成するでしょうと教えてやったんだ。すると襄王は、そんな人物に誰が味方《みかた》するんでしょうかと聞くんだ。だからわしは、世界中の人間が味方すると答えてやったのさ。（中略）当世《とうせい》の君主は好戦的で、殺人を楽しまぬ者は一人もいない。こうした中で、もし殺戮《さつりく》を好まない君主がいたならば、世界中の民衆は、全員が首を伸《の》ばして、彼の統治を待ち望むに違いない。本当にそうなったときは、水が低地めがけて流れ込《こ》むように、世界中の民衆がたちまち彼に帰服《きふく》します。誰もその大きな流れをふさぎ止《と》められませんよ。（『孟子』梁恵王上篇）

やはりここでも、孟子が王者の資格として挙げるのは、「人を殺すを嗜《たしな》まざる」ことのみであって、宣王に示した「民を保んず」と一致している。

王道政治は空想の産物

孟子が説《と》く王道政治の中身は、国内にあっては苛斂誅求《かれんちゅうきゅう》によって民衆の生活を脅《おびや》かさず、国外に対しては侵略戦争によって民衆を殺戮《さつりく》しないとの一点に過ぎないことがわかる。

それでは王道政治の主張は、実現可能であったろうか。答えはもとより否《いな》である。なぜなら、孟子が操《あやつ》る論理には、致命的《ちめいてき》な欠陥《けっかん》が存在するからである。孟子が言うような君主が現れたならば、彼はたしかに国民の人気も高く、諸外国での評判も高まるかもしれない。だがそこから先に嘘《うそ》がある。外《そと》から強力な軍隊が侵攻《しんこう》してきた場合、どんなに民衆の支持が高くとも、それで君主が国家を防衛できるわけではない。防衛の成否《せいひ》は、戦場での軍事力の強弱で決するのであって、人気投票の結果で決まるのではない。

また王道を実践《じっせん》する君主が現れたならば、世界中の民衆が彼の統治を持ち望むなどと言ってみても、他国の民衆が主権国家の枠《わく》を超えて、彼の統治下に入ったりはしない。各国の政府がそうした事態を座視《ざし》・黙認《もくにん》するはずはなく、堰《せき》で水の流れを止《と》めるように、強力に自国民を拘束《こうそく》するからである。

孟子が操る論理には、途中に大きな飛躍《ひやく》があり、ほとんど空想の夢物語の域《いき》を出ない。実際に戦国の世を統一したのは、秦王政《しんおうせい》(後の始皇帝《しこうてい》)であるが、彼は法術《ほうじゅつ》思想を採用し、王道政治の正反対を実行して統一を達成したのである。孟子の予言はものの見事にはずれた。その後、二千三百年の中国の歴史においても、孟子が説いた形で天下を統一した王朝など一つも存在しない。

この例に限らず、孟子は巧みな比喩《ひゆ》や一瞬の気迫《きはく》で相手を圧倒し、他人を論破《ろんぱ》する術に長《た》けていた。たしかにアジテーター(煽動家《せんどうか》)としての才能は豊かだったと言える。だがそうした弁論術は、その場その場で相手を言い負《ま》かしたとの勝利は収められても、実際には社会を変革し歴史を動かしていく、現実的勝利を獲得することはできない。

告子との論争

次に性善説《せいぜんせつ》について紹介してみよう。孟子の性善説は、荀子《じゅんし》の性悪説《せいあくせつ》の対極《たいきょく》に位置づけられ、孟子の思想の特色を示す重要な要素とされてきた。それでは、人間の本性を善と規定する孟子の論理は、どのようなものであったろうか。

告子《こくし》は次のように語った。人の本性は急流のようなものだ。東に向けて決壊《けっかい》させ

告子

人間の本性は状況により変化し、あらかじめ特定の方向に固定されてはいない

孟子

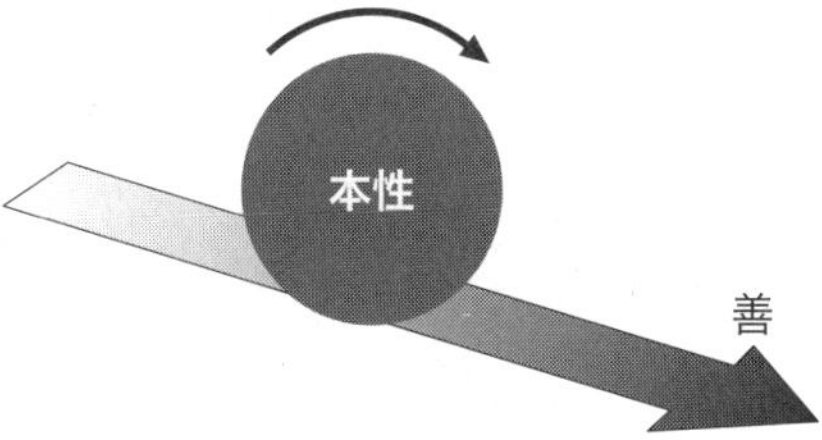

人間の本性の方向性は固定されており、その方向は必ず「善」。孟子は人間の本性を「善」と規定した

れば、東に向かって流れるし、西に向けて決壊させれば、西に向かって流れる。人の本性が、もともと善だとか不善だとかに決定されていないのは、ちょうど水が必ず東向きに流れるとか、必ず西向きに流れるとか決まっていないのと同じですよ。そこで孟子は次のように反論した。東西の場合はその通りだとしても、上下に関しては、水は明瞭《めいりょう》な方向性を持っているではありませんか。人の本性が善であるのは、水が必ず下に向かって流れるようなものですよ。人間でありながら、本性が不善だということはないし、水でありながら、低い方に流れないということはないのです。たしかに水面を叩《たた》いて水しぶきを上げれば、額《ひたい》よりも上に跳《は》ね上《あ》げることはできるし、堰《せき》を決壊させて激流を放《はな》てば、斜面を駆《か》け上《のぼ》って山のてっぺんまで行かせることもできます。しかしそれが水の本性なわけではありません。一時の勢いがそうさせただけのことです。人が不善を働くことがあるのもこれと同じで、勢いに抗《こう》し切れずに、たまたま本性と違った動きをしただけなのです。（『孟子』告子上篇）

ここで議論のテーマになっている性とは、人間が生まれつき宿《やど》す一定の方向性を指す。告子の立場は、人間の本性は状況しだいで善にも不善にもなるもので、あらかじめどちらか一方にのみ固定されてはいないとするものである。

人の本性はもともとは善

孟子の立場は、人間の本性は善なる方向にのみ固定されており、時に不善な行為が生ずるのは、何かの弾《はず》みに妨《さまた》げられ、性が本来指向《しこう》すべき方向に進めないからだというものである。ここでの孟子の論法も、先の王道政治の場合と同様、ほとんど詐術《さじゅつ》に近い。たとえ、水が低地に向かう方向性を内在させるように、人の性も一定の方向性を持つとの主張を容認したとしても、その指向《しこう》する先が善である論拠《ろんきょ》は何一つ挙《あ》げられていない。孟子と全く同じ比喩《ひゆ》を使って、「水の下《ひく》きに就《つ》く」がごとく、人間の本性も必ず悪を指向すると主張することも、やはり可能なのである。そもそも人間が倫《りん》理的《りてき》本性を宿《やど》すと考えること自体、全くの虚構《きょこう》に過ぎない。よく邪悪《じゃあく》な犯罪者に対して、とても人間とは思えないとか、人間性を疑うなどと非難する輩《やから》がいるが、これは全くの勘違《かんちが》いである。肉親や知人に生命保険を掛《か》けて殺したり、インチキ商法で老人からなけなしの財産を巻《ま》き上げたりする犯罪は、人間以外にはいかなる生物も行わない、人間の専売特許《せんばいとっきょ》である。してみれば凶悪犯罪こそ、まさしく人間性の発露《はつろ》だとも言える。

このように、ありもしない本性を詮索《せんさく》する本性論そのものが、意味のない不毛の議論なのだが、その上にさらに、善か不善かの議論自体も全くの空論に過ぎない。善だの悪だのという価値は、世界の側には存在しない。それはただ人間の観念の中にのみ存在する勝手な妄想《もうそう》でしかなく、人間は単に自分に都合のよいものを善、都合の悪いものを悪と呼んでいるに過ぎない。むろん人間の都合は、人ごとに、また時代や地域ごとに異なるから、善や悪の中身もバラバラで、そこに統一基準などは存在しない。したがって人間の本性は善か悪かという論争は、議論の前提がそもそも成り立たない、滑稽《こっけい》にして愚《おろ》かしい空理空論にならざるを得ない。にもかかわらず、孟子が性善説を主張する原因は、そう規定しないと、民衆は必ず王道政治を支持するとの論理が成り立たなくなるからである。

易姓革命説の内容

孟子の思想の特色として、最後に易姓革命説《えきせいかくめいせつ》を紹介してみよう。

中国における王朝交替には、大別《たいべつ》して二つのパターンがある。第一は禅譲《ぜんじょう》で、前王朝の天子（王）から王位を譲《ゆず》られた者が、平和的に次の王朝を開く。唐虞《とうぐ》王朝の天子である舜《しゅん》から王位を禅譲された禹《う》が、新たに夏王朝を開いたとする伝承が、このパタ

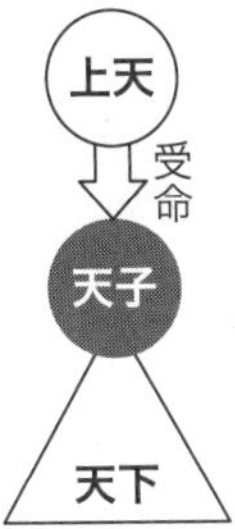

天子はあくまで、上天のもとに統治者の座にいる。

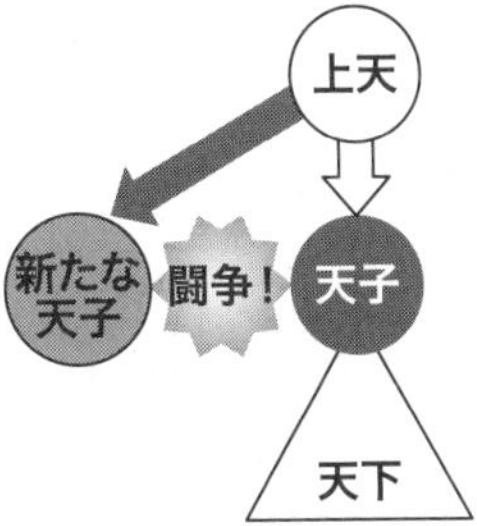

王朝の交代は単なる武力闘争ではなく、その背後には上天による統治者変更の意志が介在する。

上天が天下統治の**命**令を**革**める
↓
革命

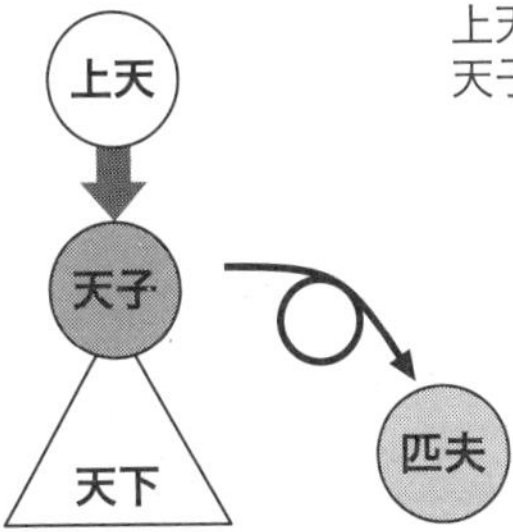

上天から見放されたかつての天子はただの「匹夫」となる。

ーンに該当する。第二は放伐《ほうばつ》で、前王朝を武力で打倒した者が、天子となって新王朝を開く。殷《いん》の湯王《とうおう》が夏《か》王朝の桀王《けつおう》を伐《う》って殷《いん》王朝を開いたり、周《しゅう》の文王《ぶんおう》・武王《ぶおう》が殷王朝の紂王《ちゅうおう》を伐って周王朝を開いたとする伝承が、このパターンに該当する。この場合、宇宙の絶対神たる上天《じょうてん》は、前王朝の王家に与えていた天下統治の命令を取り消し、次の王朝創始者の家に命令を下《くだ》すと考えられた。

このように、上天が天下統治を命ずる相手を変更する行為を革命と呼び、それに伴《ともな》って王家の姓が変更されることを易姓《えきせい》と呼ぶ。孟子は、この易姓革命を大胆に支持したことで知られるが、それは次のような論理であった。

斉《せい》の宣王《せんおう》は次のように尋《たず》ねた。湯《とう》は夏《か》王朝に仕える諸侯の身でありながら、桀王《けつおう》を武力で倒して殷《いん》王朝を建て、武王《ぶおう》は殷《いん》王朝に仕える諸侯の身でありながら、紂《ちゅう》王《おう》を武力で倒して周《しゅう》王朝を建てたと聞いています。これは本当にあったことなのでしょうか。文献が記す伝承では、そうなっていますと孟子は答えた。すると宣王は、臣下の身分でありながら、君主を弑逆《しいぎゃく》してもよいもんでしょうかと尋《たず》ねた。そこで孟子は次のように答えた。仁を破壊する者は賊《ぞく》と呼ばれ、義を破壊する者は残《ざん》と呼ばれます。残賊《ざんぞく》なる人物は、たとえ何様《なにさま》であろうと、身分の卑《いや》しい匹夫《ひっぷ》

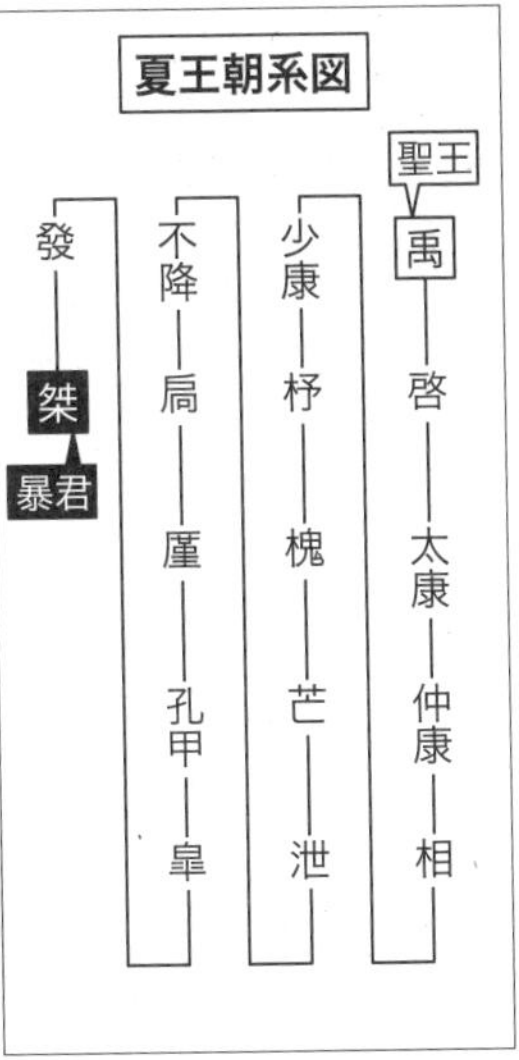

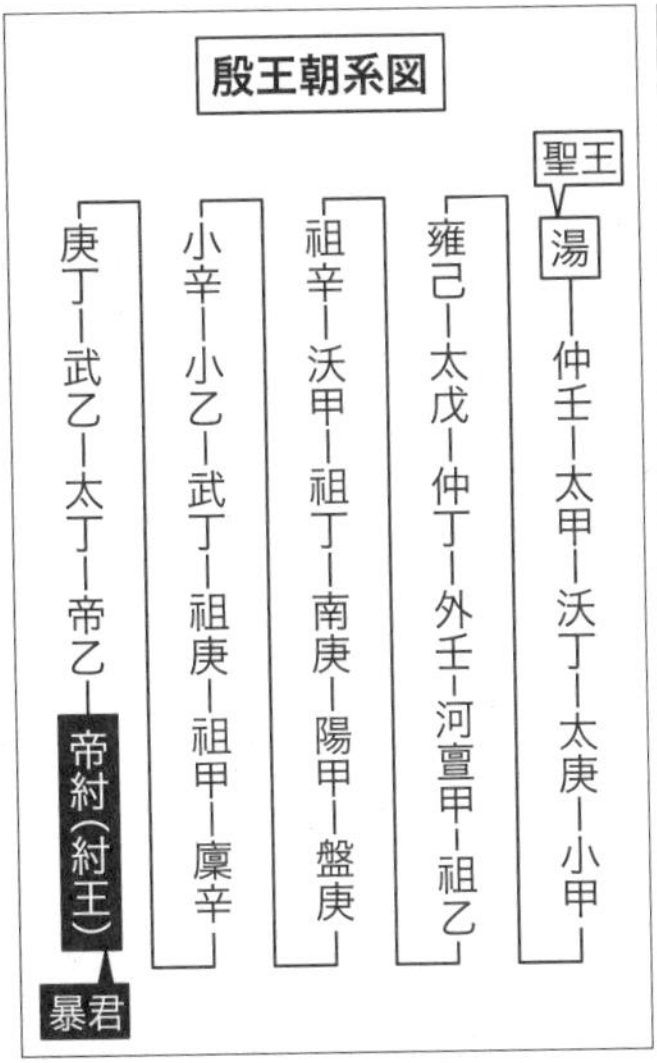

に過ぎません。ですから、匹夫の紂《ちゅう》を武王が誅殺《ちゅうさつ》したとは聞いておりますが、武王が君主を殺害したなどという話は聞いたことがありませんね。

（『孟子』梁恵王下篇）

中国は革命の国

孟子に言わせれば、仁政《じんせい》を施《ほどこ》して民衆の生活を保全《ほぜん》し、正義を守って邪悪《じゃあく》を禁じてこそ君主なのであって、たとえ名目《めいもく》は天子であろうとも、残虐・無道な悪政を行う者は、もはや君主扱いする必要はない。孟子は、暴君など匹夫《ひっぷ》扱いで構《かま》わないと断言する。

したがって、暴虐《ぼうぎゃく》な天子が君臨《くんりん》する場合、諸侯が兵を挙《あ》げてその王朝を打倒《だとう》し、自ら新王朝を樹立したとしても、それは単に凶悪犯を処刑したに過ぎず、君主を弑逆《しいぎゃく》したことにも、君位《くんい》を簒奪《さんだつ》したことにもならないのである。

かくして孟子は、天子が暴虐な場合との条件付きながら、武力による易姓革命《えきせいかくめい》を積極的に肯定《こうてい》した。もっとも湯王《とうおう》や文王・武王による武力革命は、墨家《ぼくか》をはじめとして、古代中国の思想家たちが等しく承認するところであって、当時その是非《ぜひ》が論争の的《まと》になっていたわけではない。ただ孟子の発言が突出《とっしゅつ》して明快だったので、後世の人々から、孟子の特色として特筆《とくひつ》されるようになったのである。

このように易姓革命は、中国世界の人々にとっては半《なか》ば常識であり、むしろ当然そうあるべきものであった。古代の夏《か》・殷《いん》・周《しゅう》三代の王朝から始まって、秦《しん》・漢《かん》・隋《ずい》・唐《とう》・宋《そう》・元《げん》・明《みん》・清《しん》と、中国世界では王朝がめまぐるしく交代し、そのたびに天子の家系も変更される。この意味で中国は、絶《た》えざる革命の国である。

一九一一年に清王朝が武力で倒されて、ラストエンペラーが追放され、翌年に中華民国が成立した事件は、辛亥《しんがい》革命と称される。近代国家の成立に際してすら、なおそれは天命が革《あらた》まった事件として認識されたのである。一九六〇年代に毛沢東が始めた権力闘争を文化大革命と呼んだように、その伝統は現代中国にも生き続けている。

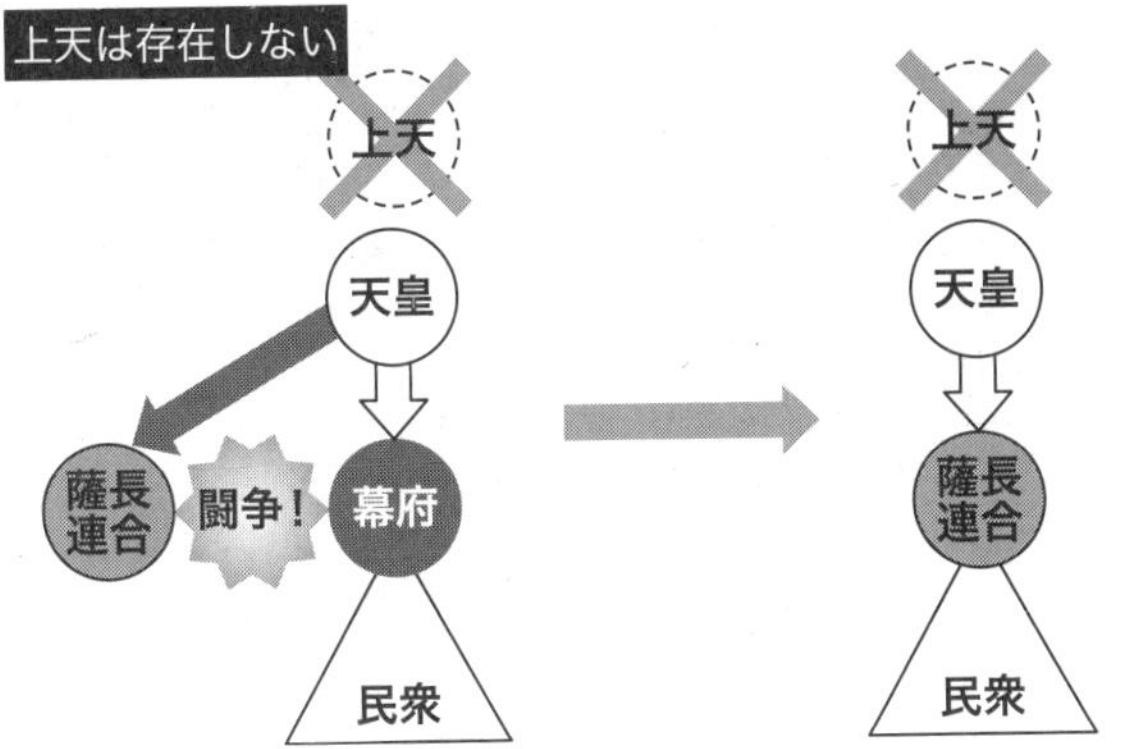

明治維新によって、日本では統治者が替わっても、天皇のポジションには原則的に変化は生じなかった。

天皇制の特色は万世一系《ばんせいいっけい》

これに対して日本は、原理的に革命のない国である。天皇家は古代のある時期から、自らの姓を名乗らないようになったため、そもそも日本では、易姓《えきせい》という概念《がいねん》自体が成立しない仕掛《しか》けになっている。また武力で天皇から政治の実権を奪《うば》い、幕府《ばくふ》と称する軍事政権を樹立した者たちも、決して天皇制そのものを否定しようとはしなかったし、自分が天皇に取って代わろうともしなかった。第一日本の天皇は、上天《じょうてん》から地上の統治を委託《いたく》されたわけではない。日本には中国のような上天信仰が存在しないから、上天から受命《じゅめい》するとか、天命が革《あらた》まるといった思考自体が最初から成立せず、したがって革命なる思考も存在しようがない。皇位《こうい》は血統によってのみ永遠に継承されるのであって、能力や実績の良《よ》し悪《あ》しで決められるのではない。

一八六八年、江戸幕府は薩長連合軍に武力で倒され、日本に近代国家が誕生したが、この事件は明治維新《いしん》と称され、決して明治革命などとは呼ばれなかった。第二次世界大戦に古今未曾有《ここんみぞう》の惨敗を喫《きっ》し、焦土《しょうど》と化した日本がマッカーサー率《ひき》いる連合国軍に占領されても、だからといって日本に革命などは起きなかったし、昭和という元号すら変更されることはなかった。元号だけ眺《なが》めれば、昭和二十年の次は昭和二十一年であり、その間何事《なにごと》もなかったかのようである。

このように、日本は原理的に革命がない世界であり、日本人が天皇制の枠《わく》組《ぐ》みを離れて自分たちのあるべき姿を構想し実行したことは、一度たりともない。織田信長《おだのぶなが》も、この点では決して革命児などではない。いかほど類似点や共通点があろうとも、中国的世界と日本的世界は、この点で決定的に異質である。中国から『孟子』を積んで出港した船は、途中で必ず沈没し、決して日本にたどり着けないといった伝説（明の謝《しゃ》肇淛《ちょうせい》『五雑俎《ござっそ》』）が生じた背景には、こうした国情の違いが作用している。

荀子《じゅんし》

荀子の生涯

荀子は趙《ちょう》の出身で、戦国後期（前二八一～前二二一年）を代表する儒家である。『史記』孟子荀卿列伝では、その生涯を次のように述べる。

荀卿《じゅんけい》は趙人《ちょうひと》なり。年《とし》五十にして、始《はじ》めて来《きた》りて斉《せい》に游学《ゆうがく》す。（中略）田駢《でんぺん》の属《ぞく》は、皆已《すで》に死し、斉の襄王《じょうおう》の時、而《すなわ》ち荀卿最も老師《ろうし》為《た》り。斉は尚《な》お列大夫《れつたいふ》の欠を脩《おさ》む。而《しか》して荀卿は三たび祭酒《さいしゅ》と為《な》る。斉人或《せいひとある》いは荀卿を讒《ざん》す。荀卿乃《すなわ》ち楚《そ》に適《ゆ》く。而《しか》して春申君《しゅんしんくん》は以《もっ》て蘭陵《らんりょう》の令《れい》と為《な》す。春申君死して荀卿廃せらる。因《よ》りて蘭陵に家す。李斯《りし》嘗《かつ》て弟子《でし》と為《な》る。已《すで》にして秦に相《しょう》たり。（中略）序列《じょれつ》して数万言を著《あらわ》して卒《しゅっ》す。因《よ》りて蘭陵に葬《ほうむ》る。

これによれば、威王《いおう》・宣王《せんおう》期に斉《せい》の稷下《しょくか》で活動していた田駢《でんぺん》の徒党もすでに死亡していて、襄王《じょうおう》（在位：前二八三～前二六五年）の治世にやって来た荀子は、最長老だったという。とすれば荀子が斉に游学したのは、前二八三年から前二六五年の間となる。その後荀子は、讒言《ざんげん》にあって斉を離れ、南方の楚《そ》に赴《おもむ》く。楚に入った荀子は、楚の宰相だった春申君《しゅんしんくん》の保護を受け、蘭陵《らんりょう》の地方長官に任命される。前二五五年のことである。この時期、後に秦の丞相《じょうしょう》となる李斯《りし》と韓非子《かんぴし》が入門してくる。前二三八年、春申君が暗殺されると、荀子も蘭陵の長官を罷免《ひめん》される。しかし荀子はなお蘭陵に住み続け、数万言の著作を著した後に死去し、蘭陵の地に葬られたという。

荀子の精確な没年は不明だが、仮に前二七〇年頃に五十歳だったとし、前二三五年頃に死去したとすれば、八十五歳ほどの長寿を保ったことになる。荀子は秦を訪れて宰相の范雎《はんしょ》や昭王《しょうおう》に面会しているが、范雎が宰相となったのは前二六六年であるから、荀子が秦に入国したのもそれ以降である。恐らくは、讒言にあって斉に居づらくなった前二五七年か前二五六年頃のことで、秦が儒家を採用する気がないとわかって、楚に赴いたのであろう。

氷は水から作られるが、水より冷たい。（『荀子』勧学篇）

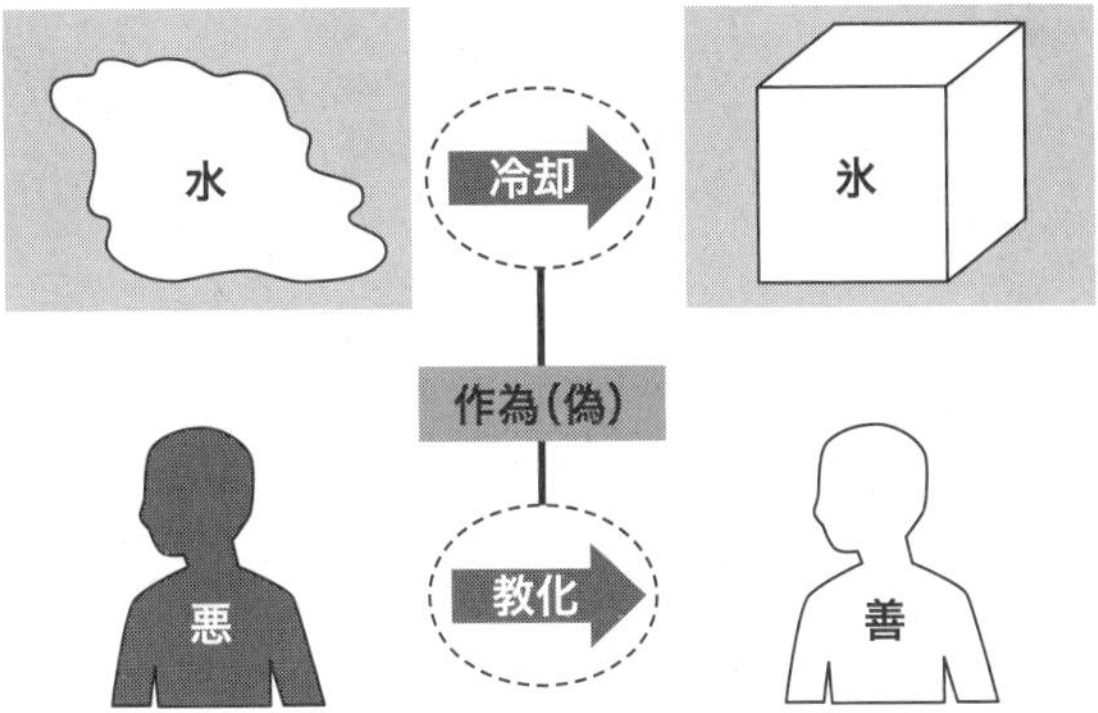

人間も教師が示す社会規範や礼儀のルールで教化すると、悪から善になる。荀子は、作為を加えることによる変化を重視する。

孟子の性善説を批判して、荀子は性悪説を主張した。次にその一部を紹介してみよう。

人《ひと》の性《せい》は悪《あく》にして、其《そ》の善《ぜん》なる者は偽《ぎ》なり。今、人の性は、生まれながらにして利を好むこと有《あ》り。是《これ》に順《したが》う。故《ゆえ》に争奪《そうだつ》生じて、辞譲《じじょう》亡《ほろ》ぶ。生まれながらにして疾悪《しつお》有り。是《これ》に順《したが》う。故《ゆえ》に残賊《ざんぞく》生じて忠信《ちゅうしん》亡《ほろ》ぶ。生まれながらにして耳目《じもく》の欲有りて、声色《せいしょく》を好む。是《これ》に順《したが》う。故《ゆえ》に淫乱《いんらん》生じて礼儀《れいぎ》文理《ぶんり》亡《ほろ》ぶ。然《しか》らば則《すなわ》ち人の性に従い、人の情に順わば、必ず争奪《そうだつ》に出《い》で、犯分《はんぶん》乱理《らんり》に合《がっ》して暴《ぼう》に帰《き》す。故に必ず将《まさ》に師法《しほう》の化《か》・礼儀《れいぎ》の道有りて、然《しか》る後《のち》に辞譲《じじょう》に出《い》で、文理《ぶんり》に合《がっ》して治《ち》に帰《き》せんとす。此《ここ》を用《もっ》て之《これ》を観《み》る。然《しか》らば則《すなわ》ち人の性の悪なることは明らかなり。其《そ》の善なる者は偽《ぎ》なり。（『荀子』性悪篇）

人間の性は悪なのであり、人間が善であるのは作為《さくい》の結果である。人の性は生まれつき利益を欲しがる。それに従うから、争い合い奪い合う行為が生じて、譲《ゆず》り合いは消え失《う》せる。生まれつき嫉《ねた》んだり憎《にく》んだりする性質がある。それに従うから、他人に危害を加える行為が生じて、誠実さは消え失《う》せる。生まれつき聴覚・視覚の欲望があって、美しい音楽や色彩を好む。それに従うから、ふしだらな淫乱《いんらん》が生じて、礼儀という装飾《そうしょく》や筋目《すじめ》が消え失《う》せる。

そうであれば、生まれつきの本性に従い、生まれつきの感情のままに生きれば、必ず争奪し始め、分際《ぶんざい》を超《こ》え筋目《すじめ》を乱《みだ》して暴挙《ぼうきょ》に及ぶ。だから必ず教師が示す規範《きはん》による教化と、礼儀による導《みちび》きがあって、初めて譲《ゆず》り合いが生じ、他人を憚《はばか》った装《よそお》いや筋目を守る行為ができて、整然と治まるのである。このように考えると、人の本性が悪なのは明白で、善になるのは後天的な作為《さくい》の成果なのである。

荀子：人間の本性は、悪である

孟子：人間の本性は、善である

荀子と孟子は、本性のあり方だけでなく教化についても意見が対立する。

荀子：悪だからこそ、教化と学習が必要だ

孟子：倫理性は教え込まれるものではなく、生まれながら内在する

性悪説の特色

人間の本性には、欲望や感情がある。それを生まれつきのままに放置すれば、人間は欲望や感情をむき出しにして争い合い奪い合う。これでは、社会秩序を維持し、整然と統治された社会の中で、安全に暮らすことはできない。そこで必ず、教師が示す社会規範や礼儀のルールによって、人々を後天的に教育し感化しなければならない。とすれば、人間の本性が悪なのは明らかで、人間が善なる行いをするようになるのは、すべて後から加えられた作為の成果なのである。これが荀子が唱えた性悪説の内容である。

ここで注意を要するのは、荀子の言

う「悪」が、極めて外面的・形式的性格を持つ点である。荀子は、心の中で他人の成功を嫉妬《しっと》したり、他人から奪って欲望を遂《と》げたいと思うことまで、根絶すべきだとは言わない。たとえ心の中にそうした欲望や感情があるとしても、社会の一員として生活する場合、少なくも表面上は他人の目を憚《はばか》って、社会的ルールを守って暮らせというに過ぎない。つまり荀子は、心の中にわずかでも不正な思いが存在すれば、神や良心に照らして邪悪な人間だと断罪する、絶対的な悪概念を説いているのではない。「悪」がこうしたものである以上、「善」の側も至って外面的・形式的なのであって、心の中はどうであれ、他人の評価を憚って自己を抑制《よくせい》し、社会のルールを守って行動しさえすれば、それで充分に「善」と判定される。

性善説を唱えた孟子は、「人の学《まな》ばずして能《よ》くする者は、其《そ》の良能《りょうのう》なり。慮《はか》らずして知る者は、其《そ》の良知《りょうち》なり」（『孟子』尽心上篇）と、人間には後天的学習を待つまでもなく、生まれながらにして仁義を行う本性が、良能・良知として備わっていると説く。そこで「仁義礼智は、外《そと》より我を鑠《かざ》るには非《あら》ざるなり。我固《もと》より之《これ》有るなり」（『孟子』告子上篇）と、人の本性の中にすでに倫理性が内在しているとした。荀子はこうした考えに反対したのである。

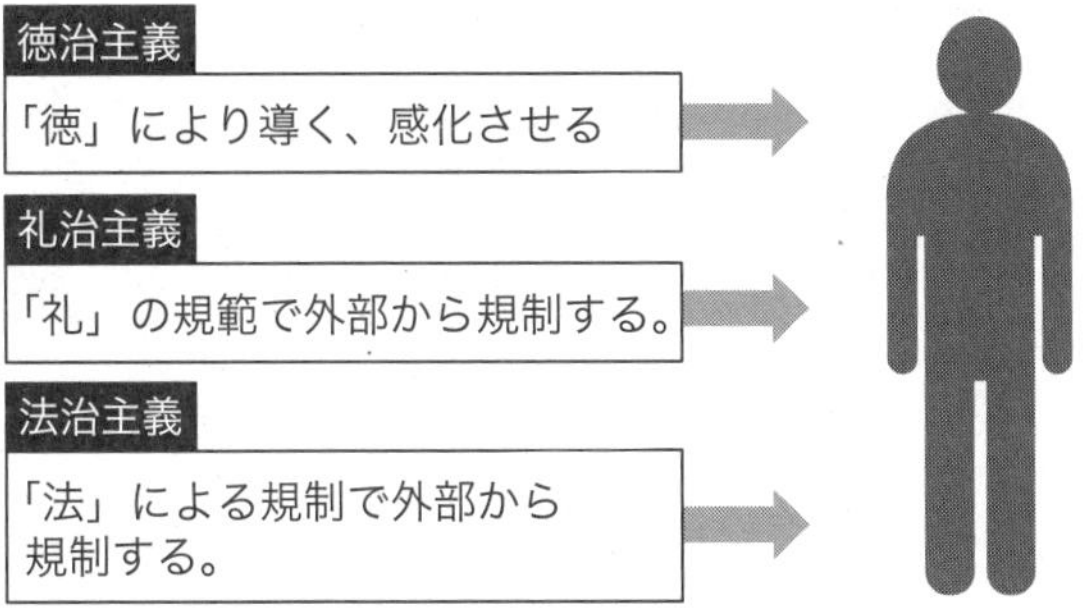
徳治主義
「徳」により導く、感化させる
礼治主義
「礼」の規範で外部から規制する。
法治主義
「法」による規制で外部から
規制する。

規制による社会秩序維持へのアプローチは、法家の法治主義に通じる。

荀子の礼治主義

いくら社会秩序を維持《いじ》したいと願っても、人の本性が悪で、人間の内部に倫理性が備わっていないとすれば、人間の外側にある規範によって規制する以外に方法がないことになる。そこで荀子は、人々に礼のルールを学習させ、礼を基準に国家・社会を統治すべきだと礼治《れいち》主義を唱《とな》える。

礼は何に起《お》こるや。曰く、人は生まれながらにして欲《ほっ》すること有り。欲《ほっ》して得《え》ざれば、則《すなわ》ち求《もと》むる無きこと能《あた》わず。求めて度量《どりょう》・分界《ぶんかい》無ければ、則《すなわ》ち争わざること能わず。争わば則ち乱る。乱るれば則ち窮《きゅう》す。先王《せんおう》は其《そ》の乱を悪《にく》む。故に礼儀を制《せい》して、以て之《これ》を分《わ》かち、以て人の欲を養い、人の求を給《み》たす。欲をし

て必ず物を窮《きわ》めず、物をして必ず欲を屈《つ》くせざらしむ。両者は相持《あいじ》して長《ちょう》ず。是《こ》れ礼の起こる所なり。(『荀子』礼論篇)

礼の起源は何か。人には生まれつき欲望がある。欲しがっても得られなければ、追い求めずにはいられない。求めるのに基準や限度がなければ、争いが生ずる。争えば混乱し、混乱すれば行き詰《づ》まる。先王はそうした混乱を憎んだ。そこで礼儀のルールを制定して、区分を設定し、人の欲望を養い、人の欲求を満たした。際限のない欲望が物不足を引き起こしたり、物不足が欲望を抑えつけたりしないようにした。欲望と物資の両方が、調和を保って永続するようにした。これが礼の起源である。

身分の上下に応じて、消費する物資の量や質に分限《ぶんげん》を定めておけば、欲望むき出しの無秩序な富の争奪戦《そうだつせん》を防《ふせ》ぎ、社会秩序を維持することができる。そのために先王が制定しておいてくれたルールが礼だと、荀子は説明する。礼の目的がこうした点にあれば、それはほとんど法の性格と似たものとなる。こう考えれば、荀子の門下から李《り》斯《し》や韓非子《かんぴし》を出したのも、決して偶然ではないであろう。

荀子の正名思想

荀子は正名篇《せいめい》の中で、名称や言語がどうあるべきかを述べている。物にはなぜ名前が必要なのであろうか。荀子はその理由を次のように説明する。

上《うえ》は以て貴賤《きせん》を明らかにし、下《しも》は以て同異《どうい》を弁《わか》つ。貴賤明らかにして、同異別《わか》たる。是《かく》の如《ごと》ければ、則《すなわ》ち志《こころ》に喩《さと》られざるの患《うれ》い無く、事に困廃《こんぱい》の禍《わざわ》い無し。此《こ》れ為《ため》に名《な》有《あ》る所なり。

これによれば、名称が存在する目的は、こっちは貴族、あっちは庶民と身分の格差を明確に表示して、社会秩序を維持する点や、事物《じぶつ》の同異を区別して、人間の活動に支障が生じないようにする点にあるとされる。それでは名称や言語はどのようにして制定されるのであろうか。荀子はそのプロセスを次のように述べる。

名《な》には固宜《こぎ》無く、之《これ》を約《やく》して以て命《なづ》け、約定《やくさだ》まりて俗成《ぞくな》れば之《これ》を宜《ぎ》と謂《い》い、約に異なれば之《これ》を不宜《ふぎ》と謂《い》う。名には固実《こじつ》無く、之を約して以て命《なづ》け、約定まりて俗成《な》れば之を実名《じつめい》と謂う。名《な》には固善《こぜん》有り。径易《けいい》にして拂《もと》らざれば之を善名《ぜんめい》と謂《い》う。

名称にはもともとそうでなければならない必然性は存在しない。そこで何とでも命名できるのだが、皆でこうしようと約束して使い続け、それが定着して習俗となれば、名称としての普遍性《ふへんせい》を獲得する。

これが荀子の考えで、彼は名称や言語を人間同士の約束と理解したのである。そのため荀子は、言語を手段に世界の実相《じっそう》を探《さぐ》ろうとする言語哲学に対しては、言語をもてあそぶ行為として激しく非難する。荀子に言わせれば、言語に求められるのは、社会を運営していくための便宜性《べんぎせい》だけであって、言語の仕組みを詮索《せんさく》して、人間の認識や世界の実相を反省しようとするあまり、世間一般には通用しない言語の使い方をするのは、不必要な知的遊戯《ゆうぎ》であり、かえって言語の約束を破る違反行為となるのである。

「天人の分」の思想

荀子が説いた思想として有名なのは、人間は人間の領分を守り、不可知《ふかち》の天（自然）の領域に手を出すべきではないとする、「天人の分《てんにんのぶん》」の考えである。

列星《れっせい》は北辰星《ほくしんせい》のまわりを旋回《せんかい》し、太陽と月は交替で地上を照《て》らし、春夏秋冬は交替で四季の一つを主宰《しゅさい》する。陰と陽の気は万物をめまぐるしく変化させ、風や雨は広く地上に行き渡り、万物はそれぞれに適した調和を獲得して発生し、それぞれに養育の環境を得て成長する。（天はこのように、恒常的な周期運動によって万物を生み出すのだが）決してその仕組みを外に示すことはせず、目に見える結果だけを外に現す。これを天の神妙な働きという。だから人は、誰もが天が生み出した結果を知ってはいるが、目に見えない天の働きを知ることはできないのだ。こうしたやり方を天の仕事という。ただ聖人だけが、天の仕組みを知ろうとはしないのだ。（『荀子』天論篇）

荀子は、天が万物を生み出す無形のメカニズムは、人間の知恵では解明できないとする。だから聖人は、人知では詮索《せんさく》できない天の仕組みに対して、それを知ろうとする無駄《むだ》な努力はしないともいう。天は変わらぬ恒常性を維持しながら、文明社会が存立できるだけの物資を充分に供給してくれるのだから、天への対応策さえ間違えなければそれでよいのであって、天の仕組みを探究《たんきゅう》する必要は全くないというのが、荀子の主張である。

これは天の働きに対する無限の信頼、天に対する楽観主義を前提にした、天への無関心の勧《すす》めである。不可知の天に知恵を使うべきではないとなれば、後はひたすら人間の領域で人為《じんい》的《てき》努力を行うべきだということになる。そこで荀子は、「人を錯《お》きて天を思《おも》わば、則《すなわ》ち万物の情を失う」と、人としての努力をなおざりにして、天に福を祈ったりすれば、万物の実情を見失うと言うのである。

荀子の思想家評

斉《せい》の稷下《しょっか》で十数年学んだ荀子《じゅんし》は、そこで他の多くの思想家と接触し、彼らの思想に精通したと思われる。そのため『荀子』の中には、他の思想家に対する批評が数多く見える。非十二《ひじゅうに》子《し》篇には、墨子《ぼくし》や慎到《しんとう》、子思《しし》や孟子《もうし》など、十二人の思想家に対する非難が記される。解蔽《かいへい》篇においても、荀子は六人の思想家を次のように批判する。

墨子は実用一点張《ば》りで、装飾の意義を理解できない。宋銒《そうけん》は欲望を少なくせよと言うだけで、欲求に応じて獲得しようとはしない。慎到《しんとう》は法律万能主義で、賢者《けんじゃ》を貴ばない。申不害《しんふがい》は権勢の威力にのみ心を奪われ、人知の大切さをわきまえな

墨子 宋鈃	墨家 道家	実利を優先し、身分制度などの社会制度を否定する。そして地味。
慎到 田駢	法家 法家	法令を重視するあまり、賢智への敬意が少ない。
子思 孟子	儒家 儒家	先王や孔子の名を借りた俗物。 口先だけの野心家。
恵施 鄧析	名家 名家	言葉をもてあそび、理屈だけで実際の成果を上げていない。

『荀子』非十二子篇、解蔽篇、天論篇には他の思想家への批評があり、批判を通じて各思想家の特色を見ることができる。

い。恵施《けいし》は弁舌に熱中するあまり、物事の実質を見失っている。荘周《そうしゅう》は天がもたらす宿命ばかりを強調して、人為的努力をあきらめさせる。

さらに天論篇には、四人の思想家に対する非難が登場する。

慎到《しんとう》には理法に因循《いんじゅん》する消極性だけがあって、自主性を発揮しようとする積極性がない。老子には屈折《くっせつ》した卑屈《ひくつ》な生き方だけがあって、堂々と直進しようとする生き方がない。墨子《ぼくし》には万人が平等に暮らすべきだとの主張だけがあって、身分に格差を付けて社会を序列化するとの主張がない。宋鈃《そうけん》には欲望を減らせとする発想のみがあって、欲望を満足させるよう生産を拡大するとの発想が見られない。

荀子の批判は、自分の思想を是《ぜ》とする立場からの一方的なものであり、しかも寸評《すんぴょう》形式なので内容に不明確なところもある。しかし、各思想の特色を的確に捉《とら》えている側面もあり、思想史を研究する上で貴重な資料となっている。また荀子が多数の思想家に批判を加えたことは、逆に荀子がそれらの思想家たちから、多くの影響を受けた状況を物語っている。

先王より後王を貴べ

一般に儒家は、堯・舜・禹・湯・文・武などの古代先王を貴び、古き善き先王の時代に復帰して、先王の統治法に法《のっと》るべきだと主張する。ところが荀子だけは後王を賞賛し、後王に法るよう勧める。この後王思想は、荀子の大きな特色である。ところが荀子は、肝心の後王が誰なのかについては、徹底的に明言を避け、決してその名を明かそうとはしない。そのため後王が誰を指すのかについて、歴代の学者から様々な説が提起されてきた。

『荀子』に注を付けた唐の楊倞《ようりょう》は、後王は荀子と同時代の当今の王、すなわち戦国後期の王を指すと言う。清の劉台拱《りゅうたいきょう》や王念孫《おうねんそん》は、後王は周王朝を創建した文王と武王を指すと理解した。また清末の劉師培《しばい》は、後王は周公旦と成王を指すと解釈した。さらに梁啓雄《りょうけいゆう》は、後王は百王の跡を継ぐ君師であり、徳と才能を兼備した有位もしくは無位の理想的聖人であると言う。梁啓雄は、後王とはあるいは素王《そおう》のことではないかとも述べるが、具体的には未詳だとして、特定の個人名を挙げてはいない。以上紹介したように、学者の説はまちまちで一定せず、今に至るも定説を見るに至っていない。

そのため後王が誰なのかは、これまで荀子の思想に関する最大の謎であり続けた。それでは後王とは、いったい誰なのであろうか。以下この問題を推理してみよう。

荀子は非相篇で次のように語る。聖王が定めた礼制も、永い時間の経過とともに衰微し、今では判然としない状況にある。そこで上世を知りたいと願えば、周の礼制を審《つまび》らかにする必要があり、古代の周の礼制を知りたいと願うのであれば、世間の人々が貴ぶ君子でもある後王を審らかにして、「一」から「万」を知り、「微」から「明」を知る必要があると。つまり荀子は、後王である君子を通じて周道を知り、周道を通じて上古の百王を知れと言うのである。とすれば荀子は、その君子、後王だけが周の礼制を知っていたと考えていたことになる。それではこの条件を満たす人物は、いったい誰か。

後王は誰を指すか

周の礼制をただ一人知る人物とは、礼学の師匠を名乗って門人を集め、「子張問う。十世知るべきか。子曰く、殷は夏の礼に因るも、損益する所は知るべきなり。周は殷の礼に因るも、損益する所は知るべきなり。其れ周を継ぐ者或《あ》らば、百世と雖《いえど》も知るべきなり」（『論語』為政篇）とか、「子は匡《きょう》に畏《おそ》る。曰く、文王既に没するも、文は茲《ここ》に在らざるか。天の将《まさ》に斯《こ》の文を喪《ほろ》ぼさんとするや、後死の者は斯の文に与《あずか》るを得ざるなり。天の未だ斯の文を喪ぼさざるや、匡人其れ予を如何せん」（『論語』子罕篇）と、門人たちに向かい、上天の思《おぼ》し召しによって、消滅寸前の周の礼制をただ一人復元し保存していると語った孔子に他ならない。すなわち荀子が賞賛して止まない後王とは、素王（無冠の王者）・孔子を指していたのである。

荀子は「人の貴ぶ所の君子を審らかにせよ」（『荀子』非相篇）と主張したが、審らかにするとは具体的にどのような方法で行われたのであろうか。それは『論語』に記される孔子の片言隻句から、孔子一人が保存していた古代先王の諸制度を復元する方法で行われた。ただし孔子は「夏の礼は吾能く之を言う」「殷の礼は吾能く之を言う」（『論語』八佾篇）とか「周は殷の礼に因るも、損益する所は知るべきなり」（『論語』為政篇）と、自分は夏・殷・周三代の礼制を完璧に復元したと吹聴したが、それは全くの虚偽で、孔子の礼学には何の実体もなく、孔子が復元したと称する三代の礼制を記した著作など一行も存在しない。そのため荀子も、これぞ孔子を通じて獲得できた古代聖王の礼制だと称しながら、三代の礼制について実は何の具体的知識も提出できなかったのである。

荀子は同じ発想で、「子曰く、性や相近し。習えば相遠し」（『論語』陽貨篇）との孔子の言葉から性悪説を、「之を道《みちび》くに徳を以てし、之を斉《ととの》うるに礼を以てすれば、恥有りて且《か》つ格《ただ》し」（『論語』為政篇）との言葉から礼治思想を、「子曰く、必ずや名を正さんか」（『論語』子路篇）との言葉から正名思想を、「子は怪力乱神を語らず」（『論語』述而篇《じゅつじ》）とか「天何をか言わんや。四時行り、百物生ず」（『論語』陽貨篇）といった言葉から「天人の分」の主張を形成した。

後王思想の虚構

このように、荀子の思想的特色とされる主張の多くが、すべて現在『論語』に見える孔子の片言隻句にその発想の契機を持つ。荀子の意識においては、たとえそれが客観的には附会の説であっても、自分が提唱した思想内容は、すべて後王たる孔子の真意を汲《く》み、「一」から「万」を知り、「微」から「明」を知って自分が復元したものであり、それは同時に孔子にだけ保存されていた古代先王の道でもあると考えられていたのである。

荀子の思想全体を貫く根本精神は、古代聖王の時代に遡《さかのぼ》れる通路の扉、しかも僅《わず》かに開いた扉である後王、すなわち孔子の精神を通じて、古代先王の諸制度に復帰しようとする復古主義であった。もとよりそれは、荀子の主観的な孔子理解を経由した古代の復活であり、結果的に古代の諸制度の精確な復元ではあり得ない。そしてまた荀子の後王思想は、古き善き先王の時代に復帰せよとする先王教の上に、素王・孔子に法れとする孔子教を載せようとする運動の一環でもあった。

孟子は、「予を以て夫子《ふうし》を観るに、堯・舜より賢《まさ》ること遠し」「生民ありてより以来、未だ夫子のごときもの有らず」（『孟子』公孫丑《こうそんちゅう》上篇）と、孔子を古代先王よりも上位に据えようとしたが、それでも孟子は孔子を直接に王とは称していない。同様に荀子も、やはり世間を憚って、後王を孔子だと明言する行為を回避したのである。

このように後王が誰を指すのか皆目不明だったため、従来は荀子の思想がなぜあのような体系を取るのかが、必ずしも明確に説明されてこなかった。荀子の思想全体を根柢で貫いている、後王に法れとする主張が、実は素王・孔子に法れとの意味であったと明らかにする視点によって、荀子の思想がなぜあのような特色を示すのかも、従来以上に鮮明に浮かび上がってくるであろう。

儒家の正統抗争

荀子は非十二子《ひじゅうにし》篇の中で、「是《こ》れ則《すなわ》ち子思《しし》と孟軻《もうか》の罪なり」と、子思・孟子学派を激しく非難する。また非十二子篇では、儒家の各学派を次のようにけなしている。

平《ひら》べったい冠《かんむり》をかぶり、もったいをつけて神秘的な言い回しを好み、禹《う》の歩き方で歩き、舜《しゅん》の走り方で走るというのが、子張《しちょう》門下の賤儒《せんじゅ》たちである。衣服や冠などをきちんと身につけ、すました顔で、終日満足気《まんぞくげ》に沈黙しているというのが、子夏《しか》一門の賤儒たちである。だらだらと怠《なま》けては仕事をさぼり、恥知らずで飲み食いばかりに精を出し、君子《くんし》は肉体労働なんかしないもんさとうそぶくのが、子《し》游《ゆう》門下の賤儒たちである。

このように荀子が、同じ儒家の各学派を「賤儒《せんじゅ》」とまでけなす現象は、儒家が分裂して内部抗争を続けていた状況を示すものである。

『韓非子《かんぴし》』顕学《けんがく》篇は儒家の分裂を、「孔子の死してより、子張《しちょう》の儒有り、子思《しし》の儒有り、顔氏《がんし》の儒有り、孟氏《もうし》の儒有り、漆雕氏《しっちょうし》の儒有り、仲良氏《ちゅうりょうし》の儒有り、孫氏《そんし》の儒有り、楽正氏《がくせいし》の儒有り」と記す。

さらに顕学篇は、八派に分裂した儒家や三派に分裂した墨家の各グループが、自分たちこそ孔子や墨子の真の後継者であり、他の学派はすべて偽物だと主張して、激しい内部抗争を続けたとも記す。

孔《こう》・墨《ぼく》の後《のち》、儒は分《わ》かれて八と為《な》り、墨は離《はな》れて三と為《な》る。取舎《しゅしゃ》は相反《あいはん》して同《おな》じからざるに、而《しか》して皆自《みずか》ら真の孔・墨と謂《い》う。孔・墨は復《ふたた》びは生きざれば、将《は》た誰にか世《よ》の学を定《さだ》めしめんや。

ちなみに七番目の「孫子《そんし》の儒」が荀子学派であるが、韓非子は「孔子や墨子が生き返らない以上、誰にも孔子や墨子の真の後継者など決められない」と、師匠の学派をも含めて、彼らの正統抗争、跡目争いをからかっている。

儒教の歴史

先王教と孔子教

上帝は歴代殷《いん》王の祖先神で、意志や感情を備えた複数の人格神であるとともに、ユダヤ教・キリスト教・イスラム教の神と同じく形象を持たない形而上的存在で、しかも一切言語を発しない沈黙の神格であった。上天は天界にある上帝たちの合議機関、朝廷である。上帝や上天は有徳なる特定の人物を選んで、地上を統治せよと命ずる。その命を受けて新たな王朝の開祖となり、太平の世を実現したのが、堯《ぎょう》・舜《しゅん》・禹《う》・湯《とう》・文《ぶん》・武《ぶ》などの王者、古代先王たちである。これが古代中国人が抱いた上天・上帝信仰であった。

文王・武王によって創建された周王朝は、前七七一年に西方の犬戎《けんじゅう》の攻撃を防ぎきれずに、都の鎬京《こうけい》を放棄し、東方の洛陽《らくよう》に都を遷《うつ》す。だが周王室の権威は凋落《ちょうらく》の一途で、諸侯たちが天子を無視して勝手に攻伐し合う戦乱状態、春秋の五覇の時代が続く。

時の経過につれて世界は悪化するとの下降史観が人々の心を覆い、古き善き先王の時代に復帰せよとする尚古《しょうこ》主義、先王教が盛んとなる。

孔子は復古主義を唱え、先王教の旗振り役を務めた。だがその一方で孔子は、衰えきった周の天子に取って代わり、自ら天子（王）となって、孔子王朝を開かんとする誇大妄想を抱く。上天から受命したと勝手に思い込み、権力奪取を狙って十四年もの間天下を流浪し続けた挙げ句、孔子の妄執は見果てぬ夢に終わる。孔子の怨念を受け継いだ子貢《しこう》や子夏《しか》、子思《しし》・孟子《もうし》や荀子《じゅんし》など後学の徒は、孔子は一介の庶人に見えても、実は先王をも凌《しの》ぐ無冠の王者（素王《そおう》）だったのだとしきりに宣伝して回った。孔子教の誕生である。

この孔子素王説、孔子教の原理主義を推進したのは、武帝に儒教一尊を献策した前漢の董仲舒《とうちゅうじょ》など、公羊学《くようがく》と呼ばれる春秋学の一派であった。以後歴代の儒家は、孔子に王の称号を与え、孔子を王として祭祀《さいし》するよう、時の皇帝に要請し続ける。七三九年、唐の玄宗《げんそう》皇帝は、孔子に文宣王《ぶんせんおう》なる王号を贈る。ここに公羊学に代表される古代以来の儒家は、永年の宿願を果たす。その結果、次の宋の時代になると、儒学は新たな展開、朱子学の登場を迎える。

聖人教の形成動機

朱子学とは、北宋の時代に万人が宿す仏性を良知良能に置き換え、「天地万物を以《もっ》て一体と為す」（『二程遺書』）とか、「仁は渾然《こんぜん》として物と体を同じくす」（『宋元学案』巻十三）と万物一体の仁を唱えた程明道《ていめいどう》や、華厳《けごん》宗の三法界観から理と事を対置する概念を導入して「事理一致」（『二程遺書』）を説いた程伊川《いせん》など、北宋の五子と呼ばれる学者によって形成され、南宋の朱子により完成された新しい儒教の一派で、宋学とも呼ばれる。

朱子は『礼記』四十九篇の中から特別に大学篇と中庸篇だけを抽出し、『大学』『中庸』として独立・単行させ、『論語』『孟子』と併せて四書と称した。旧来は、古代先王の教えを記す先王教の文献、易・詩・書・礼・春秋の五経が儒教の経典として尊重されていた。ところが朱子は、初学者は難解な五経よりも、平易な四書の方を先に学習すべきだと説き、四書五経と四書を五経の上に置いた。

朱子はなぜ大学篇と中庸篇を特別扱いして顕彰したのであろうか。唐の玄宗皇帝は孔子に文宣王の王号を贈り、孔子は無冠の王者だとする虚構は、国家権力によって公認された。目的を遂げた儒教は急速にエネルギーを失って形骸化して行く。しかも唐の時代の儒教は、『五経正義』を規範とする無味乾燥な科挙の受験勉強が中心で、人々を突き動かす思想的魅力に乏しく、韓愈《かんゆ》が「原道《げんどう》」で嘆いたように、才気ある知識人は仏教や道教に傾倒したため、儒教は受け身で古くさい二流の学問に低迷していた。そこで宋学者たちは、儒教に仏教や道教の性格を取り込んで、仏教や道教に対抗しようとした。

仏教は数ある宗教の中でも、一風変わった宗教である。仏教の最高神である大日如《だいにちにょ》来《らい》は、宇宙で最初に解脱の悟りに到達したのだが、これは宇宙仏と称すべき異次元の存在であって、人間ではない。苦しい修行の末に人間で最初に大日如来の悟りに到達したのは、インド人でカピラ城主の王子であったゴータマ・シッタルダ（釈迦《しゃか》・仏陀）とされる。そこで仏教の信者は、空王・法王でもある仏陀の教えに導かれて出家し、難行苦行の修行を実践して、仏陀の悟りの境地に自らも到達せんとする。そのため仏教では、釈迦は帰依すべき信仰対象であると同時に、求道者が目指すべき目標でもある。そこで仏教は、全体として仏道修行の形態を取る。

また道教は、後漢にインドより伝来した仏教から強い刺激を受け、その基本構造を模倣して形成された宗教で、仏道修行の形態を、内丹・外丹により不老長生の神仙となり、山奥で修行を積んで白日昇天を目指す仙人修行に置き換えている。

このような特色を持つ仏教や道教の影響を強く受けて形成された宋学は、仏教や道教のように儒教を修行の体系に変質させようとした。それでは修行によって到達すべき目標、仏教における仏陀や道教における仙人の地位は、何に設定されたのであろうか。宋学者は目指すべき目標として聖人を設定した。つまり宋学は、仏道修行の形態を取る仏教や仙人修行の形態を取る道教に対抗すべく、儒教を聖人修行の体系に作り替え、主体的・能動的に関われる魅力を回復しようとしたのであり、それは同時に没落した唐の門閥貴族に取って代わった、宋の新興士大夫《したいふ》階層の精神的欲求に応《こた》えるものでもあった。

聖人学んで至るべし

旧来の儒教では、為政者は五経に記される堯・舜・禹・湯・文・武など天命を受けた有徳の聖人、古代先王の教えを学び、治世の規範とするよう求められた。したがって聖人は、ひたすら崇拝すべき別格の存在であって、修行を積んで自分も聖人になろうなどとは誰も考えなかった。

これが宋学になると、天命を受けずとも、「人は皆以て聖人に至るべし」(『二程遺書』巻二十八)と宣言されるように、聖人は修行によって自らも到達すべき目標へと変質した。今や「聖人学んで至るべし」との考えは、宋学の一大スローガンとなった。

ところがここで、困った事態が生ずる。儒教を聖人に上昇する修行の体系に変換するとなれば、当然聖人に至る修行の階梯《かいてい》・プロセスを提示する必要がある。しかるに儒教は仏教や道教とは異なり、もともと修行の体系ではなかったため、修行のプロセスを示した文献が見当たらない。そこで朱子が目を付けたのが、『礼記』の大学篇と中庸篇であった。

確かにそこには、「古《いにし》えの明徳を天下に明らかにせんと欲する者は、先ず其の国を治む。其の国を治めんと欲する者は、先ず其の家を斉《ととの》う。其の家を斉えんと欲する者は、先ず其の身を修む。其の身を修めんと欲する者は、先ず其の心を正す。其の心を正さんと欲する者は、先ず其の意を誠にす。其の意を誠にせんと欲する者は、先ず其の知を致す。知を致すは物に格《いた》るに在り」(『大学』第一章)とか、「君子の道は、辟《たと》うれば遠きに行くに、必ず邇《ちか》きよりするが如く、辟《たと》うれば高きに登るに、必ず卑《ひく》きよりするが如し」(『中庸』第十五章)と、学んで聖人に至るステップ学習の階梯とも読める文章が並ぶ。そのため朱子は、これぞ聖人修行の道筋だとして、大いにこれを推奨したのである。

そもそも学問の水準を拡大する道を説く『大学』や、庸《つね》なる性の恒常的水準に言行を的中させた生き方を説く『中庸』は、背面世界で孔子がどのような階梯を踏んで無冠の王者に上昇していったのかを夢想する孔子教の文献であった。そのためこの両書には、朱子が欲しがったものと似た内容がもともと備わっていたのである。

当時孔子教の文献である『論語』は聖人・孔子の言行録として、同じく孔子教の文献である『孟子』は亜聖《あせい》・孟子の言行録として読まれていた。これは到達目標としての聖人の有り様を示す。それに聖人修行の道筋を示す『大学』と『中庸』が加わって、ここにめでたく儒教は聖人修行の体系へと衣替えしたのである。もっとも宋学者は、パクリ屋の常として仏教を真似たと言われるのを極度に嫌い、修行ではなく修養だと称するが。

聖人教の完成

公羊学を中心とする古代以来の儒教には、もう一つ大きな弱点があった。それは儒教には『老子』が説くような宇宙生成論がなかった点である。儒教は宇宙にはほとんど関心を示さず、もっぱら人間社会内部に視野を限定して、政治や倫理・道徳の問題を考えようとしたため、儒家には宇宙論を思索する学問的伝統が存在しなかった。ところが仏教と並んで道教が大流行すると、人々は「元気は道を行い、以て万物を生ず」(『太平経』守一明法)「万物は皆自然に因りて乃《すなわ》ち成る」(『太平経』壬部欠題)といった道教の宇宙論に大きな魅力を感じる一方、宇宙論を持たない儒教に対しては、スケールが小さく深遠・玄妙さに欠けるとの印象を抱いて離れて行った。

そこでこうした欠陥を補うべく、程明道は「天地は物を生じて気の象《かたち》あるを観る」「天地万物の理は、独無くして必ず対有り」(『二程遺書』)と、程伊川は「陰陽を離れては、更に道無し。陰陽する所以《ゆえん》は是れ道なり。陰陽は気なり」(『二程遺書』)とか、「天下の理、終わりて復た始まるは、恒にして窮まらざる所以なり」(『近思録』)と宇宙論を著述した。

さらに張横渠《ちょうおうきょ》は、「太虚は無形なるも、気の本体なり」「太虚は気無きこと能《あた》わず。気は聚《あつま》らざること能わずして万物と為り、万物は散ぜざること能わずして太虚と為る」(『正蒙《せいもう》』)と気の宇宙論を説き、邵康節《しょうこうせつ》は『皇極経世書《こうきょくけいせいしょ》』で世→運→会→元とサイクルが循環する宇宙論を唱えた。また宋学の祖とされる周濂渓《しゅうれんけい》は道教から宇宙の生成を図示した「太極図」を素知らぬ顔で導入し、「二気交感して、万物を化生す。万物は生生たりて、変化して窮まること無し」「陽変じ陰合して、水火木金土を生じ、五気順布して、四時行《めぐ》る」(『太極図説』)と宇宙論を展開して、道教に対抗しようとした。儒家が宇宙論を著述し始めるのは、これを以て嚆矢《こうし》とする。

朱子はこれを大々的に利用して、「天の賦す所は命と為す。物の受くる所は性と為す。賦す者は命なり。賦す所の者は気なり」とか、「理とは天の体なり」(『朱子語類』)と、気と理の概念を中心とする理気二元論で宇宙を説明した。その上で朱子は、まず事事物物の個別的理を探究し続け、居敬と窮理の修養により究極の天理に到達し、気質の性が宿す人欲を天理で除き去り、宇宙の理を窮めた聖人になるべきだとする「格物窮理」を唱え、それを『大学』第一章の「致知格物」の具体的修行内容とした。ここに儒教の再生運動、聖人教が完成する。

一般に人間は、スタート地点とゴール地点、及びその間の段階的プロセスが明確に設定されると、そのラインに沿って上昇しようとする強い意欲をかき立てられ、俄然《がぜん》やる気を起こす。朱子学は、仏教と道教から修行の形態を取り込み、また道教から宇宙論を取り込んで、儒教の装いを一新する方策により、たちまち中国・朝鮮・日本・ベトナムなど東アジア一帯に広まり、寺院ならぬ書院に集っては聖人ごっこに熱中する多くの信者を獲得する。朱子学が広まった東アジアには、すでに古くから仏教が浸透していた。そこで人々は修行の形態を取り込んだ朱子学を、さしたる違和感なく容易に受け容《い》れたのである。

四書を五経の上に置く朱子学の教義は、さすがに旧来の伝統的儒教に執着する南宋の国家権力からは、経書をないがしろにする偽学だとの激しい非難を生じ、朱子は「偽師」、門人たちは「偽徒」として弾圧され、四書は一時禁書の扱いを受ける。さらに朱子の死の直後に、全国から葬儀に集まる門人たちが、朱子の遺骸を奉じて反乱を起こすとの風聞まで広がって、官兵が出動する騒ぎとなった。

だがこうした禁圧にもかかわらず、結局は堂々とまかり通り、元の皇慶二年（一三一三年）に朱子はチベット仏教（ラマ教）を信仰するモンゴル人の皇帝、仁宗アユルバルワダから孔子廟《びょう》への従祀を許されて、朱子学は国家公認の学問となる。それ以降朱子学は大いに教線を拡大し、儒教の主導的地位を占める。明や清の時代になると、朱子学は体制教学の権化となるが、宋の時代には異端として激しく弾圧された前史があった事実を忘れてはならない。

明の王陽明も当初は熱心に朱子学を学び、朱子の教えである「格物窮理」を実践して聖人になろうと励む。「格物窮理」の手始めとして、王陽明は庭に生える竹の理を窮めようと思い立ったが、全く竹の理を会得できず、七日後にはノイローゼになってしまう。こうした体験から、王陽明は次第に朱子学に疑念を抱き始め、ついには外界に事物の理を探究し続けるのは散漫な徒労に過ぎず、一切の真理はことごとくわが心の内なる良知にすでに存在するとして、内なる心への集中と専一を説く「心即理」の思想に到達する。これは儒家的唯心論を唱える主張で、陽明心学とか良知心学と称された。したがって陽明学は、朱子学の分派、亜種として誕生したのである。

これに対して朱子学者は、それではまるで仏教の禅宗と同じではないかとの批判を浴びせかけた。朱子学者が同業他者を批判する際、それでは仏教と一緒ではないかとするのは、道学先生の常套《じょうとう》手段であるが、そもそも宋学自体が仏教の構造を模倣して形成されたのであるから、これは目くそが鼻くそを笑う類《たぐ》いの愚行でしかない。

儒教のその後

朱子学と陽明学の登場により、儒教は上天・上帝信仰を基盤に、先王教の上に孔子教が乗っかり、孔子教の上に聖人教が乗っかる三層構造となった。王陽明の心学は、聖人教の終末点に位置し、二千年の時を経て儒教が最後に辿《たど》り着いた姿を示す。その後、一八四二年のアヘン戦争の敗北以降、ウエスタンインパクト、西欧近代の波が中国・清朝に押し寄せると、近代化の役に立たない上層の聖人教は一掃され、下層の先王教もとっくに耐用年数が切れて消滅した。

西欧近代の圧倒的軍事力に直面し、半ば植民地化された中国人は、西欧の近代科学を中国に導入しようとし、洋務運動や変法自強運動などを起こす。だが自然界の仕組みの解明を目的とし、自然観察や実験のデータに基づく仮説を公開の場で発表して質問に答え、さらに論文を公表して学界の追検証を受けるといった近代科学の方法は、未解決の学問的課題を次世代へと永遠に引き継ぐもので、聖人への到達を目的とし、自己一身の人生の中での完成を目指す聖人教の発想とはおよそかけ離れた、前代未聞の特異な方法論であった。そのため明代・清代に中国人が慣れ親しんできた聖人教は、差し迫った近代化の役には全く立たず、廃棄される運命を辿った。

またルソー『社会契約論』やモンテスキュー『法の精神』、ロック『市民政府二論』など西欧近代の政治思想が大量に流入するに及び、近代以降の政治家は、堯舜の治に復帰するとか、文武の統治を目指すなどとは、もはや口走らなくなった。そうした神話的夢物語はすでに通用しなくなったからである。かくして先王教もその姿を消して行く。

その結果、現在は中間の孔子教だけが、上層と下層の残滓《ざんし》をくっ付けながら儒教として生き残っている。一九六六年に始まった文化大革命の際には、批林批孔《ひりんぴこう》運動が展開され、孔子は反動奴隷主階級の手先として激しく糾弾された。山東省曲阜・孔林にある孔子の墓にも紅衛兵が押しかけ、大徳十一年（一三〇七年）にモンゴル人の皇帝・武宗ハイシャンから贈られた、大成至聖文宣王の王号を刻む墓標を引き倒して打ち壊した。

だがその後、改革開放路線に切り替わるや、孔子は再び復権する。反体制派がノーベル平和賞を受賞するやいなや、中国政府はにわかに孔子平和賞なるまがいものをでっち上げ、台湾の親中国派の人物に受賞させようとした。また孔子学院を世界各地に設置して、親中国分子を増やそうとするプロパガンダ工作も活発に行われている。今や孔子は、中国の悪評を打ち消す人寄せパンダの役割を担う。孔子神話の共同幻想に安住する孔子教の信者にとって、孔子は依然として中国世界の守護神であり続ける。

第三章　墨家《ぼくか》

墨《ぼく》子《し》

墨子の活動時期

春秋末に活動した墨子は、本名を墨翟《ぼくてき》という。彼の伝記は不明なことばかりで、生没年も明確ではない。幸い『墨子』の中には、墨子の言行を記録した、耕柱《こうちゅう》、貴義《きぎ》、公孟《こうもう》、魯問《ろもん》の四篇が収められているので、これら四篇の内容に基づいて、墨子について考えてみよう。

墨子の活動時期は、いつ頃であったろうか。墨子が創設した学団の本拠地は、孔子の学団と同じく魯の国内にあった。しかしながら墨子の名は、『論語』の中に全く見えない。したがって、墨子は孔子より後の人物であったとしなければならない。また『論語』の場合とは対照的に、孟子は口を極めて墨子を非難し、墨家思想の大流行を憂えている。これによって墨子が、孟子の活躍した戦国中期（紀元前四世紀中頃）を、かなり遡《さかのぼ》る人物であったことが判明する。

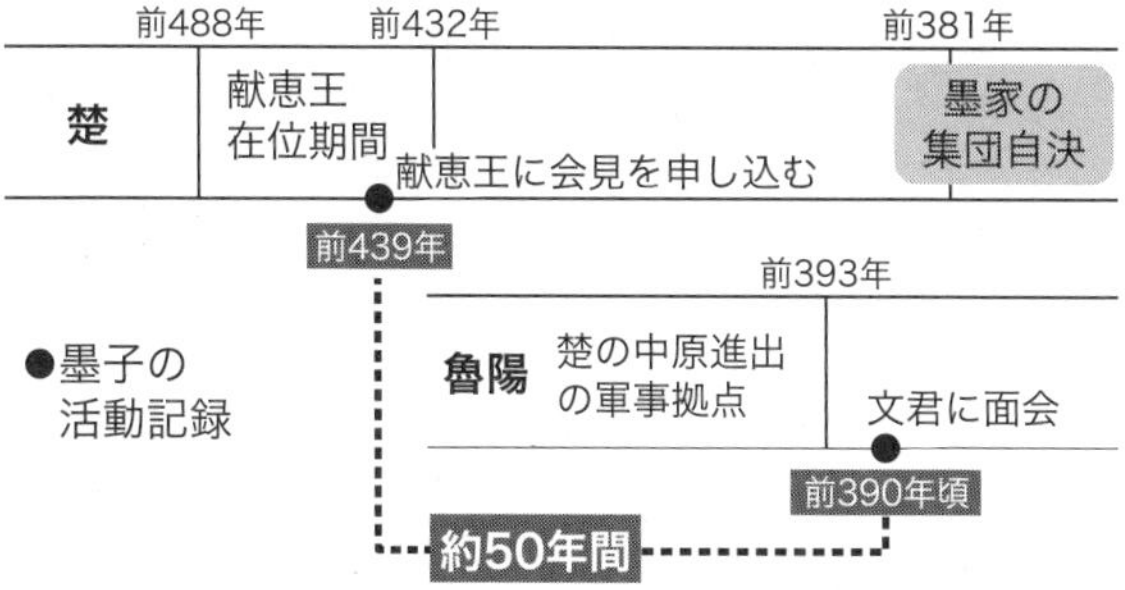

楚や魯陽における活動記録と、楚や鄭の国の年表を照らし合わせると、墨子の活動時期は前440年代後半から前390年代前半にかけての約50年間と推定される。

こうして、墨子が生きた時代の、およその上限と下限とを確定できるのであるが、さらにこの範囲内で、もっと具体的な時期は割り出せないであろうか。

『墨子』貴義篇には、墨子が楚《そ》の献恵王《けんけいおう》（在位：前四八八〜前四三二年）に会見を申し込んで断られたことが記され、清朝の学者である孫詒譲《そんいじょう》は、これを前四三九年のことと推定している。また『墨子』魯問篇には、楚王の臣下である魯陽《ろよう》の文君が鄭《てい》を攻撃しようとし、墨子がその中止を求めたとき、魯陽の文君が鄭の三代の君主、哀公、幽公、繻公《しゅこう》が弑殺《しいさつ》されたことを指摘して、攻撃を正当化したと記す。繻公の暗殺は前三九六年で、文君は繻公の死後三年にわたって鄭は凶作に見舞われたと述べるから、墨子が攻撃中止を訴えたのは、前三九四年か前三九三年のことである。そして、説話類に見える墨子の活動時期としては、これが最も年代の下がる事件となっている。

以上の年代を組み合わせると、墨子が活動した時期は前四三九年を少し遡る頃から、前三九三年を少し下る頃までと推定するのが妥当であろう。

生国と身分階層

次に墨子の生国や身分階層など、墨子の出自に関する事柄を考えてみよう。

墨子の生国を示す確証は、今のところ見当たらない。ただし、「子墨子、魯より斉に即《つ》く」（『墨子』貴《き》義《ぎ》篇）とか、「以て子墨子を魯より迎えんとす」（『墨子』魯《ろ》問《もん》篇）といった記述から、墨子学団の根拠地が、魯の国内に存在したことは確実である。

この点と、「魯の恵公《けいこう》、宰譲《さいじょう》をして郊廟《こうびょう》の礼を天子に請《こ》わしむ。桓王《かんおう》は史《し》角《かく》をして往かしむ。恵公は之を止《とど》む。其《そ》の後《のち》は魯に在り。墨子は焉《これ》に学ぶ」（『呂氏春秋』当染篇）と、周王室から魯に礼を伝えにきた史角が、そのまま魯に住みつき、その史角の子孫から墨子が学問を修得したとの伝承などを考え合わせれば、墨子が魯《ろ》人《ひと》であったことは、ほぼ間違いのないところである。

それでは墨子は、もともとどのような身分の人物だったのであろうか。魯問篇には、墨子が「冬は陶《とう》し、夏は耕し、自ら舜に比す」呉慮《ごりょ》の噂を聞いて、彼を訪ねたことが記される。面会した呉慮は、不言実行を信条とし、黙々と義の実践に励む自己の姿勢を誇り、言説に頼って理想を実現しようとする、墨子の思想活動を批判する。

これに対して墨子は、かつては自分にも、自ら耕し、自ら織り、自ら武器を取って、人々に食料や衣服を供給し、侵略戦争を阻止して、天下の危急を救済しようとした時期があったと述べる。その上で墨子は、だが自ら耕しても収穫は「一農」に達せず、自ら織っても生産量は「一婦」に及ばず、自ら武器を取っても、「一夫」の力では大軍を阻止できなかったため、天下の救済といった偉大な目標の前には、個人的努力がいかに無力であるかを思い知らされ、「先王の道」「聖人の言」を学んで、思想により天下を教化する方針に転じたのだと言う。

墨子工人説は誤り

前項で墨子が引き合いに出した「一農」「一婦」「一夫」などの身分は、もともと墨子が所属していた階層とは異なっている。なぜなら墨子は、自分がいかに必死に励んでみても、所詮彼ら以上の成果は上がらなかったと語るからである。

そこで墨子は、呉慮と似たり寄ったりの身分、すなわち農耕や織布とは全く無縁な農民ではないことは明らかである。

「自ら舜に比す」という以上、ある程度の学問を身につけた士であって、根っからの士であったと推定できる。呉慮の場合も、「冬は陶《とう》し夏は耕す」生活ではあっても、統治階層でもなく、さりとて生まれつきの農民でもない、農村社会に身を置く下級武

墨子は自己の無力を悟った後、「先王の道」「聖人の言」への探求を深めたのであるが、やはりこの点も、彼が無学文盲の農夫とは異なる、知識階層の出であったことを物語る。そもそも墨子が相当な知識人であったことは、史角の子孫から学問を受けたとの伝承や、「今、夫子の書を載せるや甚だ多し」(『墨子』貴義篇)と、日頃実践を強調するにもかかわらず、墨子の蔵書が膨大なのを弦唐子《げんとうし》が怪しんだとの記述からも、裏付けられよう。したがって墨子が、一般庶民よりは上の階層、すなわち士の身分の出であったことは、確実といえる。

これまで墨子の出身階層については、隷属的地位に置かれていた工人集団を率いる工匠であるとか、入れ墨の刑罰を受けた刑徒・賤人《せんじん》であるとか、あるいは仁侠《にんきょう》的私党の首領であるとか、南方の蛮族の出であるとか、さまざまな説が提起されてきている。だがこれらの諸説は、そのいずれもが、『墨子』をはじめとして、他のいかなる資料中にも、一片の根拠すら見出《みいだ》せない、全くの臆測《おくそく》に過ぎない。

学団の形成

墨子は自己の理念を実現すべく、魯に学団を創設し、ここに墨家が誕生する。墨子は、多数の門人を教育して一人前の墨者に仕立て上げ、諸国を遊説させたり、官僚として諸国に送り込んだりする手段で、自己の思想を世界中に実現しようとしたのである。ところが、せっかくの墨子の計画も、なかなか狙い通りには運ばなかった。

というのは、集まってきた弟子たちの入門動機は、ほとんどの場合、墨子のもとで学問を身につけ、高級官僚として仕官したいとする一点にあって、墨子の思想自体に共鳴したからではなかったためである。つまり、理想実現のために学団を創設した墨子の思惑と、利益目当てに入門してきた弟子たちの思惑は、はじめから大きく食い違っていたのである。こうした連中が相手であるから、墨子の苦心も並大抵ではなく、説話類には門人の教化にてこずる墨子の苦境が、頻繁に登場する。

そこで墨子は、門人の質的強化といった難問に直面することとなった。その解決策として墨子が用いたのは、弟子たちに鬼神信仰を吹き込むことであった。

墨子は、鬼神は明知であって、人間のあらゆる行動を監視しており、善行には福をもたらし、悪行には禍《わざわ》いを下して、人間の倫理的行動を監督すると、弟子たちに説いた。つまり墨子は、鬼神の権威を借りた外部からの規制を、教化の有力な手段に据えたのである。そもそも弟子たちの入門動機が、わが身の利益を追求するところにあったから、こうした利益誘導は、最も即効性を発揮するやり方であったろう。だがこうした教化方法は、たしかに手っ取り早い半面、弟子たちを心の内面から義に向かわせる側面では、大きな限界をも抱えている。所詮は鬼神による監視と利益誘導との組み合わせであるから、願い通りの結果が出なかった場合、弟子たちは鬼神の威力や墨子の教説に対して、疑惑・不信の念を抱くからである。

墨子の苦戦

先秦の諸資料からは、墨家集団の統率者が、団員から鉅子《きょし》と尊称されていたことがわかる。鉅とは、元来は曲尺《かねじゃく》を指す語であるが、墨家はすべての基準になるものとの意味に転用して、統率者をそのように呼んだのであろう。これは、規矩《きく》・縄墨《じょうぼく》・権衡《けんこう》などが、客観性や公正さの象徴として使用されるのと、類似の現象である。鉅はもともと曲尺を指す語なのだから、墨子は工人の出身だとする説があるが、発想があまりにも短絡的である。

墨子自身が、はたして鉅子と尊称されていたかどうかについては、確証がない。た

曲尺

鉅子は元来、曲尺の意。計測器の持つ基準としての性質、客観性や公正さになぞらえている。

歴代の鉅子	墨翟	墨家の始祖にして初代の鉅子。門下生の教育に苦労する。
	禽滑釐	墨翟の高弟。墨家集団内では、守城戦の実践に励んでいた。
	孟勝	『呂氏春秋』に登場。墨家の理念を全うし、集団自決を行う。

だし『墨子』の中では、墨子の言行録である説話類を含めて、墨子はすべて子墨子と表記されていて、これは鉅子墨子の略称と考えられる。そこで、すでに墨子の時代から、鉅子なる尊称が存在し、墨子が初代の鉅子であったと見なしてもよいであろう。

さて戦国期のさまざまな資料は、墨家集団内部で、鉅子が絶対的な権威を保持していた様子を伝えている。ところがこれとは対照的に、『墨子』の説話類に描かれる墨子の姿には、絶対的統率者の風貌《ふうぼう》は、ほとんど見出すことができない。

説話類に登場する弟子の大半は、全く勉学意欲に欠けていて、墨子の説諭にもなかなか腰を上げようとせず、さらには数々の背信行為を繰り返して、一向に恥じ入る様子もなく、はては墨子に面と向かって、あからさまな不信・疑惑の言さえ吐く始末である。

こうした弟子の言動は、墨子の時代には、まだ鉅子の絶対的権威が確立していなかったことを、雄弁に物語っている。大半が立身出世という功利的な動機から入門してきた弟子たちに対して、墨子が鉅子としての絶対的権威によって教化できなかったところにも、墨子が鬼神信仰なる便宜的《べんぎてき》手段に頼らざるを得なかった原因の一つが存在したのである。

十論の形成

墨子の思想は十の主張からなり、これを十論と呼んでいる。その内訳は、能力主義を唱える尚賢《しょうけん》、各段階の統治者に従えとする尚同《しょうどう》、自己と他者を等しく愛せと説く兼愛《けんあい》、侵略戦争を否定する非攻《ひこう》、節約を訴える節用《せつよう》・節葬《せっそう》、天帝や鬼神に従えとする天志《てんし》・明鬼《めいき》、音楽への耽溺《たんでき》を戒める非楽《ひがく》、宿命を否定する非命《ひめい》、となっている。

そこで問題になるのは、これら十論がすでに墨子の時代にすべて成立していたのか、それとも、相当長期にわたってしだいに形成されていったのか、との点である。後者の立場をとる代表的な例としては、兼愛・非攻の系統を弱者支持の理論、尚同・天志

①	尚賢	能力主義	社会秩序が乱れた国家
	尚同	上位者に従う	
②	節用 節葬	奢侈を戒める	国政難の国家
③	非楽	音楽への耽溺を戒める	怠惰な国家
	非命	宿命の否定	
④	天志 明鬼	天や鬼神を尊び、従う	無礼な国家
⑤	非攻	侵略戦争の否定	軍事国家
	兼愛	自己と他者を等しく愛する	

十論は5つに分類されており、それぞれは密接な関係にあると考えられる。

の系統を大帝国を目指す天子専制理論と捉《とら》えた上で、墨子の時代の兼愛・非攻の系統が衰えるにつれて、戦国後期に尚同・天志の系統が興ってきたとする見解があり、今日ではほとんど定説の観がある。

しかし『墨子』の説話類を仔細《しさい》に検討してみると、どうもそのようには考えがたい。その最も直接的な証拠は、『墨子』魯問篇に見える墨子と魏越《ぎえつ》の問答である。

弟子の魏越は遊説に出発するに当たり、各国の君主に面会したならば、まず何を説けばよいでしょうかと質問する。すると墨子は、その国家が混乱していれば尚賢・尚同を、国家が経済的に困窮していれば節用・節葬を、国家が音楽に耽《ふけ》って怠惰であれば非楽・非命を、国家がでたらめで無礼であれば尊天・事鬼を、国家が侵略戦争に熱心であれば兼愛・非攻を説けと教える。

墨子は魏越に対して、遊説先の各国の状態に応じ、説得すべき主張を重点的に選択するよう指示したわけだが、その中には十論すべてが出そろっている。そこで十論の主張自体は、早くも墨子の時代に、すでにその全部が成立していたと見ることができる。

墨子の時代に十論は存在

墨子と魏越の問答に関してさらに留意すべきなのは、十論の内部がおのおの二つずつの計五種類に区分されている点である。

これによって墨子自身が、（1）尚賢・尚同、（2）節用・節葬、（3）非楽・非命、（4）天志・明鬼、（5）兼愛・非攻の五グループを、それぞれ類似した目標と性格を持つ、同種の主張と考えていたことがわかる。この点は、十論の思想的性格を考える場合、たとえば尚賢論と尚同論とが相互に切り離せない密接な関連を保つとの、重要な手掛かりを提供する。

また、相手の国情に応じて十論を適宜使い分けよとの墨子の発言は、十論の最終目的が、いずれも諸国家を安定的に存続させようとするところに置かれていたことを示

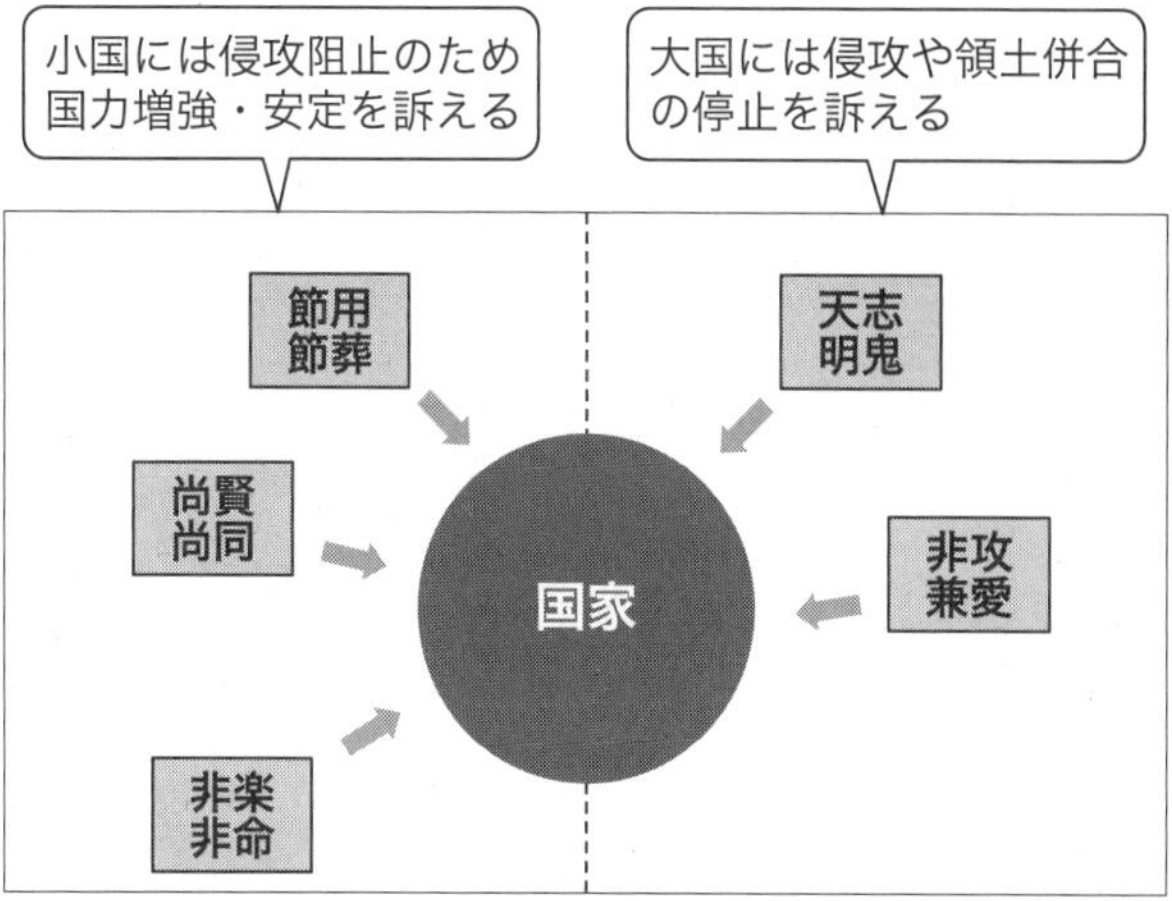

十論を5つのグループに分けて使い分ける

すとともに、十論が鬼神信仰を含めて、はじめから目的実現のための手段として用意された点を明らかにしている。

そしてこれら十論の主張は、『墨子』の説話類のあちこちに散見する。

登場回数が比較的少ないのは、尚賢と尚同で、前者が三例、後者が二例である。ただしこれは、十論の他の主張が、儒家や好戦的君主との深刻な論争点となるのに反し、家柄にとらわれず能力を重視して人材を登用すべきだとする尚賢と、上位者の教えに従うべきだとする尚同とが、当時にあっては、最も周囲の抵抗の少ない主張内容だったことの反映であって、墨子の時代に尚賢論や尚同論が存在しなかったことの証拠にはならない。

墨子の思想活動は、前四三九年を少し遡《さかのぼ》る頃から前三九三年を少し下る頃まで、五十年以上の長期にわたっており、十論すべてを形成するだけの時間的余裕は、墨子一代の間にも充分あったと考えるべきである。

新出土資料の発見と墨家思想

一九九四年に上海博物館は大量の戦国竹簡を入手し、その後上博楚簡《そかん》の内容が順次公開されてきた。その中には、「鬼神之明」と命名された文献が含まれていたが、それは墨家の明鬼論を踏まえた内容であった。上博楚簡の書写年代は戦国中期（前三四二～前二八二年）の前三〇〇年頃と推定されている。したがって戦国中期以前、すなわち戦国前期（前四〇三～前三四三年）には、すでに明鬼論が成立していたことが確実となった。

その後、二〇一八年と二〇一九年に、清華大学が入手した大量の戦国竹簡に含まれていた「治政之道　治邦之道」の内容が公開された。これは墨家思想を説く文献で、そこには墨家の尚賢論・尚同論・兼愛論・非攻論・節用論・節葬論・非命論などの主張が述べられている。この文献の書写年代も、上博楚簡と同じく、戦国中期、前三〇

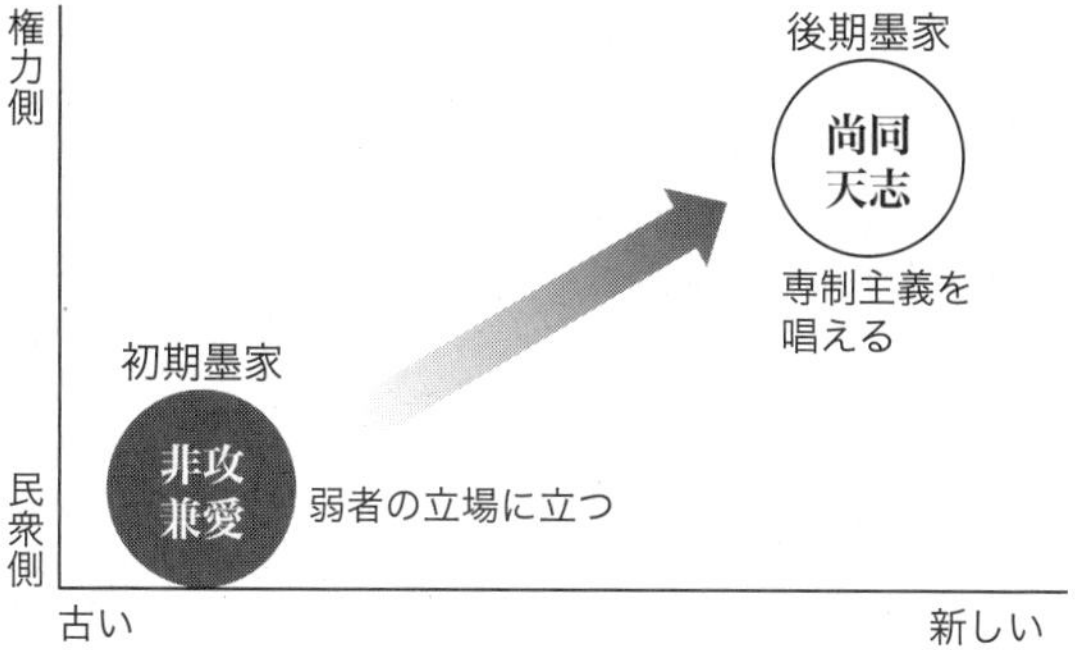

「十論」各論の成立年代のずれと主張の相違から、墨家が時代とともに変質したとの見方がある。

○年頃と推定されている。

かつて渡辺卓《たかし》氏は、兼愛・非攻・尚賢は、弱者支持の立場を取った初期墨家が唱えた主張、節用・節葬・非楽は領域国家の富国強兵策を支持した中期墨家が唱えた主張、尚同・天志・明鬼・非命は大帝国による天下統一を支持した後期墨家が唱えた主張とした。すなわち渡辺氏は、最初は民衆の側に立って弱者支持の精神から兼愛・非攻を唱えていた初期墨家も、しだいに変節して権力側にすり寄って節用・節葬・非楽などの富国強兵策を唱えるようになり、最後は反動思想に堕落して尚同・天志・明鬼・非命などを唱え、専制主義の思想を鼓吹したと理解するのである。

だが戦国中期、前三〇〇年頃の写本である上博楚簡「鬼神之明」に明鬼論が、同じく戦国中期、前三〇〇年頃の写本である清華簡「治政之道　治邦之道」に尚賢論・尚同論・兼愛論・非攻論・節用論・節葬論・非命論などが見えることから、渡辺氏が描く初期墨家→中期墨家→後期墨家の図式が、全く成り立たない錯誤であったことが、議論の余地なく証明された。十論は墨子の生存中、春秋末から戦国初頭にかけてすでに形成されていたのである。

十論は一個の思想体系

墨子の思想は、大国による侵略と併合によって、国家が次々に滅亡し、周の封建体制が破壊される事態を阻止して、天下の諸国家が相互に領土を保全し合いながら、安寧に共存する体制を再建しようとするところに、その目的があった。

そこで十論の中、兼愛と非攻は、他国への侵攻や領土の併合は、人類への犯罪だと訴えて、加害者たる大国にその中止を求める意図から形成されている。さらに天志と明鬼は、侵略と併合は天帝と鬼神も禁止しているとして、前記の主張を補強する意図から形成された。

強国による侵略と併合を阻止するためには、被害者となる小国の側にも、国内を安定させてそれを断念させる努力が求められる。能力本位の人材登用や、上位者の教導に従うことにより、国内の社会秩序維持を説く尚賢と尚同、物資の生産を実用品に限定したり、葬儀を簡素化したりする方策で、冗費の節約による国家財政の強化を説く節用と節葬、富を浪費する音楽を止め、宿命を否定して勤勉に労働することによって、富の増産を説く非楽と非命などは、そのために用意されている。

このように十論全体は、諸国家を保全して封建体制を維持せんとする目的を共有する、一個の思想体系を形づくっているのである。

十論を、前期墨家の作、中期墨家の作、後期墨家の作に三分割し、最初は民衆の側に立っていた墨家が、しだいに権力側にすり寄り、最後は反動思想に堕落して専制主義を唱え、秦のような大帝国の形成を推進したとする説（『古代中国思想の研究―〈孔子伝の形成〉と儒墨集団の思想と行動』・渡辺卓・一九七三年・創文社）は、墨家の真意を全く見失ってしまった錯誤だとしなければならない。上博楚簡中に、明鬼論を扱う墨家の文献、『鬼神之明』が含まれていた事実により、そうした説が成り立たないことは、もはや決定的である。

学団の運営と組織

墨子の学団は、孔子の学団に比べ、かなり組織化されていたようである。

『墨子』耕柱篇には、治徒娯《ちとご》と県子碩《けんしせき》二人の門人が、「義を為《な》すに孰《いず》れか大務と為すや」と、墨子に質問したことが見える。これに対して墨子は、牆《かきね》の造築における分業を比喩《ひゆ》に引きながら、「能《よ》く談弁する者は談弁し、能く書を説く者は書を説き、能く事に従う者は事に従う。然る後に義の事成れるなり」と答えている。これによれば墨子の学団内部は、諸国を遊説して墨家思想を広める布教班、学団内で典籍《てんせき》・教本の整備や門人の教育を担当する講書班、食糧生産や雑役、守城兵器の製作や防御戦闘に携わる勤労班の三グループに、大きく組織されていた様子がうかがえる。

このほか墨子の学団では、遊説班の活動を支援するため、諸国に仕官した門人たちに支部の役割を務めさせていた。遊説班が諸国を旅行する際、各国で官僚となっている者は、宿泊や食事の世話をする決まりになっていた。こうした全国組織の支援を受けつつ、墨者は遠路はるばる布教活動を行ったのである。さらに各国に仕官した墨者は、それぞれの俸禄《ほうろく》の中から学団に送金していた。

節倹を貴ぶ墨子の学団では、食糧・衣服の大半は自給自足の体制がとられたであろうが、それにしても、多数の門人を養ったり、守城兵器を製作したりするには、多額の費用が要る。説話類では、魯の君主がしばしば墨子に相談を持ちかけており、自国内にいた墨子学団に対し、魯の君主は顧問料のような形で、かなりの資金援助をした

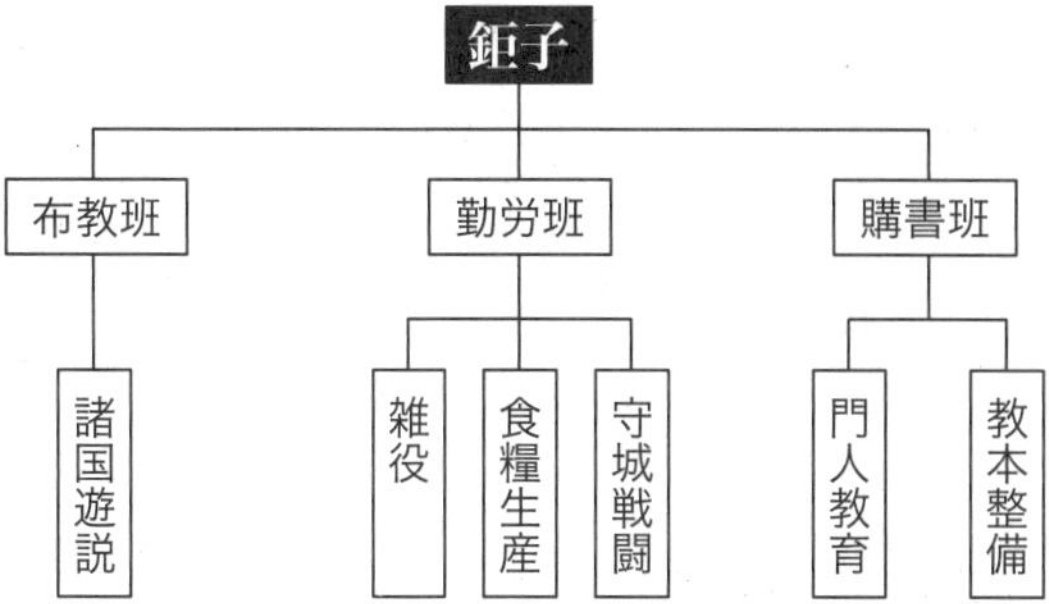

墨家学団の、能力に応じた分業制に基づく職能別編成のイメージ

はずである。また門人たちは、なにがしか入門料ないし授業料に相当するものを持参したであろう。さらに墨子に城邑《じょうゆう》の防衛を依頼した君主たちも、しかるべき献金を行ったと思われる。

これらと、各国に駐在する門人たちからの送金とを主な財源として、墨子は学団を運営していたのであろう。

戦国期の墨者

『呂氏春秋』上徳篇には、墨翟《ぼくてき》・禽滑釐《きんかつり》に次ぐ三代目の鉅子《きょし》と推定される孟勝《もうしょう》の姿が記されている。注目すべきは、墨家の団員百八十人が、鉅子の指示に従い、粛然と死を選択している点である。

ここに描かれる墨者の姿には、防御戦闘に

携わった全員が敗北の責めを負って自決することにより、墨家の信用と理念を守り抜こうとする、烈《はげ》しい使命感が溢《あふ》れている。孟勝の説得の前に異議を取り下げ、率先して範を示した徐弱《じょじゃく》にせよ、使者の役目を終えた後、事件に関与した者がわずかでも生き残っては、墨家の信用を失墜させ、仲間の死を無駄にすると考え、わざわざ陽城に戻って自決した二人の墨者にせよ、そこに見られるのは、あくまで墨家の理念に殉ぜんとする純粋な忠誠心である。

次に『荘子』天下篇が記す戦国末の墨者の生態を見てみよう。天下篇は、墨子の理念に心酔した「後世の墨者」が、ぼろをまとい木靴をはいて、脚の毛がすり切れるほどの重労働に身を挺《てい》した上、その粗末な身なりと献身的労働とを、墨者である証《あか》しとして、自ら誇ったと伝える。こうした墨者の姿を『墨子』説話類の内容と対比すると き、両者の間のあまりにも甚だしい隔たりに、われわれは驚かされる。

孟勝指揮下の墨者が集団自決した事件からは、墨子の当時の怠惰で不誠実な、禄位のみを重視する利己的な門弟の面影は、微塵《みじん》も見出すことはできない。これは、開祖墨翟の時代から三代目の鉅子孟勝に至るまでの間に、はたしてこれが同一の集団であろうかと疑わせるほどに、墨家が思想集団としての純粋度を飛躍的に向上させたことを意味する。この点は、『荘子』天下篇が記す「後世の墨者」の求道者的風貌によっ墨家思想と儒家思想の大きな対立点は4つあった。

儒家思想	墨家思想
鬼神の権威を認めない	明鬼 天志 鬼神、上天は敬う対象
葬儀が必要以上に豪華	節葬 節約のため葬儀は簡素にする
宿命の存在を認める	非命 宿命を否定する
舞楽歌唱を重視する	非楽 音楽への耽溺は慎むべきだ

ても、充分に確認することができる。

今や墨者は、彼らの過激・狂疾とまで称された実践活動と、超俗的な自己犠牲の精神とによって、その特色が記録されるほどに、大きな質的変化を遂げたのである。

統率力の強化

戦国期の墨家集団では、墨者の思想的先鋭化とともに、鉅子《きょし》の権威もまた、墨子の当時よりはるかに強化されている。

『呂氏春秋《りょししゅんじゅう》』去私篇によれば、恵王（在位：前三三七～前三一一年）の治世、秦に滞在していた墨家の鉅子腹䵍《ふくとん》は、わが子の殺人罪を赦《ゆる》そうとする恵王の申し出を断り、秦国の法律に代わり、「人を殺す者は死し、人を傷つくる者は刑せらる」との「墨者の法」によって、息子を処刑する。

この「墨者の法」は、「人を殺傷するを禁ぜん」とする「天下の大義」に基づいて制定されたもので、これにより当時の墨家が、墨家思想を実践するための戒律を定め、それを集団内で厳格に施行していた様子がわかる。同時にこの資料は、鉅子が「墨者の法」によって集団内を強力に統率し、わが子すら処刑するほどに、団員に対する生殺与奪の権を掌握するに至った状況をも伝えている。

このほか、『荘子』天下篇が、「巨子《きょし》を以て聖人と為し、皆之が尸《かたしろ》と為《な》らんことを願い、其の後世為《た》らんことを冀《こいねが》う」と記すことも、墨家集団内での鉅子の権威が、すでに絶対的な地位を確立していた状況を裏付けている。墨者たちが鉅子を聖人と見なして、その忠実な模倣者となり、その後継者になりたいと願ったというのであるから、集団内部で鉅子は神聖視されて、強力な求心力を保持していたのである。かつて、門人たちから面と向かって不信・疑惑の言を投げつけられ、団員の統制に苦慮していた墨子当時とは、まさに雲泥の差といえる。

ただし鉅子の権威が絶対化すればするほど、それにつれて鉅子の跡目争いが激化するのは当然で、後に紹介する墨家の分裂も、その一つの原因はこうした点にあったであろう。

質的変化の原因

墨家集団の著しい質的変化は、いったい何によってもたらされたのであろうか。

この変化は、三代目の鉅子《きょし》孟勝の時代にはすでに遂げられていた。したがってそれは、主に二代目の鉅子、禽滑釐《きんかつり》の時代に行われたことになる。彼は墨子が特に信頼する高弟で、墨子の死後、二代目の鉅子を継いだ人物である。しかも彼は、『墨子』兵技巧諸篇で、墨子から守城術を伝授されており、墨子に代わって防御部隊を指揮していることから、とりわけ防御部隊の育成による非攻活動の実践に情熱を注いだ人物と目される。

このように禽滑釐が、防御戦闘の中心人物としての立場から鉅子の位を継いだことは、必然的に彼の団員に対する統率力を強化する方向に機能したであろう。戦時に際しては、平時よりも鉅子の権威が一段と強化され、団員はその命令を軍律として受けとめ、それに絶対的に服従することが要求され、しかもその権威は、逆に平時の学団内にも波及するからである。

また『墨子』備梯《びてい》篇は、重労働に手足もねじれ、日焼けで顔も真っ黒といった有様で、禽滑釐が誠実に墨子に仕えたと記す。これはまさしく、『荘子』天下篇が描く戦国期の墨者の先駆けであり、禽滑釐の鉅子就任後は、こうした彼の謹厳な気風が、学団全体に強く浸透していったと思われる。

以上の要因が、墨子の時代からの教化の蓄積や組織の整備と相俟《あいま》って、ようやく禽滑釐の時代に至り、団員の思想的純化と鉅子の権威確立とをもたらしたと考えられる。弟子の入門動機は、依然として仕官による祿位獲得にあったろうが、いったん入門した後は、急速に墨者としての自覚を植えつけるだけの教化体制が、この時期に構築されたわけである。これによって墨家は、墨子当時の功利的風潮を払拭《ふっしょく》して、真に思想集団と呼ぶにふさわしい成長を遂げることが可能となったのである。

三派に分裂

団員の質的向上や鉅子《きょし》の権威確立とともに、墨家の勢力は日増しに増大していく。説話類四篇から墨子の時代の墨家の活動地域を見ると、魯を根拠地として、斉・衛・宋・楚・越などの領域にわたっている。そしてこれらの中には、北方の燕《えん》と西方の三晋《さんしん》や秦が全く含まれていない。ところが戦国末になると、多数の墨者が秦で活動したり、北方の中山《ちゅうざん》で反戦活動をしたりと、墨家の教線は中国全体へと拡大し、まさしく「楊朱《ようしゅ》・墨翟の言は、天下に盈《み》つ」（『孟子』滕文公《とうぶんこう》下篇）、「孔・墨の弟子徒属は、天下に充満す」（『呂氏春秋』有度篇）、「世の顕学《けんがく》は儒・墨なり」（『韓非子』顕学篇）と墨家の勢力は拡大し、活動範囲も中国全体へと拡がった。
墨子の時代には斉、楚など南東の領域で活動していたが、
戦国末期には北西の国々でも活動するようになる。

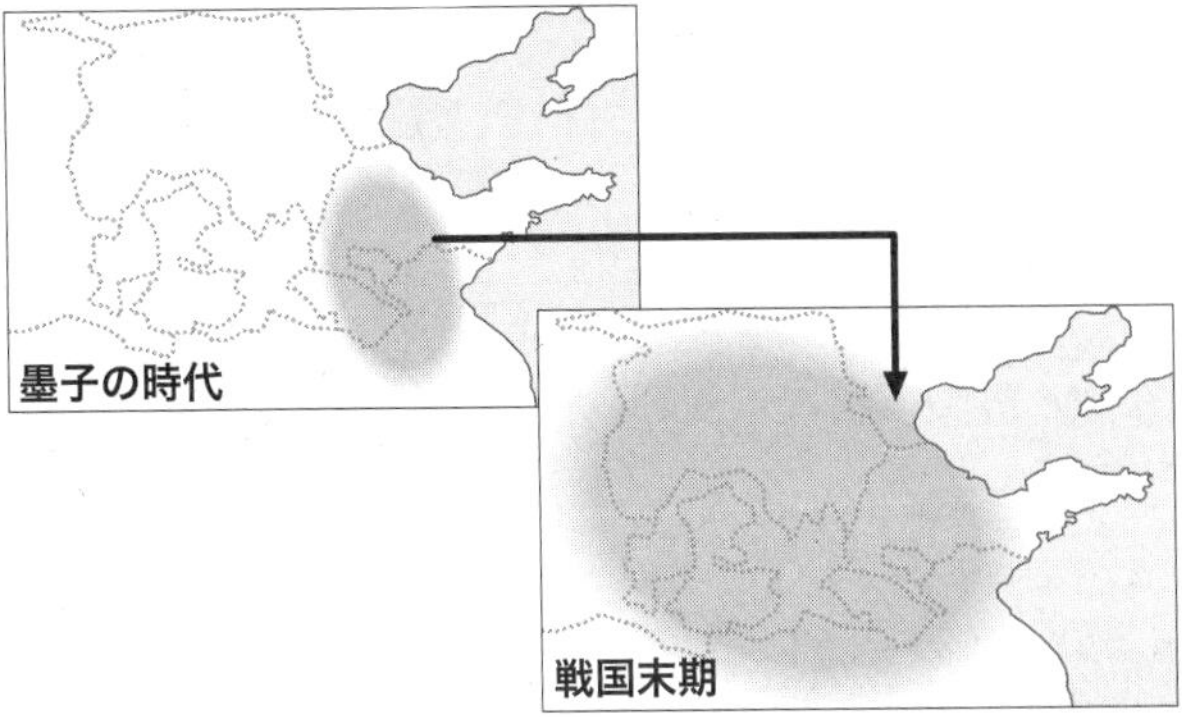

の盛況を呈したのである。

儒家と天下の思想界を二分するほどの勢力を築き上げた墨家も、組織の膨張につれて分裂しはじめる。『荘子』天下篇は、墨家が大きく二つのグループに分裂し、互いに相手を「別墨」と非難して自派の正統性を主張するが、今に至るまで決着がつかないと記す。さらに『韓非子』顕学篇には、「墨子の死せしより、相里《そうり》氏の墨有り、相夫《そうふ》氏の墨有り、鄧陵《とうりょう》氏の墨有り」と、新たに相夫氏の一派が加わって、「墨は離れて三と為る」に至った状況が記録される。

墨家分裂の内情を伝える資料は、今のところ存在せず、その原因は不明で

ある。強いてその原因を想像すれば、墨家の理念を実現する上での路線の対立や、集団内部での鉅子の座をめぐる権力争いに、秦・楚・斉などの強国の抗争関係が、複雑に絡み合った結果と思われる。ただし、こうした分裂にもかかわらず、墨家全体として見れば、戦国の最末期まで、墨家は儒家と並んで「天下の顕学」たる揺るぎない地位を保ち、巨大な勢力を誇り続けたのである。

だが、これほどに顕栄を極めた墨家は、秦帝国の成立以後、歴史上から忽然《こつぜん》と姿を消してしまう。

墨家消滅の原因

あまりにも急激な墨家消滅の原因は、いったい何であったろうか。この間の経緯を資料は黙して語らないが、およその事情を推測することは可能である。前二二一年の天下統一後、秦帝国は封建制を廃止して、新たに天下全体を皇帝一人の直轄支配地とする、郡県制を採用した。ところがこの方針に対しては、秦の朝廷内にさえ、封建制の復活を主張する反対勢力が存在した。そこで郡県制の推進者だった丞相《じょうしょう》・李斯《りし》と始皇帝は、そうした動きを根絶すべく、民間人の書籍所蔵を禁圧する「挟書《きょうしょ》の律」を定め、焚書《ふんしょ》を断行する。

『墨子』は漢代以降、ほとんど校訂整理されていない。

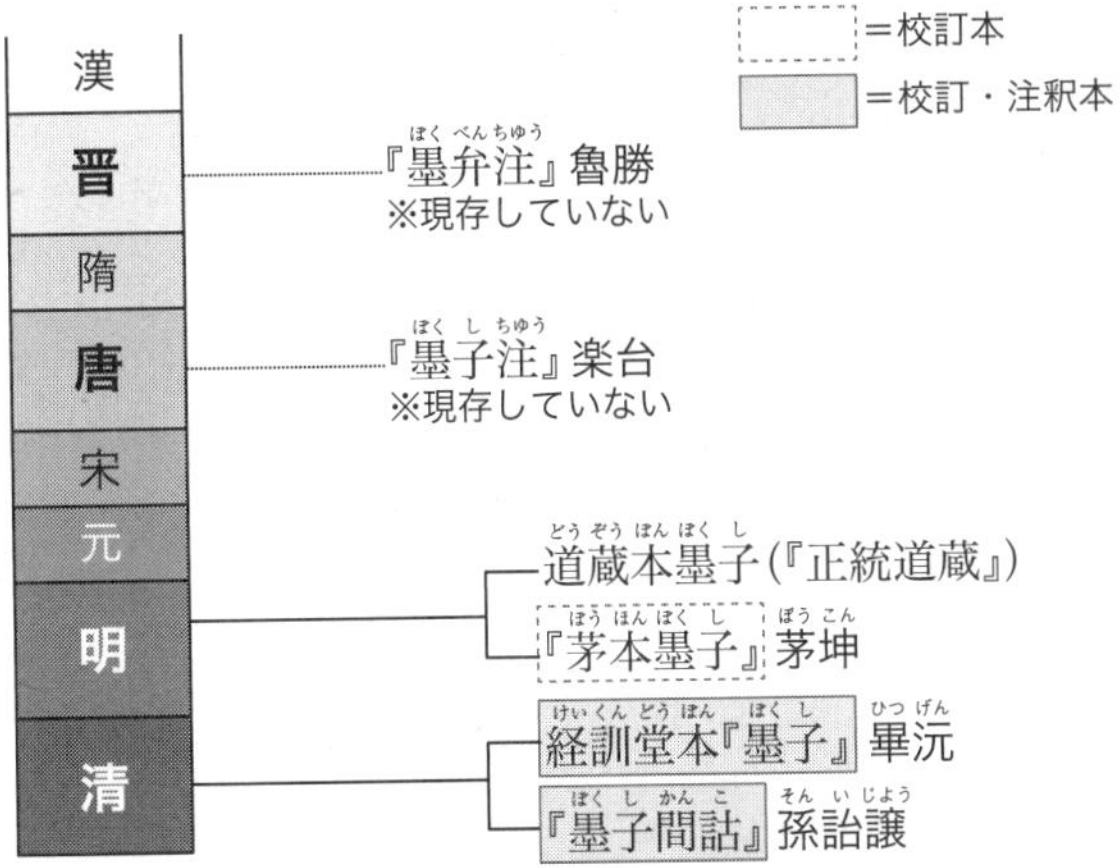

このとき弾圧対象とされた中には、当然墨家集団が含まれていたと考えられる。なぜなら墨家思想は、封建体制の下、諸国家が平和に共存する世界を理想の世界像としており、郡県制を推進する法術思想とは対立する性格を持っていたからである。

とすれば、「挟書の律」による思想弾圧が開始された後、墨家には、一切の思想活動を停止して保身を図るか、さもなければ死罪・族滅・強制労働を覚悟の上で、なお自己の信念を貫き通すか、この二者以外には選択の余地がなかったことになる。狂疾《きょうしつ》・過激を謳《うた》われた戦国期の墨者の体質からして、恐らく墨者は思想の廃棄を潔しとせず、敢然と後者の途《みち》を選び取ったに違いない。秦帝国成立後、墨家集団が突如その姿を没するに至った原因は、ここにあったであろう。

しかも、鉅子《きょし》の位を禅譲《ぜんじょう》しつつ、守禦《しゅぎょ》部隊を含む強固な集団を維持し、全国的活動を継続してきた墨家は、かえってその集団性・組織性が災して一網打尽となり、弾圧の被害が最も大きかったと思われる。さらに墨家の場合は、非攻を実践するためには武装を必要とし、また「墨者の法」によって自らを律する治外法権的集団を必要としたため、組織が壊滅してしまえば、個人が生き残っても、もはや意味を成さないのである。

兼愛の思想

墨子が唱えた十論の中でも特に有名な兼愛《けんあい》の主張を紹介してみよう。

聖人は天下を治むるを以て事《こと》と為《な》す者なり。乱の自《よ》りて起こる所を察せざるべからず。当《こころ》みに乱は何に自りて起こるかを察するに、相愛《あいあい》さざるに起こる。臣子の君父《くんぷ》に孝《こう》ならざるは、所謂《いわゆる》乱なり。子《こ》は自ら愛して父を愛さず。故に父を虧《か》きて自ら利《り》す。弟は自ら愛して兄を愛さず。故に兄を虧きて自ら利す。臣は自ら愛して君を愛

混乱現象

父子の反目
君主と臣下の対立
兄弟の不和
窃盗
追はぎ
貴族同士の抗争
国家間の戦争

兼愛論を展開する上で、墨子は世界の混乱現象を7種に分類し、父子や兄弟のいさかいと国家間の戦争は、規模や見た目こそ違うものの、根本的な原因は同じと考えた。

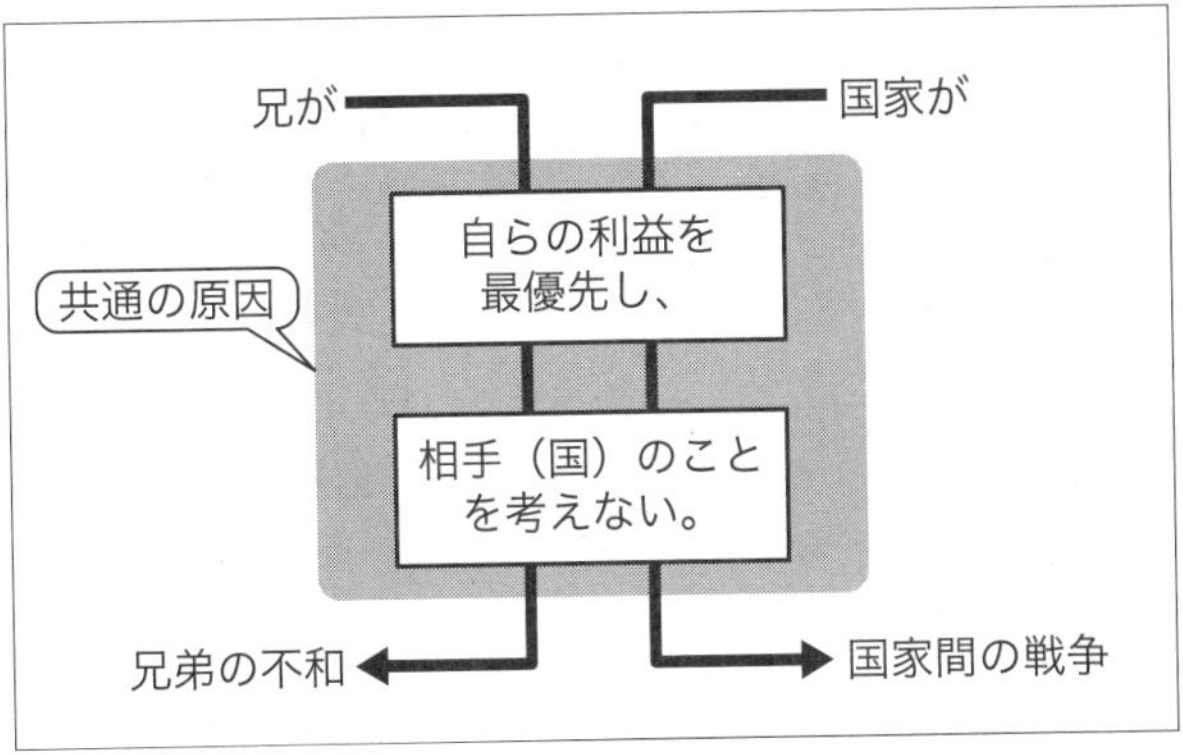

自分だけを愛し、他者を犠牲にすることが原因

さず。故に君を虧きて自ら利す。此《こ》れ所謂乱なり。父の子に慈ならず、兄の弟に慈ならず、君の臣に慈ならざると雖も、此《こ》れ亦《ま》た天下の所謂乱なり。父は自ら愛して子を愛さず。故に子を虧きて自ら利す。兄は自ら愛して弟を愛さず。故に弟を虧きて自ら利す。君は自ら愛して臣を愛さず。故に臣を虧きて自ら利す。是れ何ぞや。皆相愛さざるに起こる。天下の盗賊を為す者に至ると雖《いえど》も、亦《ま》た然り。盗は其の室を愛して、其の異室を愛さず。故に異室に窃《ぬす》みて、以て其の室を利す。賊は其の身を愛して、人を愛さず。故に人を賊《そこな》いて、以て其の身を利す。此れ何ぞや。皆相愛さざるに起こる。大夫《たいふ》の家を相乱し、諸侯の国を相攻むる者に至ると雖も、亦た然り。大夫《たいふ》は各其の家を愛して、異家《いか》を愛さず。故に異家を乱して、以て其の家を利す。諸侯は各其の国を愛して、異国を愛さず。故に異国を攻めて、以て其の国を利す。天下の乱物《らんぶつ》は此《ここ》に具《そな》わるのみ。此《こ》れ何に自りて起こるかを察するに、皆相愛さざるに起こる。（『墨子』兼愛上篇）

ここには世界の混乱現象が七種の型に分類して列挙される。その上でこれら七種の混乱は、父子の反目、兄弟の不和、君臣の対立、窃盗や追はぎ、あるいは貴族間の勢力争いや国家間の侵略戦争と、見た目には大きく相違しているにもかかわらず、根本的には全く同じ原因から生じていると指摘する。

兼愛は世界を救う

七種類の混乱を引き起こす唯一の原因とは、他者を犠牲にする手段によって、自分の利益を得ようとする精神と行為である。墨子は、万人を「人を虧きて自ら利す」る行為へと導く「自愛」の精神こそが、世界秩序を破壊し、社会を混乱に陥れてきた根本原因であるとの結論に到達した。それではこの根本原因を、どのように除去すればよいのであろうか。墨子は次のように解決策を提示する。

若《も》し天下をして兼《か》ねて相愛し、人を愛すること其《そ》の身を愛するが若《ごと》からしめば、猶《な》お不孝の者有るか。父兄と君とを視ること其の身の若ければ、悪《いず》くんぞ不孝を施《な》さん。猶《な》お不慈《ふじ》の者有るか。子弟と臣とを視ること其の身の若ければ、悪んぞ不慈を施さん。故に不孝・不慈は有ること亡《な》し。猶お盗賊有らんか。人の室を視ること其の室の若ければ、誰か竊《ぬす》まん。人の身を視ること其の身の若ければ、誰か賊せん。故に盗賊は有ること亡し。猶お大夫の家を相乱し、諸侯の国を相攻むる者有らんか。人の家を視ること其の家の若ければ、誰か乱さん。人の国を視ること其の国の若けれ自愛こそが侵略戦争などの混乱現象の原因とした墨子は、自愛の反対概念「兼愛」を主張した。

× 自愛：自分だけを愛し、他人を犠牲にしてまでも、自分の利益を追求する。

○ 兼愛：自分と他人を区別せず、自分と他人を同じように愛する。

世界が兼愛に満ちれば世の中の混乱は収まる

兼愛論には、他者同士を同等に愛する（無差別の平等愛）という主旨はない。

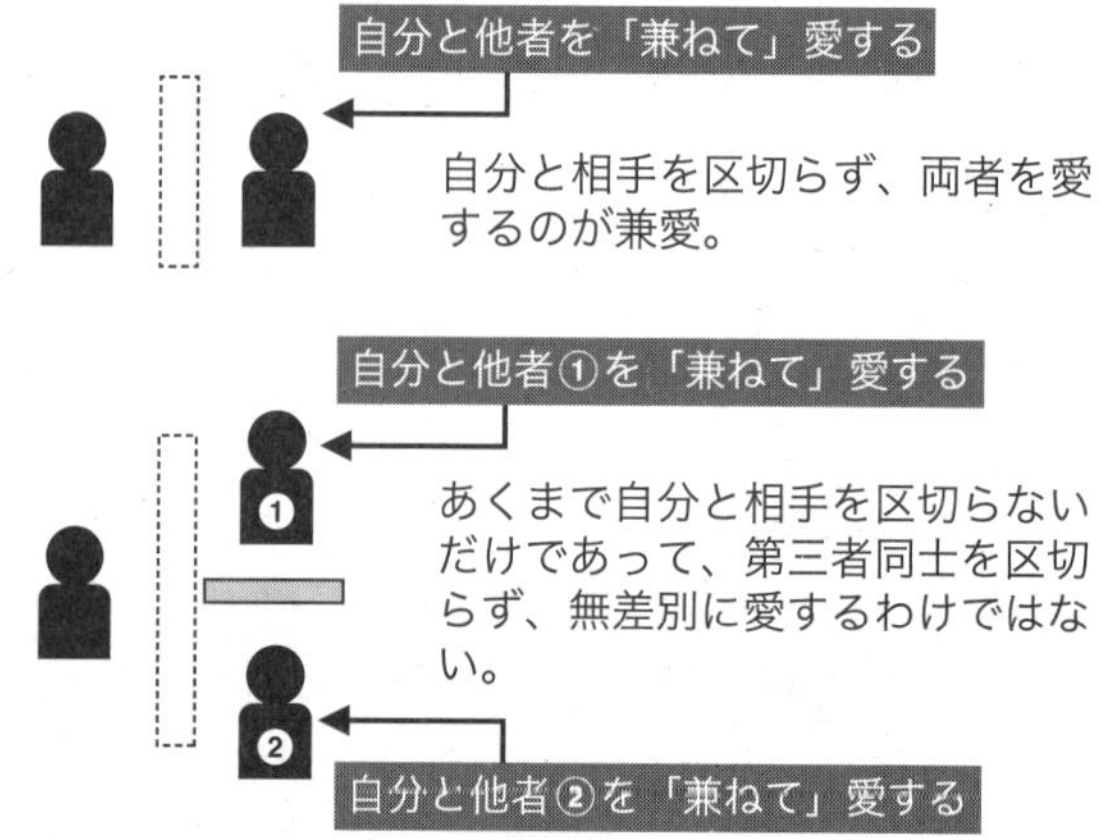
自分と他者を「兼ねて」愛する
自分と相手を区切らず、両者を愛するのが兼愛。
自分と他者①を「兼ねて」愛する
①
あくまで自分と相手を区切らないだけであって、第三者同士を区切らず、無差別に愛するわけではない。
②
自分と他者②を「兼ねて」愛する

ば、誰か攻めん。故に大夫の家を相乱し、諸侯の国を相攻むる者有ること亡し。若《も》し天下をして兼ねて相愛さしめば、国と国と相攻めず、家と家と相乱さず、盗賊有ること無く、君臣・父子も皆能く孝慈ならん。此《か》くの若ければ則ち天下治まる。（『墨子』兼愛上篇）

前段で天下混乱の原因を自愛の精神に求めた墨子は、この段の冒頭から兼愛を登場させる。この兼愛は自愛の反対概念として提出されたのであるから、その真意は自己と他者を区別せずに兼ね愛させる点にこそある。墨子は、社会秩序を破壊し、世界を混乱させる原動力が、他者を犠牲にしてでも自己の利益を獲得せんとする精神であることを洞察し、兼愛論によりその抑制を主張したのである。

非攻の思想

それでは次に、非《ひ》攻《こう》の主張を紹介してみよう。

苟《いやし》くも人を虧《か》くこと愈《いよい》よ多ければ、其《そ》の不仁なることも茲《ます》ます甚《はなは》だしく、罪も益《ます》ます厚し。此《か》くの当《ごと》きは、天下の君子、皆知りて之を非とし、之を不義と謂《い》う。今、大いに不義を為《な》して国を攻むるに至りては、則《すなわ》ち非とするを知らず。従《よ》りて之を誉《ほ》め、之を義と謂う。此れ義と不義の別《べつ》を知ると謂うべきか。一人を殺さば之《これ》を不義と謂い、必ず一の死罪有り。若《も》し此《こ》の説《せつ》を以て往《ゆ》かば、十人を殺さば十たび不義を重《かさ》ぬ。必ず十の死罪有り。百人を殺さば百たび不義を重ぬ。必ず百の死罪有り。此《か》くの当《ごと》きは、天下の君子、皆知りて之を非とし、之を不義と謂う。今、大いに不義を為して国を攻むるに至りては、則ち非とするを知らず。従りて之を誉め、之を義と謂う。情《まこと》に其の不義なるを知らざるなり。故に其の言《げん》を書《しょ》して以て後世《こうせい》に遺《のこ》す。

（『墨子』非攻上篇）

非攻論は他国への攻撃・侵略を非難する主張である。非攻上篇は、そもそも犯罪は、自己の利益獲得のために他者に損害を与える行為であるとの定義を行う。そしてこの定義を適用すれば、侵略戦争もまた国家の手による犯罪にほかならないと、攻戦を窃盗や強盗・殺人などの個人犯罪の延長線上に位置付ける。とすれば侵略戦争は、それが犯罪である点では窃盗・強盗・殺人と全く同質の行為であり、かつ他者に与える被害の程度からすれば、それらをはるかに超える最大・最悪の犯罪としなければならない。ところが世の君子たちは、個人の犯罪に対しては厳しく糾弾しておきながら、国家的犯罪である侵略戦争に対しては一向に非難しようとはしない。それどころか、「義戦《ぎせん》」の美名の下に侵略・併合を飾り立て、紀念の文書を後世に残して称賛する。

墨子はこうした矛盾を、鋭く突いて攻戦の中止を訴えたのである。

第四章　道家《どうか》

老《ろう》子《し》

『老子』の伝説

『老子』は道家の書の代表として、後世に大きな影響を与え続けてきた。『老子』の作者は、おおむね老耼《ろうたん》とされてきた。だがこの老耼の伝記そのものが、すこぶる曖昧《あいまい》模糊《もこ》としていて捉《とら》えどころがなく、実在の人物かどうかさえ疑わしい状況であった。そのため、『老子』の作者は誰であるのか、『老子』の成立時期はいつ頃なのかとの問題は、古来多くの人々の頭を悩ませ続けた謎であった。

ところが近年、この謎を解く手掛かりになりそうな発見が、考古学の分野で相次いでいる。最初の発見は、一九七三年に湖南《こなん》省長沙馬王堆《まおうたい》の前漢墓から出土した、二種類の帛《はく》に書かれた『老子』である（帛書『老子』）。

二つ目の発見は、一九九三年に湖北《こほく》省荊門《けいもん》市郭店《かくてん》の戦国中期の楚墓《そぼ》から出土した、三種類の竹簡《ちくかん》に書かれた『老子』である。そこでまずは、こうした新出土資料の存在をも視野に含めながら、老子の謎について考えてみよう。

『老子』の成立時期については、多くの異説が並び立っている。『史記』老荘申韓《ろうそうしんかん》列伝によれば、老子（李耳《りじ》・老聃）は周王室の図書を管理する史官で、孔子は魯から周の都の洛陽に留学し、老子から礼学を学んだとされる。この伝承をそのまま信ずれば、老子の活動時期は孔子とほぼ同時期、すなわち春秋時代の末となる。

司馬遷《しばせん》はまた、老子は周の衰退を見て西方に姿を消したが、関所の役人・尹喜《いんき》に懇願され、「道徳経《どうとくきょう》」上下二篇、つまり『老子』五千余言を書き残したとも記すから、『老子』の成立時期も、やはり春秋末となる。これが『老子』の成立時期を最も古く設定する立場である。ただしこれは、『史記』の記述を無批判に信じた場合の説であり、学問的には信憑性《しんぴょう》に乏しいものとして、これまで否定されてきた。

帛書『老子』の発見

対照的に『老子』の成立時期を最も新しく設定するのは、『老子』が現在の形に定着したのは前漢の武帝期だとする立場である。他の書物に『老子』とほぼ同文が引用され、なおかつそれが『老子』からの引用だと明示されるようになるのは、武帝期に編纂《へんさん》された『淮南子《えなんじ》』が最初だというのが、その最大の論拠である。

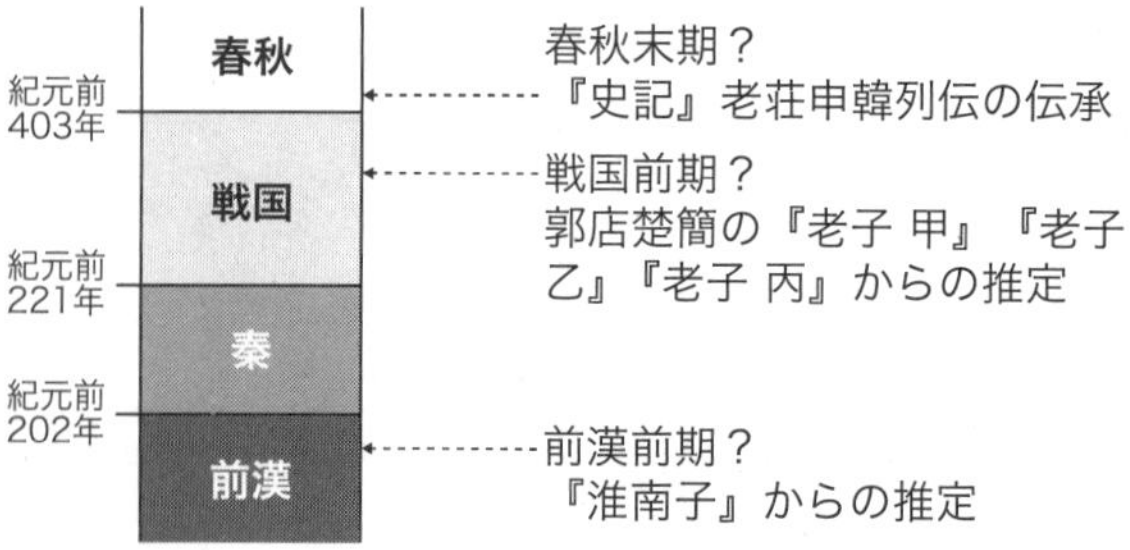

推定される『老子』成立年代の上限から下限の幅は広い。

この立場では、『老子』は一人の作者の著作ではなく、古くからの諺《ことわざ》や箴言《しんげん》の類《たぐい》が集められて、徐々に『老子』が形成され、武帝期に至って現在の形に定着した後、架空の人物である老子に仮託して『老子』なる書名を冠せられたことになる。

以上紹介した対照的な立場が、『老子』の成立時期に関する上限と下限を示している。この両説が指示する幅の中で、これまで諸説粉々たる状況を生じてきたのだが、前述した考古学的発見により、従来よりは確度の高い推理が可能となってきているので、以下に筆者の推測を述べてみよう。

まず文帝期（前一六八年）に造営された馬王堆漢墓から、二種類の帛《はく》書『老子』が出土した事例からは、次のようなことが判明する。この二つの写本は、上篇と下篇の順序が逆になっているほかは、現行本とほとんど同内容である。中国の研究者はこれに甲本・乙本と命名した。甲本の方が乙本より文字の字体が古く、小篆《しょうてん》の面影を残す隷書体で筆写されており、乙本の方は隷書の字体で書写されていた。

また乙本では、漢の初代皇帝である劉邦《りゅうほう》の諱《いみな》を避けて、「邦」字をすべて「國」字に改めているが、甲本の方は「邦」字をそのまま使用している。「邦」字が諱となるのは、劉邦が死去して高祖なる諡号《しごう》が追贈された後であるから、甲本が書写されたのは、劉邦の没年（前一九五年）以前となる。

竹簡本『老子』の発見

しかも甲本が『老子』の原著ではなく、写本である以上、『老子』自体の成立は、漢帝国成立時（前二〇二年）をさらに遡《さかのぼ》ることになる。この発見によって、『老子』の成立時期を前漢武帝期とする立場は、完全に破綻《はたん》したわけである。

次に、荊門市郭店の楚墓から三種類の竹簡本『老子』が発見された事例からは、以下のような推測が可能となる。

この楚墓は、副葬品の特徴などから、戦国時代（前四〇三～前二二一年）の中期（前三四二～前二八二年）の後半、前三〇〇年頃の造営と推定されている。被葬者の推定年齢はいまだに公表されていないが、七十歳以上の老人に君主から与えられる鳩杖《きゅうじょう》が二本副葬されていたことから、七十歳を超す老齢だったのは間違いない。とすれば、甲本・乙本・丙本と命名された三種類の『老子』は、この男性が生前所持していた書籍であるから、それが筆写された時期は、前三〇〇年をさらに数年ないし数十年遡ることになる。

もしこの男性が七十歳で死亡し、二十歳頃に『老子』を入手していたとすれば、竹簡『老子』は前三五〇年頃にはすでに書写されていたことになる。もし八十歳で死亡し、二十歳頃に入手していたのだとすれば、六十年ほど遡って、前三六〇年頃には書写されていたことになる。

このように、被葬者の死亡年齢と『老子』の入手時期の変動に対応して、書写された時期も上下する。それにしても、一般に原著が成立した後、転写を重ねながら広く流布するに至るまでには、相当の期間を見込まなければならない。したがって『老子』は、前三〇〇年をかなり遡る時期、つまり戦国前期（前四〇三〜前三四三年）には、すでに成立していた可能性が高い。竹簡本『老子』の発見によって、『老子』の成立時期を漢初としてきた考えは、もはや完全に成り立たなくなったのである。

現在の『老子』

馬王堆帛書の『老子』甲、乙はほぼ同じ分量

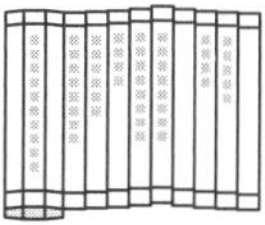

竹簡本『老子』

郭店楚簡の『老子』甲、乙、丙は、重複分を除くと31章分しかない。この50章分の差は『老子』の成立年代を推定する手掛かりとなる。

竹簡本『老子』の内訳と現行本『老子』との対応

重複部分

甲	19章	66章	46章	30章	15章
	64章	37章	63章	2章	32章
	25章	5章	16章	64章	56章
	57章	55章	44章	40章	9章
乙	59章	48章	20章	13章	41章
	52章	45章	54章		
丙	17章	18章	35章	31章	64章

3本の竹簡で共通するのは、甲本と丙本における現行本『老子』の第64章後半のみ。

竹簡本『老子』の問題

ただし郭店《かくてん》楚簡『老子』(竹簡本『老子』)には、さらに検討しなければならない問題が残されている。馬王堆《まおうたい》の帛書《はくしょ》『老子』は、甲本・乙本ともに現行本と大差ない完全なテキストであった。ところが竹簡『老子』の方は、そのいずれもが、現行本八十一章に比べて分量がはるかに少なく、三本を合計しても、現行本の三分の一を若干上回る三十一章分しかない。

こうした現象を、我々はどのように解釈すべきなのであろうか。一つの立場は、当時すでに現行本と大差のない完全な『老子』のテキストが存在していて、甲・乙・丙の三本は、それを抄録した抄本《しょうほん》だとする解釈である。もう一つの立場は、当時はまだ現行本のような『老子』のテキストは成立しておらず、三種の竹簡本は、『老子』が今の形に形成されていく途中の姿を示すものだとする解釈である。

筆者は、前者の見方、すなわち竹簡本『老子』を抄本と見る解釈が妥当だと考える。もし三種の『老子』が抄本ではなく、形成途中の過渡的な姿を示すテキストだと仮定すれば、三本にはコア(核)になる共通部分が存在していなければならない。最初に書かれたコア部分を中心に、二次・三次としだいに増益部分が付け加えられていき、最終的に今の形に定着したというのであれば、古い時期の写本にはコア部分以外の増益部分が少なく、新しい時期の写本には増益部分が多いとの現象が見られるはずである。しかるに三本の間には、そうした現象が全く見られない。

三本に見られる共通部分は、甲本と丙本に現行本『老子』の第六十四章後半が含まれるという、わずか一例にとどまる。つまり三本の間には、『老子』の原初部分と見なせるような共通部分が、全く存在していないのである。

抄本説が正解

それでは、ブロック工法のように、『老子』はいくつかの部分ごとに別々に作られ、後にそれらを合体させて完成したと想定することは、可能であろうか。もし同一人物が各ブロックの作者なのだとすれば、そうした工法を採用すべき必然性がどこにもない。もし複数の人物ないしグループがそれぞれのブロックの作者なのだとすれば、そこに統一的意図は存在しないから、思想内容は整合性を欠いてバラバラになるはずである。しかもこの場合は、最終的にそれらを合体させる主体すら存在しないことになる。したがって、この可能性は全くないであろう。

このように推理してくると、郭店《かくてん》楚簡『老子』（竹簡本『老子』）を、形成途中の姿を示す三種のテキストと見る解釈は、ほとんど成り立たないとしなければならない。

そこで郭店楚簡『老子』は、三種類の抄本《しょうほん》だと考えなければならない。筆写した人物は、すでに存在していた完本『老子』から、それぞれ何らかの意図によって、ある部分のみを抄録したのである。しかも甲本と丙本の共通部分にも、すでにかなりの文字の異同が見られるから、同一のテキストから三種類の抄本が作られたとも考えがたく、少なくも甲本と丙本は、別系統のテキストから抄写されたと考えられる。

このことは、前三〇〇年をかなり遡る時期に、すでに何通りかの『老子』のテキストが広く通行していた状況を物語っている。前にも述べたように、原著が成立してから、転写が重ねられて広く伝播《でんぱ》するまでには、相当の期間を要する。したがって、前三〇〇年頃の墓から三種類の抄本が出土した状況は、遅くもその五、六十年前には、すでに『老子』が成立していたことを示唆する。ただしこれは、成立時期の下限を最も新しく見積もった場合の想定であり、戦国初頭、さらには春秋末に成立していた可能性すら、完全には否定はできない。

老聃が作者か

このように『老子』の成立時期に関しては、従来の通説よりも大幅に引き上げられる可能性が高まってきた。だが『老子』の作者については、依然として有力な手掛かりがない。馬王堆《まおうたい》の『老子』にも、郭店の『老子』にも、『老子』なる書名は一切記されていない。そこで戦国期や漢初には、まだこれが老子の著作だとは考えられておらず、前漢武帝期頃に初めて『老子』と呼ばれるようになったとする説も有力である。

だが戦国期に書かれた『荘子』の外雑篇には、老聃なる人物が登場し、『老子』と同一か、もしくは酷似した文章が、彼の言葉として引かれている。

戦国後期に活動した荀子は、「老子は詘《くつ》に見る有りて信（伸）に見る無し」（『荀子』天論篇）と、老子の思想を批判している。「曲なれば則ち全《まった》し」（『老子』第二十二章）と、屈折した対処法をとった方が自分を保全できると説く点や、「将《まさ》に之を奪わんと欲すれば、必ず固《しばら》く之を与えよ」（『老子』第三十六章）と、いったん与えて相手を満足させておいて、油断させてからそれを奪えと教える点を踏まえた批評で、老子が説く屈曲したやり方には見るべき点もあるが、正々堂々と直進する積極的な姿勢に欠けるというのである。

戦国末に編纂された『呂氏春秋《りょししゅんじゅう》』にも、「老耼（老耽）は柔を貴ぶ」（不二篇）と、老子の思想的特色が紹介されている。これは、「堅強なる者は死の徒なり。柔弱微細なる者は生の徒なり。兵強ければ則ち勝たず」（『老子』第七十六章）とか、「柔を守るを強と曰《い》う」（『老子』第五十二章）と、柔弱こそが勝利の道だとする主張を踏まえたものである。

とすれば遅くとも戦国期の後半には、現行本と似たり寄ったりのテキストが存在し、それが老子の思想を記した書物と理解されていたと考えざるを得ない。

書名はあったりなかったり

竹簡や帛書に書名の表記があるかどうかは、当時そうした書名がつけられていたかどうかを判別する上で、実は決定的な証拠とはならない。なぜなら、たとえ書名が存在していたとしても、当時の人々が筆写に際し、必ずそれを記すとは限らないからである。

馬王堆から出土した帛書の中に、『五行篇《ごこう》』なる文献が含まれていた。もともと書名はなかったのだが、整理に当たった中国の研究者が内容の特色を考慮して、便宜的に『五行篇』と命名したのである。ところがこれと同じものが、郭店楚墓からも出土し、こちらの方には、冒頭に「五行」と書名が明記されていた。この場合、漢初の墓から出土したテキストには書名がなく、戦国中期の墓から出土したテキストには書名が記されていたわけである。この例から判断すると、書名が記されない現象は、当時まだ書名がつけられていなかったことを、直ちに意味するものではないことがわかる。

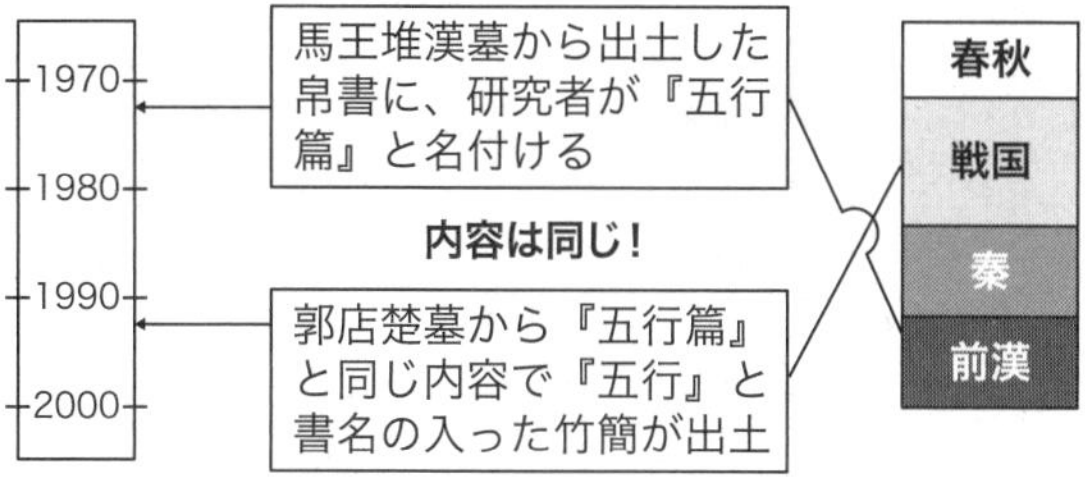

後に出土した古い資料から、書名が判明する。

当時の写本は、個人的必要から書き写して、個人が所有し使用するといった私的性格が強く、世間一般に公刊される現在の書物とは、まるで性格が異なる。

　したがって、所有者個人が口伝《くでん》により、それが何という書物なのかを知ってさえいれば、それで充分なのであって、どうしても書名を記すべき必要性はない。竹簡や帛書に書名が記されたり、記されなかったりするのは、主にこうした事情による。そこで表記の有無は、書名の有無を判断する決定的証拠にはならないのである。このように考えてくると、作者は老聃であり、書名は『道徳経』ないし『老子』であるとする口頭伝承は、『荘子』外雑篇や『荀子』『呂氏春秋』よりも前、すなわち戦国中期には、すでに流布していた可能性が高い。だが、だからと言って『老子』の作者が老聃だという証明にはもとよりならず、これ以上詮索する手掛かりがないため、作者は依然として不明のままだと言うほかはない。筆者は『老子』の作者は、春秋後期の前四七九年に白公・勝が楚の恵王に対して起こした反乱を鎮定し、令尹と司馬の要職を兼務して楚国を安定させた、大夫の葉公《しょうこう》・子高《しこう》ではないかと推測している。もしそうであれば、『論語』子路篇には葉公と孔子の問答が二例記されるから、『老子』の作者と孔子は楚で直接面会していたことになる。因みに『墨子』非儒下篇は、楚に滞在していた孔子が白公の反乱計画に荷担したとして非難する。

『老子』の思想

それでは続いて、『老子』の思想を紹介してみよう。テキストは、馬王堆出土の甲本と乙本、及び現行本を対校したものを用いる。

『老子』の思想の最大の特色は、道を宇宙の本体にして根源であるとした点である。通常、思想家が説く道は、人間が歩むべき正しい進路を意味する。ところが『老子』の場合は、道は天地・万物を生み出す創造主なのである。次にそうした道の性格を描写する章を掲げてみる。

じっと見つめても、さっぱり見えない。そこでこれを「微《かす》か」と呼ぶ。耳を澄ませても、少しも聞こえない。そこでこれを「音無し」と呼ぶ。手探りしても、なにも掴《つか》めない。そこでこれを「空っぽ」とよぶ。微《び》・希《き》・夷《い》の三者は、その境界を突き止められない。そこでこれを詮索《せんさく》せずに、混然として一体だと見なす。この一なる存在は、表が明瞭《めいりょう》なわけでもなく、裏が薄暗いわけでもなく、果てしもなく繋《つな》がっていて名前のつけようがない。物体であるかのようで、結局は物体ではない。これを姿のない姿、物ではない形と呼び、薄ぼんやりと呼ぶ。後ろについても後ろ姿が見えず、正面に回っても頭が見えない。今の世にふさわしいやり方を保持して、現代の有象の世界を制御しながら、物体も形象も存在しなかった太古の始原に思いを馳《は》せるのを、道が万物を支配する掟《おきて》と言う。（第十四章）

この章では、道がいかに得体の知れない、不可解な存在であるかが、執拗《しつよう》に描写される。まるで暗黒の地母神のようにつかみ所のない道は、「物有り混成す。天地に先だちて生ず」（第二十五章）と、天地が生ずる以前から存在していたとされる。さらに道は、「帝の先に象《かたち》す」（第四章）と、中国世界の人々が宇宙の絶対神と崇《あが》める上帝（上天）にさえ先行して存在したとされる。とすればまさしく道こそが、真に宇宙の始原だということになる。『老子』と荘周の思想の最も大きな相違点は、『老子』は宇宙生成論を説くが、荘周本来の思想は宇宙生成論を説かない点にある。

道は冷淡

当然のごとく道は、「万物の宗に似たり」(第四章)「天地の母」(第二十五章)とか、「道は一を生じ、一は二を生じ、二は三を生じ、三は万物を生ず」(第四十二章)と、一切の万物を生成した造物主とされる。

このように道は、宇宙の始原、万物の生成者であるとともに、その後も自分が生み出した森羅万象の有象世界を制御し、支配し続ける主宰者でもある。形象を備えた万物は、自己の意志を押し通し、欲望を遂げようと、互いに競い合う。道はこうした今の世に適合したやり方で万物の相手をしながらも、万物など存在しなかった始原を忘れはしない。お前たちがどんなに激しく自己主張を繰り返し、いかに競い合おうとも、やがて一切は無に帰し、始原の状態に戻っていくのだぞと、冷めた眼で万物の面倒を見続ける。

さまざまな宗教で造物主とされる神は、お前たちはいったい誰のお陰でこの世にいられると思っているのかとばかりに、祈りや供物をささげ、ひたすら自分だけを信じるよう、恩返しを要求する。もし相手が自分の命令に背いたりすれば、逆上した神は、その罪を咎《とが》めて罰を下す。

だが『老子』の道は、そうした神々とはおよそ性格を異にする。俺様がお前たちを生んでやり、育ててやっているのだ、感謝しろなどと恩を着せたりしない代わりに、万物に愛情をかけて救おうとしたりもせず、冷ややかに彼らの消滅を見守る。道が万物を制御する道理とは、こうしたものだと『老子』は説く。

物質的な存在に神性を帯びさせる考え方を、物神化《ぶっしんか》という。山岳や大木、鏡や宝玉などを神様扱いする思考も、物神化の一種である。

『老子』の道は物質的な存在であるが、現実に存在する物質ではなく、観念的に設定されたものである。

無為の治

『老子』の思想はその全体が、道の在り方を体して国家を統治するよう君主に求める、政治思想となっている。道の在り方に則る統治とは、すなわち「無為の治」である。次にその一例を紹介する。

江海の能《よ》く百谷《ひゃっこく》の王為《た》る所以《ゆえん》は、其《そ》の善く之に下るを以《もっ》てなり。是を以て能く百谷の王と為る。是を以て聖人の民に上たらんと欲するや、必ず其の言を以て之に下り、其の民に先んぜんと欲するや、必ず其の身を以て之に後《おく》る。故に上に居るも民は重しとせず、前に居るも民は害とせず。天下推すを楽しみて厭《いと》わず。其の争う無きを以てに非ずや。故に天下能く与《とも》に争う莫《な》し。（第六十六章）

大河や大海が、無数の谷川の水を収容して、水量の多さで王者であるのは、自らへりくだって、あらゆる河川よりも低いところにいるからである。だからこそ無数の河川の王となれるのである。だから聖人が民衆の上に君臨しようとする場合も、必ず謙遜《けんそん》した言葉遣いによって民衆にへりくだり、民衆の先頭に立とうとする場合も、必ずわが身の安楽を民衆よりも後回しにする。こうするから、上位にいても民衆は重圧だと感じず、先頭にいても民衆は邪魔だとは思わない。天下の人々が彼を推戴《すいたい》するのを楽しみ、彼を指導者と仰ぐのを嫌がらないのだ。これも聖人が他者と優位を争わないからではないのか。だからこそ天下にだれ一人として、彼と優位を争う者が現れないのである。

とかく君主は次々に事業を興し、盛大な儀式、壮麗な建築物、戦争での勝利といった輝かしい功業を見せつけて、自分の権威を誇示したがる。だが『老子』は、そうした尊大な態度は、民衆の憎しみを買い、離反を招いて、結局は君主の地位を失う愚行だと戒める。

無為の治の極意

君主の地位をひけらかし、権力を笠《かさ》に着れば、民衆の支持を失ってその地位から引きずり下ろされる。だからこそ君主は、「人の悪《にく》む所は、唯《た》だ孤《こ》・寡《か》・不穀《ふこく》なるに、而《しか》も王公は以て自ら名づく」（第四十二章）と、孤（孤児）・寡（やもめ）・不穀（凶作）などの謙遜した自称を用い、臣下や民衆に常にへりくだる姿勢を示さなければならない。

天下に水より柔弱なるはなし。而《しか》も堅強を攻むる者、これに能く勝《まさ》るものなし。其の以て之を易うるなければなり。弱の強に勝ち、柔の剛に勝つは、天下知らざるなきも、よく行うなし。故に聖人の言に云いて曰く、邦《くに》の垢《あか》を受くるは、是《これ》を社稷《しゃしょく》の主と謂《い》い、邦の不祥《ふしょう》を受くるは、是を天下の王と謂う、と。正言は反の若《ごと》し。（第七十八章）

いったい民衆は、なぜに君主の存在を容認し、彼を君位に就けておくのか。それは、君主が国家の恥辱や汚濁を一身に引っかぶり、不浄を清める汚れ役を務めるからである。災害や敗北に際し、すべては自分の不徳のせいであり、一切の責任は自分にあると、民衆の平安のために汚れを引き受け、雑巾役に徹すればこそ、民衆は有徳の君主だと称《たた》え、彼の統治を支持するのである。

したがって君主は、権力をふりかざし、支配欲・名誉欲などをむき出しにして統治してはならない。自分の欲望を満たすための事業には一切手を出さず、「我は無為にして民は自ら化し、我は静を好みて民は自ら正しく、我は無事にして民は自ら富む」(第五十七章)無為の治を実践しなければならないのである。そのようにするからこそ、君主はその地位を長く維持できるのであり、これが無為の治の極意なのである。名誉や栄光に包まれて君臨したいなどと望むようでは、そもそも君主失格である。

地道が一番

次に『老子』が説く処世術に触れてみよう。

名声と身体とでは、どちらが自分の身内であろうか。身体と貨財とでは、どちらが自分にとって貴重であろうか。獲得して抱え込むのと辞退して所有しないのとでは、どちらが悩ましいであろうか。愛着のあまり少しも手放すまいとすると、必ず一挙に放出する破目になり、欲張って多く蓄え過ぎると、必ずごっそり失う破目になる。だから、これで充分だと満足することを知っていれば、大恥をかかずに済み、この辺りが限度だと踏み止《とど》まることを知っていれば、危険な目に遭わずに済む。このようにしてこそ、自分の生命・身体を長く維持できるのだ。（第四十四章）

これも基本的には君主への戒めなのだが、一般的な処世術にも充分転用できる。名誉欲に取りつかれ、何とか自分をよく見せかけたいと学歴や経歴を偽りながら、偉そうに説教して回ったりすれば、最後には悪運も尽き、これまでの嘘が一遍にバレて赤っ恥をかく始末になる。いい加減に引っ込めばいいのにと陰口を叩《たた》かれながらも、御本人だけは得意満面。一日でも長く地位に止まろうと悪あがきを続ければ、ある日突然、寄ってたかって地位から引きずり下ろされる醜態を演じ、大恥をかくことになる。

やれ名声だ人気だ、金儲《もう》けだ勢力拡大だ、地位だ権力だと、欲望に執着しても、それと引き換えに身体と精神を病んでしまえば、結局は元も子もなく、恥辱と自滅だけが残る。『老子』は、「其の実に居りて其の華に居《お》らず」（第三十八章）と、世俗の栄華に惑わされぬよう戒める。そして「善く建つる者は抜けず」（第五十四章）と、まず自分の足下から固めよと教える。

「功成り名遂《と》げて身退《しりぞ》くは、天の道なり」（第九章）と、成功者こそ限度をわきまえよとの教えは、繁栄を極める人類への警鐘ともなろう。

太一が宇宙の創造主

郭店の楚墓からは『太一生水《たいいつせいすい》』と命名された、これまで知られなかった道家の文献も同時に発見されている。『太一生水』の内容は、『老子』との密接な関係を示唆している。そこで両者の関係について考えてみよう。

太一《たいいつ》水を生ず。水反《かえ》りて太一を輔《たす》け、是《ここ》を以て天を成す。天反りて太一を輔け、是を以て地を成す。天地復《ま》た相《あい》補け、是を以て神明《しんめい》を成す。神明復た相補け、是を以て陰陽を成す。陰陽復た相補け、是を以て四時《しいじ》を成す。四時復た相補け、是を以て滄熱《そうねつ》を成す。滄熱復た相補け、是を以て湿燥《しっそう》を成す。湿燥復た相補け、歳《さい》を成して

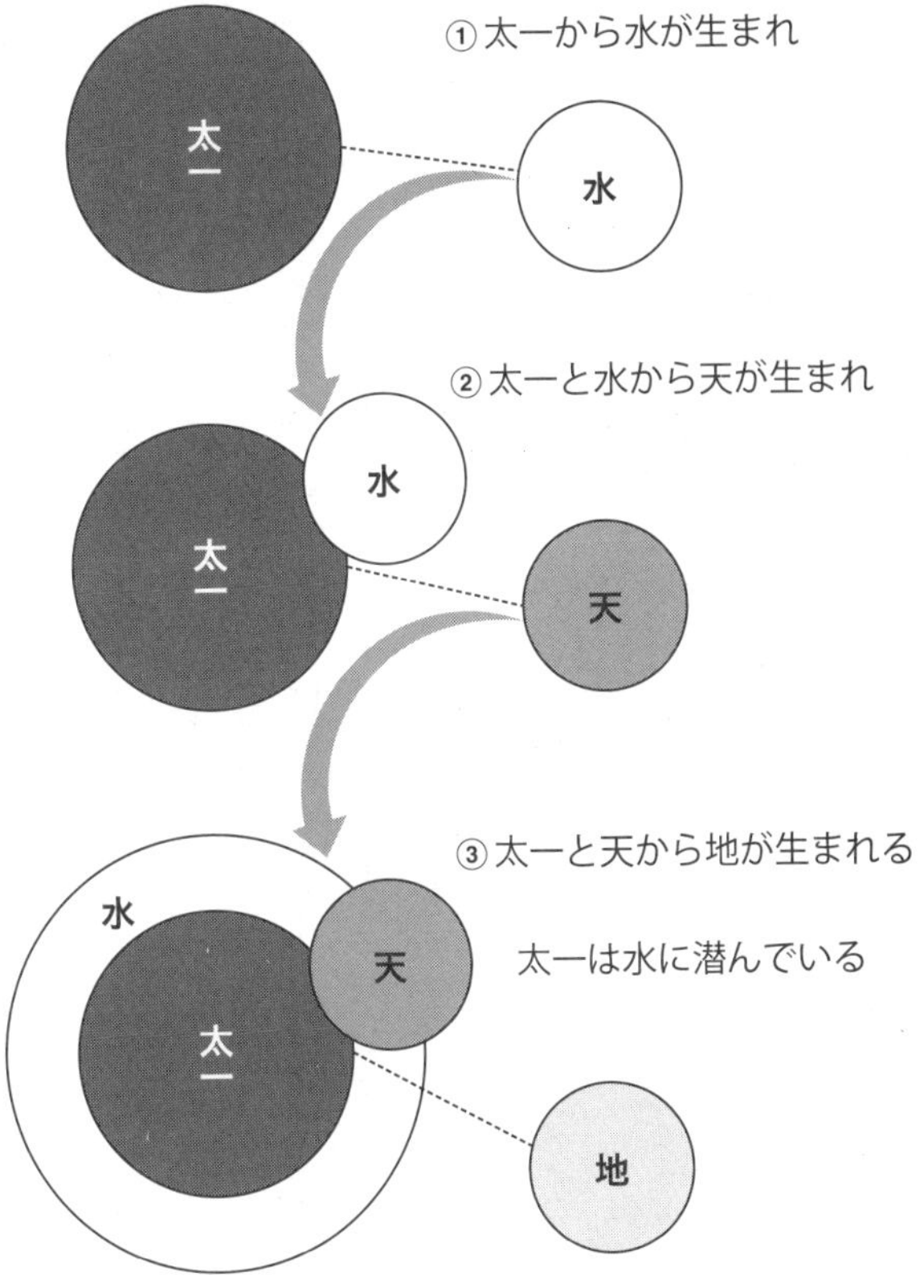

天地より先に「太一」があり、続いて、陰陽や四季などが生じた。すなわち、万物の根元が「太一」である。

止《や》む。

『太一生水』は宇宙生成論から始まる。ここでは、太一から水が生じ、太一と水から天が生じ、太一と天から地が生じ、天と地から神と明が生じ、神と明から陰と陽が生じ、陰と陽から四時（四季）が生じ、四時から滄（寒）と熱が生じ、滄と熱から湿と燥が生じ、湿と燥により歳（一年）が完成するとのプロセスが示される。

次に「故に歳とは、湿燥の生ずる所なり」と、前記のプロセスを逆に遡りはじめる。ただし「天地とは、太一の生ずる所なり」と、太一から天地が生ずるプロセスは簡略化されており、水の関与には言及されなくなる。ところがこれに続けて、「是《こ》の故に太一は水に蔵《ひそ》む」と、水は太一が潜む場であるとして、両者の関係が示される。こうした説明が、太一から水が生じ、太一と水が天を生じたとのプロセスと矛盾しないと考えられていたとすれば、太一は水を生じ、今度は自ら生じた水に宿って天を生成したことになる。これに続く箇所では、太一は「万物の母」と形容される。しかも「此《こ》れ天の殺《そ》ぐこと能《あた》わざる所、地の釐《ふや》すこと能わざる所、陰陽の成すこと能わざる所なり」と、太一には天地や陰陽も干渉できないとして、その至高性・絶対性が顕彰される。

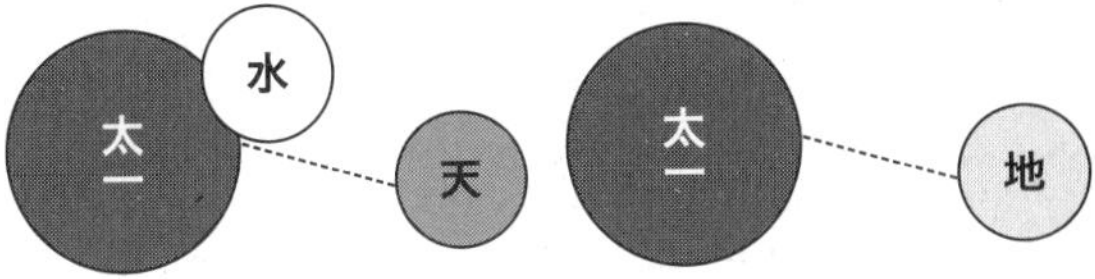

天、地のいずれも、太一から生じる。

道の実体は天地

後半部分に入ると、「天道は弱きを貴び、成るを削《はぶ》く者は以て生を益《ま》す」などと、『老子』と類似した表現が登場した後、天地と道の関係に主題が移行する。まず「下土《かど》なるものは、而《すなわ》ち之を地と謂《い》う。上気《じょうき》なるものは、而ち之を天と謂う」との形で、天と地の内実が示される。上に昇った気が天であり、下に積もった土が地であるとの説明は、それなりに頷《うなず》けるが、天地・宇宙を木・火・土・金・水の五種類の気の変化で説明する、鄒衍《すうえん》のような形にはなっていない。

注目すべきは、この直後にある天地と道との関係を述べた箇所である。

> 道は亦《ま》た其の字《あざな》なり。請《こ》う、その名を問わん。道を以て事に従う者は、必ずその名に宅《よ》す。故に事成りて身長ず。聖人の事に従うや、亦た其の名に宅《よ》す。故に功成りて身傷つかず。

天地の名と字と竝《なら》ぶ。

これによると、天地の側はその名（本名）であり、道の側はその字《あざな》（呼び名）だという。ならば、道と天地は実は全く同じもので、あるときは道と呼ばれたり、あるときは天地と呼ばれたりすることになる。

『老子』第二十五章には、「以て天地の母と為すべし。吾未《いま》だ其の名を知らず。之に字《あざな》して道と曰う。吾強《し》いて之が名を為《な》して大と曰う」とある。天地の字を道とする発想は、恐らくこれを踏まえたものであろう。ただし『老子』では、道が天地に先行する宇宙の根元であるのに対して『太一生水《たいいっせいすい》』では道と天地が同一とされていることは、大きな違いである。

そして「道を以て事に従う者」や「聖人」も、外部に表明する際には、「其の名に宅《よ》せ」て、自分は天地の在り方を規範にして事業を行ったのだと、天地の側のみを称するとされる。つまり道に則《のっと》って事業に成功したり、保身に成功した者も、すべて天地に則って成功したとのみ称するわけである。

太一が最高の存在

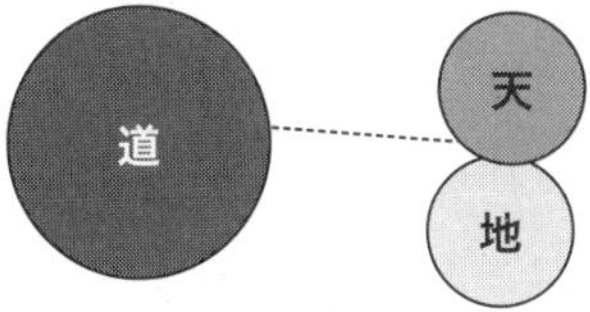

『老子』では「天地に先立ちて生じ」た道が「天地の母」。

『太一生水』では、道を天地と同一とすることで、太一を道に先行させる立場が取られている。

それでは『太一生水《たいいっせいすい》』の作者は、なぜわざわざ道の実体を天地と規定したのであろうか。前述したように『老子』においては、道は天地に先だちて生じた天地の母とされており、両者の格差は歴然としている。にもかかわらず道と天地を同一視するとなれば、それは道の格下げとなる。とすれば作者の意図は、『老子』の道が持つ至高性・絶対性を否定し、道を太一の下位に従属させるところにあったと考えられる。作者は『太一生水』の最後でこう述べる。

故に其の方を過《す》ぐれば、相（竝《なら》ぶこと）能わず。（天は）西北に於《おい》て（足らず）、其の下は高くして以て強し。地は東南に於て足らず、其の上は（低くして以て強し）。（上に足らざれば）下に余り有り。下に足らざれば上に余り有り。

中国大陸は西北が山脈、東南が海の西高東低

断面で見ると…

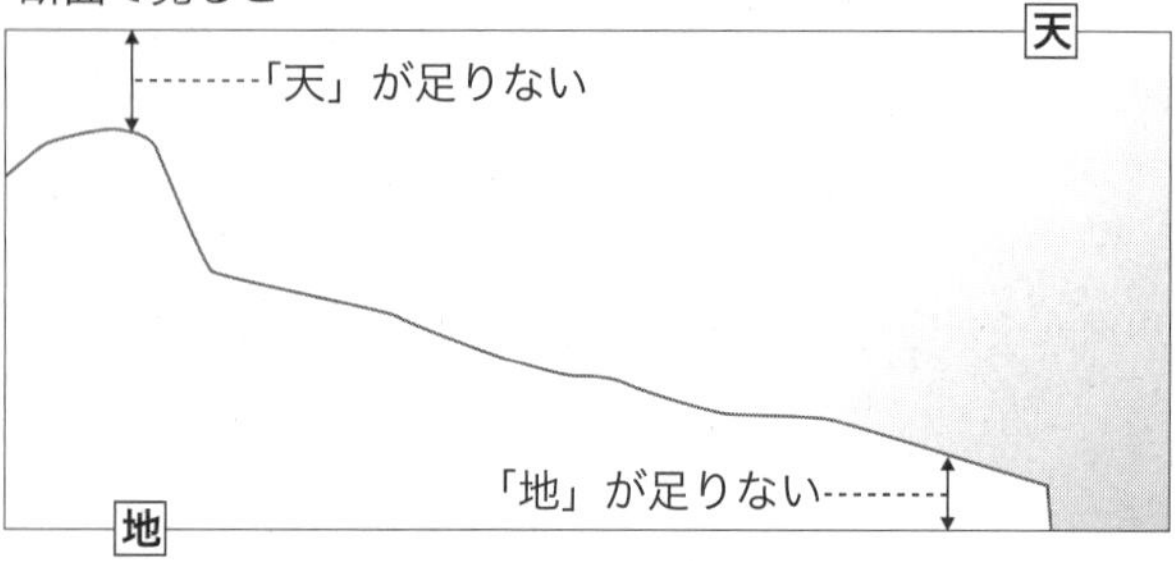

天地には限界があり、場所によって過不足が生じる。天地と同じ「道」も、絶対の存在ではない。そのため、「道」は絶対の存在である「太一」より劣る。

これは中国大陸が、西北の山脈に向かって高くなり、東南の海に向かって低くなる地理的特色を踏まえた思考で、西北では地に余りがあって天が不足し、東南では天に余りがあって地が不足することを指摘するものである。

天も地もそれぞれが得意とする方面をはずれてしまえば、相手と拮抗《きっこう》することができない以上、万能の絶対者ではないことになる。そしてこうした限界を持つ天地が道の実体であるならば、道も当然万能ではなく、至高・絶対の存在ではあり得ない。『太一生水』の前半部分が語るように、「天地は太一の生ずる所」であり、太一が「天の殺《そ》ぐこと能わざる所、地の釐《ふや》すこと能わざる所」なのであれば、太一は天地、すなわち道よりも明らかに上位にあるとしなければならない。

このように『太一生水』の作者は、道の実体を天地と規定する操作を加える手段によって、『老子』の中で最高位を占める道を二番目の地位に降格し、代わって太一を最高位に据えようとしたのである。

『太一生水』の敗北

『太一生水《たいいっせいすい》』の前半部分で説かれる宇宙生成論のプロセスには、道は全く姿を見せず、太一を絶対者とする体系で統一されている。この点から考えると、本来それは、道を絶対者とする『老子』の宇宙生成論とは全く別系統の思考であったろう。作者はこの二つの系統を、太一を道に優越させる形で調停しようとしたのだと考えられる。

戦国期に形成され、漢の時代に大流行した黄老《こうろう》思想では、『老子』の道が陰陽・四《し》時《じ》・日月・星辰《せいしん》などを下位に従えて、自然法的秩序の頂点に立っており、こうした構図がその後の主流となった。

こうした思想史の流れを踏まえると、戦国期に『老子』の道の限界性を主張する思想的試みが存在していたことを示す点で、『太一生水』の内容は非常に興味深い。『荘子』天下篇や『呂氏春秋』大楽篇では、道の別称が太一であるとされている。しかし『老子』の中に、そのような思考は存在しない。ではなぜ、そうした誤解が生じたのであろうか。

『太一生水』の竹簡は、丙本『老子』と全く型式が同じで、両者が一篇にまとめられていた可能性も指摘されている。もし戦国期に、『老子』と『太一生水』を抱き合わせにしたテキストが作られ、ある程度通行していたとすれば、そこから道と太一を同一視する理解が生じてくる可能性も、充分想定できるであろう。

道と太一を同一視する思考が大勢を占めてしまえば、『太一生水』の作者の意図に反して、太一は道に吸収されてしまい、太一を道の上位に据える思考は消滅していくかざるを得ない。

『太一生水』の思想が、その後の思想史の展開の中で主流の地位を占められずに、『老子』の道が最終的勝利を収めた背景には、こうした事情も影響していたであろう。

恒が宇宙の創造主

郭店《かくてん》楚簡『太一生水《たいいっせいすい》』に続いて、上博《しゃんはく》楚簡『恆先《こうせん》』が発見され、そこにも宇宙生成論が記されていた。『恆先』では宇宙生成のプロセスは、次のように説明される。

恆《こう》の先は無なるも、質・静・虚有り。質は大質となり、静は大静となり、虚は大虚とならば、自ら厭《いと》いて自ら忍ばずして、或作《わくおこ》る。或有れば焉《すなわ》ち気有り。気有れば焉ち有《ゆう》有り。有有れば焉ち始め有り。始め有れば焉ち往く者有り。未だ天地有らざれば、未だ行を作《おこ》すこと有らず。出でて虚静より生ずれば、一為《た》ること寂《せき》の若《ごと》く、夢《ぼう》夢《ぼう》として静同にして、未だ或は明らかならず。未だ或は滋生《じせい》せず。気は是《こ》れ自ら生じ、恆は気を生ずること莫《な》し。気は是れ自ら生じて自ら作《おこ》る。恆は気の生ずるや、独り与《くみ》することと有らざるなり。(中略)濁気は地を生じ、清気は天を生ず。気の伸ぶるや神なるかな。云云《うんうん》相生じて、天地に伸盈《しんえい》し、同出なるも性を異にし、因《よ》りて

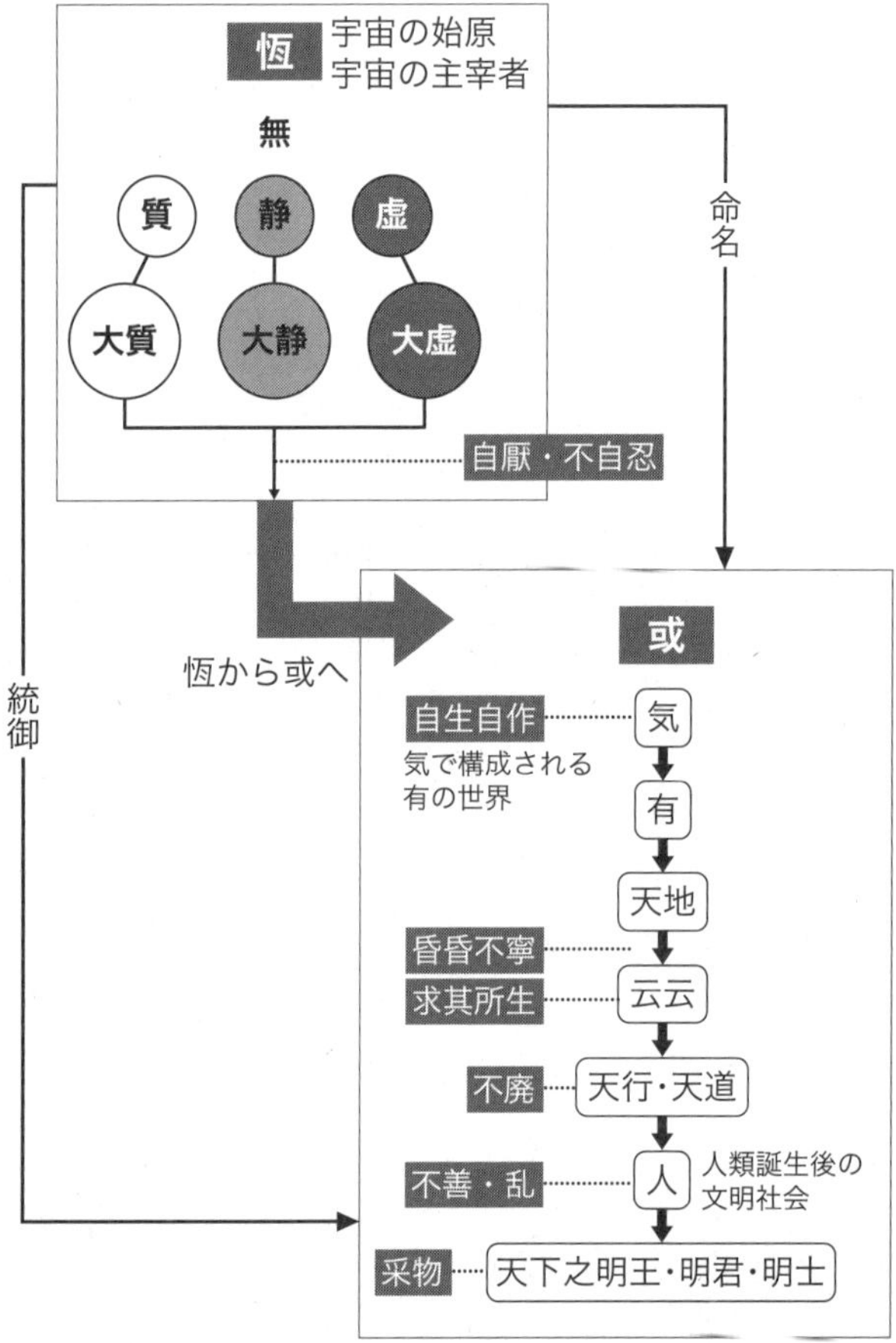

恆
宇宙の始原
宇宙の主宰者
無
質
静
虚
大質
大静
大虚
自厭・不自忍
命名
統御
恆から或へ
或
自生自作
気で構成される
有の世界
気
有
天地
昏昏不寧
求其所生
云云
不廃
天行・天道
不善・乱
人
人類誕生後の
文明社会
采物
天下之明王・明君・明士

其の欲する所に生ず。察察たる天地は、紛紛《ふんぷん》として其の欲する所を復《くりかえ》す。

永遠の恒常性を保つ「恆《こう》」なる原初の時期には、宇宙は無だったのだが、質と静と虚だけは、最初から「恆」の中に存在していた。はじめは微小だった質・静・虚の三者は、やがて膨張しはじめる。大質・大静・大虚へと増長した三者は、無の中に封じ込められたままの閉塞《へいそく》状況に不満を抱き、「恆」からの脱出を図る。その結果、「恆」の時期には存在しなかった、「或《わく》」なる時期が発生する。

「或」の段階に入ると、質に由来する気が虚静より発生してくる。気は自分で生じ、自分で動き回るようになったので、「恆」は気の発生に何ら関与していない。虚静から生じてきた直後の気は、まだ混沌《こんとん》たる未分化の状態にあった。そのため、気と表裏一体の関係にある「或」もまた、混沌・未分化の状態に止まっていた。

「或」の世界

「濁気《だくき》は地を生じ、清気《せいき》は天を生ず。気の伸《の》ぶるや神なるかな。云云《うんうん》相生じて、天地に伸盈《しんえい》し、同出なるも性を異《こと》にし、因《よ》りて其の欲する所に生ず。察察たる天地は、紛《ふん》紛《ぷん》として其の欲する所を復《くりかえ》す」と言われるように、混沌《こんとん》として一だった気はやがて分化しはじめ、濁気が地を、清気が天を形成して、天地が剖判《ぼうはん》する。

気はさらに分化・拡延《かくえん》し続け、万物が相生じて天地に満ちあふれる。万物は等しく気から生じたのだが、それぞれに性を異にする。そのため万物は、それぞれ自分が欲する場所を選んで生じてくる。かくして天地は、万物がそれぞれの性の指示に従い、欲求する場所を選択して生成死滅を反復する、慌《あわ》ただしい空間となった。

以上が『恆先《こうせん》』が描く宇宙生成のプロセスである。留意すべきはこのプロセスの中にも、『老子』や『太一生水《たいいっせいすい》』と同様に、上天・上帝が全く姿を見せず、完全に上天・上帝抜きの宇宙生成論になっている点である。このように見てくると、『老子』『太一生水』『恆先』三者の宇宙生成論には、上天・上帝のような人格神を宇宙の主宰者とはせず、「道」「太一」「恆」といった物質的な存在を観念的に設定し、ある種の神性を付与して物神化した上で、宇宙の創造主・主宰者に据えるとの大きな共通性が存在している。

これまでは、宇宙生成論を備えた道家思想は『老子』だけだったが、『太一生水』や『恆先』の発見によって、『老子』だけが孤立して存在していたのではなく、宇宙の始原を思索する思潮が広く存在していたことが初めて判明した。ただし春秋末から戦国前期にかけて、なぜこうした思想的営みが起こってきたのかは、今のところ全く

『老子』…万物は 道 から始まる

『太一生水』…万物は 太一 から始まる

『恆先』…万物は 恆 から始まる

いずれも人格神ではなく「物」が万物の母とされる。上天・上帝を最高の存在とし、宇宙生成論を持たない中原文化とは異なる思想。

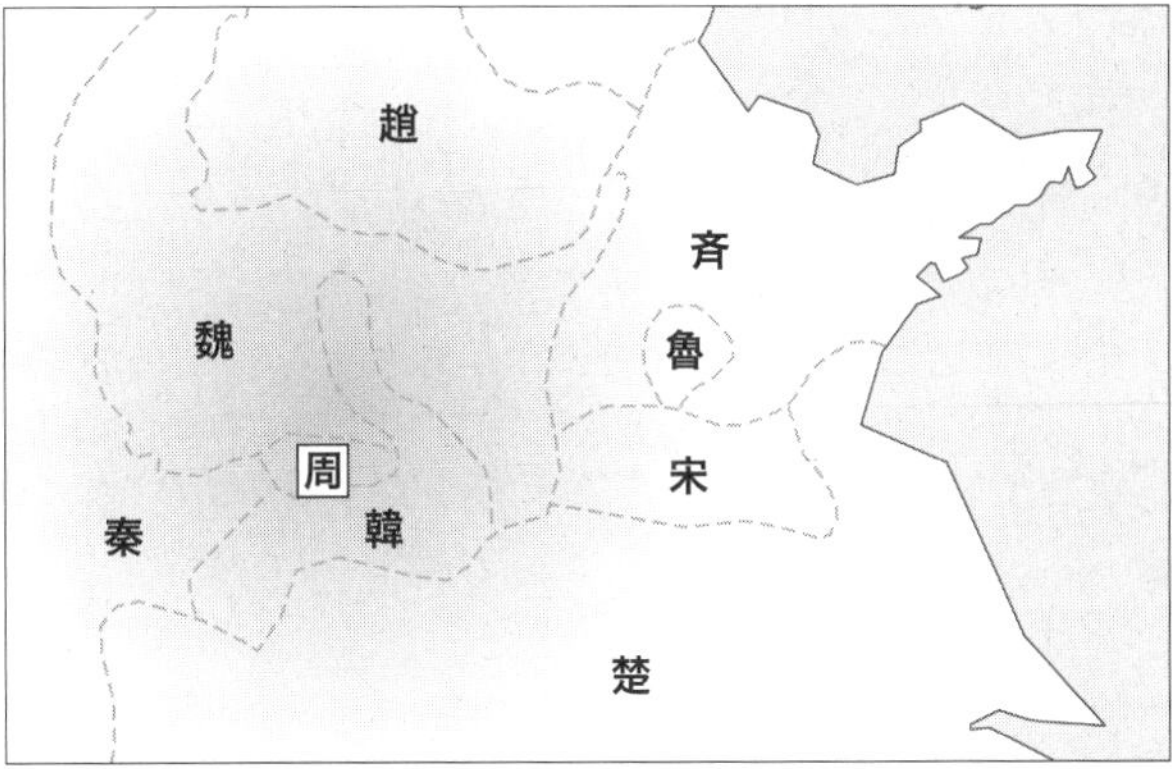

これらの思想は、楚の北方など、周と異なる文化圏ながら、地理的に中原から離れていない地域で発生した可能性がある。

の謎である。漢族が中原に築いた古代黄河文明には、宇宙生成論は存在しない。そこで筆者は、春秋・戦国期に楚国内に居住していた苗《びょう》族が、族譜の冒頭に記す宇宙創造神話が、その発生源ではないかと考えている。

荘子《そうじ》

荘子の伝記

荘子（荘周《そうしゅう》）は、儒家《じゅか》の孟子《もうし》とほぼ同じ頃、すなわち前四世紀後半に活動した思想家である。もとより諸子の通例として、詳しい生没年は不明なのであるが、彼の友人であり論敵でもあった恵施《けいし》は、魏《ぎ》の恵王《けいおう》（在位：前三七〇～前三一九年）に宰相として仕えたことがあるので、荘周の活動時期もほぼこれと重なり合うと推定できる。

それでは、荘周の出身地はどこであったろうか。次にそれを示す資料を紹介してみよう。

宋の国の人間に曹商《そうしょう》という者がいた。あるとき宋王の使者となって西方の秦《しん》に出かけた。旅立つときには、宋王から数台の車をあてがわれただけだった。ところが面会した秦王は彼をいたく気に入り、帰りには百台もの車を与えた。宋に帰還

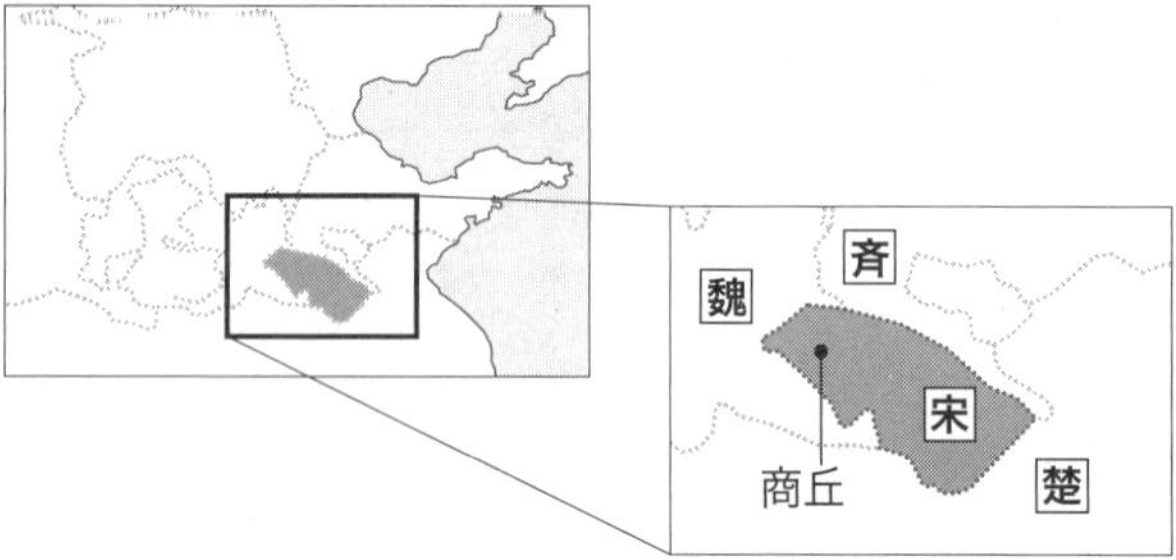

荘周の出身国である宋は、斉、魏、楚の大国と隣接しているため、紛争に巻き込まれることが多かった。歴史的には、周に滅ぼされた殷の末裔が建てた国であった。

した曹商は、荘子を見かけると、次のように自慢した。君みたいに、ドン底のスラム街にくすぶり、生活苦からわらじ作りの内職に追われ、うなじはやせこけ、栄養失調で顔まで黄ばむなんて貧乏暮らしは、僕には向いてないんだな。あっという間に大国の君主を感服させ、百台もの車を従えて帰国するといった華々しい活躍こそ、僕の得意な生き方なんだよ。

すると荘子は次のように答えた。秦王はたいそうな病気持ちで、あちこちから医者を募集したんだが、腫《は》れ物を破って膿《うみ》を吸い出したり、しこりをつぶした者は、車一台をほうびにもらい、痔《じ》をなめた者は、車五台をもらったそうだ。こんな調子で、治療の場所が下卑れば下卑るほど、ほうびの車もますます多かったという話だ。してみればあんたも、だいぶ痔をなめまくったとみえるね。やけにいっぱい車をもらったじゃないか。とっとと消えてくれんかね。（『荘子』列禦寇《れつぎよこう》篇）

極貧の暮らし

この資料から判断して、荘周が宋《そう》の国の人間で、宋の都・商丘に住んでいたことは確実である。ほかにも列禦寇篇には、「人の宋王に見《まみ》ゆる者有り。車十乗を錫《たまわ》り、其の十乗を以て荘子に驕穉《きようち》す」とあって、やはり荘周は宋人《そうひと》だったとされている。ちなみに彼と親交のあった恵施《けいし》も、宋人であった。

それでは次に、彼の暮らしぶりはどうであったろうか。前の逸話によれば、荘周はわらじ作りの内職でその日の糧を得るような、極貧の生活を送ったとされている。また至楽《しらく》篇には、彼の妻が死んだと聞いて、恵施が弔問に訪れると、荘周は妻の亡骸《なきがら》の前にあぐらをかき、盆を叩いて歌っていたとの逸話が見えるから、妻がいたことがわかる。また山木《さんぼく》篇や徐無鬼《じよむき》篇には、数名の門人がいた様子が記される。荘周は、こうした貧困のうちに思索を続け、その生涯を終えたのであろう。

現在伝わる『荘子』のテキストは、内篇七、外篇十五、雑篇十一、計三十三篇の体

荘子《そうじ》

内篇―7篇

逍遥遊《しょうようゆう》篇
斉物論《せいぶつろん》篇
養生主《ようせいしゅ》篇
人間世《じんかんせい》篇
徳充符《とくじゅうふ》篇
大宗師《だいそうし》篇
応帝王《おうていおう》篇

外篇―15篇

駢拇《べんぼ》篇
馬蹄《ばてい》篇
胠篋《きょきょう》篇
在宥《ざいゆう》篇
天地《てんち》篇
天道《てんどう》篇
天運《てんうん》篇
刻意《こくい》篇
繕性《ぜんせい》篇
秋水《しゅうすい》篇
至楽《しらく》篇
達生《たつせい》篇
山北《さんぼく》篇
田子方《でんしほう》篇
知北遊《ちほくゆう》篇

雑篇―11篇

庚桑楚《こうそうそ》篇
徐無鬼《じょむき》篇
則陽《そくよう》篇
外物《がいぶつ》篇
寓言《ぐうげん》篇
譲王《じょうおう》篇
盗跖《とうせき》篇
説剣《せつけん》篇
漁父《ぎょほ》篇
列禦寇《れつぎょこう》篇
天下《てんか》篇

晋（4世紀）の郭象による分類。前漢の末には、52篇あったという。荘周の思想の真髄と言われるのが内篇の『逍遥遊篇』『斉物論篇』。また雑篇の『天下篇』には墨子、慎到、尹文、恵施などさまざまな思想家が登場する。

裁を取る。これは四世紀の晋《しん》の郭象《かくしょう》が定めたスタイルで、現存する『荘子』は、すべてこの郭象本から出た同一系統のテキストである。内・外・雑の区分については、内篇は比較的荘周の自著に近いもの、外・雑は後学の手に成るものと考えられている。内篇の中でも、特に逍遥遊《しょうようゆう》篇と斉物論《せいぶつろん》篇を、荘周自身の思想を伝える『荘子』の中心部分と考えるのが、従来の通説である。ただし後学の手に成る外・雑篇の中にも、荘周学派の真髄を伝える篇が見られる。前にも触れたように、荘周には数名の門人がいた。そうした直伝の弟子が記したものは、たとえ現在は外・雑篇の中に含まれていても、荘周その人の思想をよく伝えているであろう。

以下に荘周の思想を解説するに当たっては、内篇の斉物論篇を中心に用いるが、外・雑篇の中からも荘周学派の特色をよく伝えている部分を適宜用いることとする。

思想のからくり

人は何を望んで生きるのか。人は恐怖や苦痛から逃れたいと望み、快楽や幸福を手に入れたいと願う。だが自分の思い通りに生きようとする意志、自由意志は、常に天によってその貫徹を阻まれる。そこで人は、快楽や幸福を手に入れようともがいたあげく、苦悩や不幸を手に入れる。何一つままならぬ人生を前にしたとき、人は誰か偉

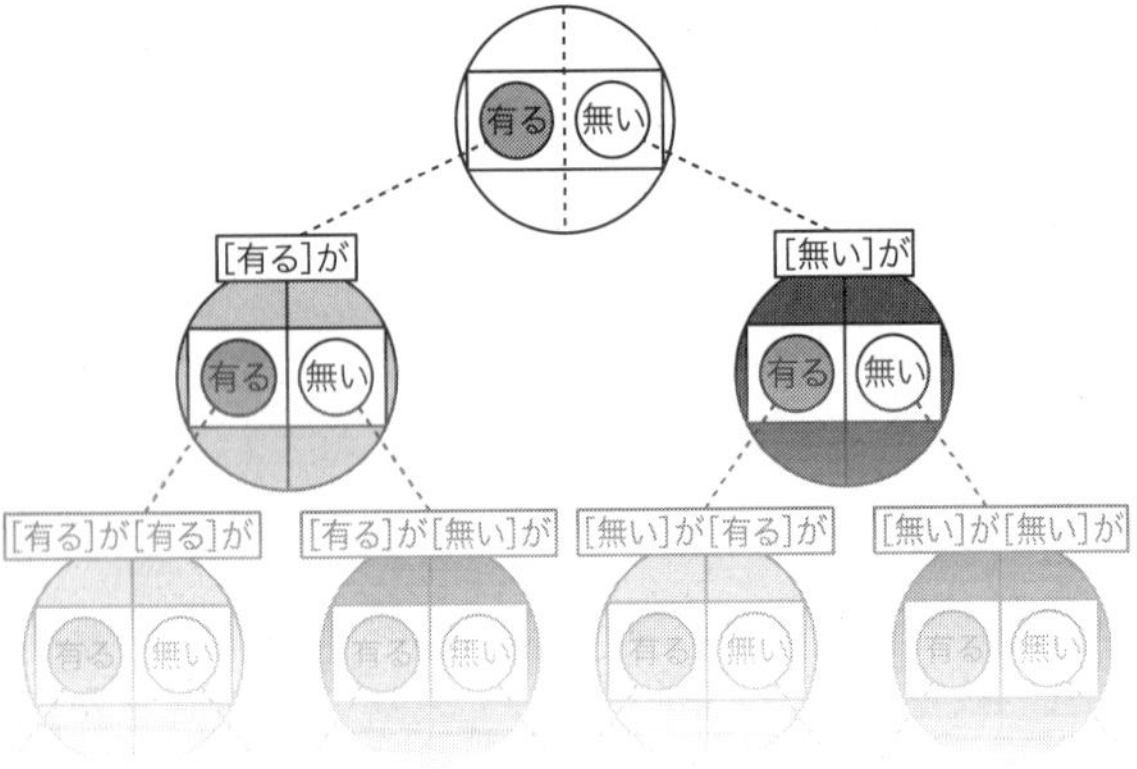

「有る」の有無、「無い」の有無…と永遠に続き、存在を完全に確定することはできない。「有る・無し」や「始まり・終わり」のような基本概念すら確定できないならば、物事の存在を認識することなど不可能だと考えた。

大な人物が現れ、人生いかに生きるべきか、世界はどうあるべきかを教え導き、自分をこの苦しみから救ってほしいと願う。迷える人々の前に、思想が現れる。あらゆる思想は、一切の存在を完璧《かんぺき》に認識できると誇り、その完全無欠な認識に基づいてさまざまな価値基準を掲げ、言語を手段にいかに自説が真実かを論証するとの形式を踏む。

それでは、人智によって存在を完全に認識することは、はたして可能であろうか。

始めという概念がある。する

と最初から始めなんか無かったという考えが出てくる。さらにもともと最初から始めなんか無かったということも無かったという考えが出てくる。有るという概念がある。無いという概念がある。すると（無いという概念でさえ、それが有った以上）最初から無いということも無かったという考えが出てくる。さらにもともと最初から無いということも無かったということも無かったという考えが出てくる。（いったん有無の区別を立てると）たちまち有無の際限のない連鎖が生まれてくる。しかも有と無のどちらが本当に有ったのか無かったのかは、誰にもわからない。（『荘子』斉物論《せいぶつろん》篇）

世界の始源は、どこまで思索を遡らせても、決して突き止めることはできない。同様に世界が有から始まったのか、無から始まったのかも、決してわかりはしない。始・有・無といった基本概念すら確定できないとすれば、人智で対象の存在を認識することなど、そもそも不可能だとしなければならない。

思想家は詐欺師

人間の認識そのものがすでに不完全である以上、それに基づいて作られた価値基準もまた、思想が勝手にデッチ上げたでたらめに過ぎない。それが証拠に、人のいないところには、善悪・美醜・優劣・尊卑など、一切の価値判断は存在しない。金魚や熱帯魚は可愛いけど、ウツボやサメは醜いなどと言うのは、人間の側の一方的な判断で、対象世界の側にそんなものは存在しない。

しからば言語は、信頼するに足るであろうか。言語とは、特定の意味と特定の符号を一対一対応させる約束の体系である。だがこの約束は、決して守られることがない。

いったい言語とは、ただ口から音を吹き出すことではない。言語には、伝えようとする意味がある。それなのに、言語と意味との対応関係が不確定だとすれば、言語は本当に成立するのであろうか、それとも言語など最初から成立していないのであろうか。（『荘子』斉物論篇《せいぶつろん》）

人は意味と符合を対応させる約束を、好き勝手に解釈し、都合のいいように変更する。だからこそ、同じ出来事に対し、ある者は正義だとほめたたえ、ある者は邪悪だと非難する。言語によって意味を伝達し合えると考えるのは、人間の錯覚に過ぎない。

このように、思想を構成する要素、存在・認識・価値・言語などが、全く信頼でき

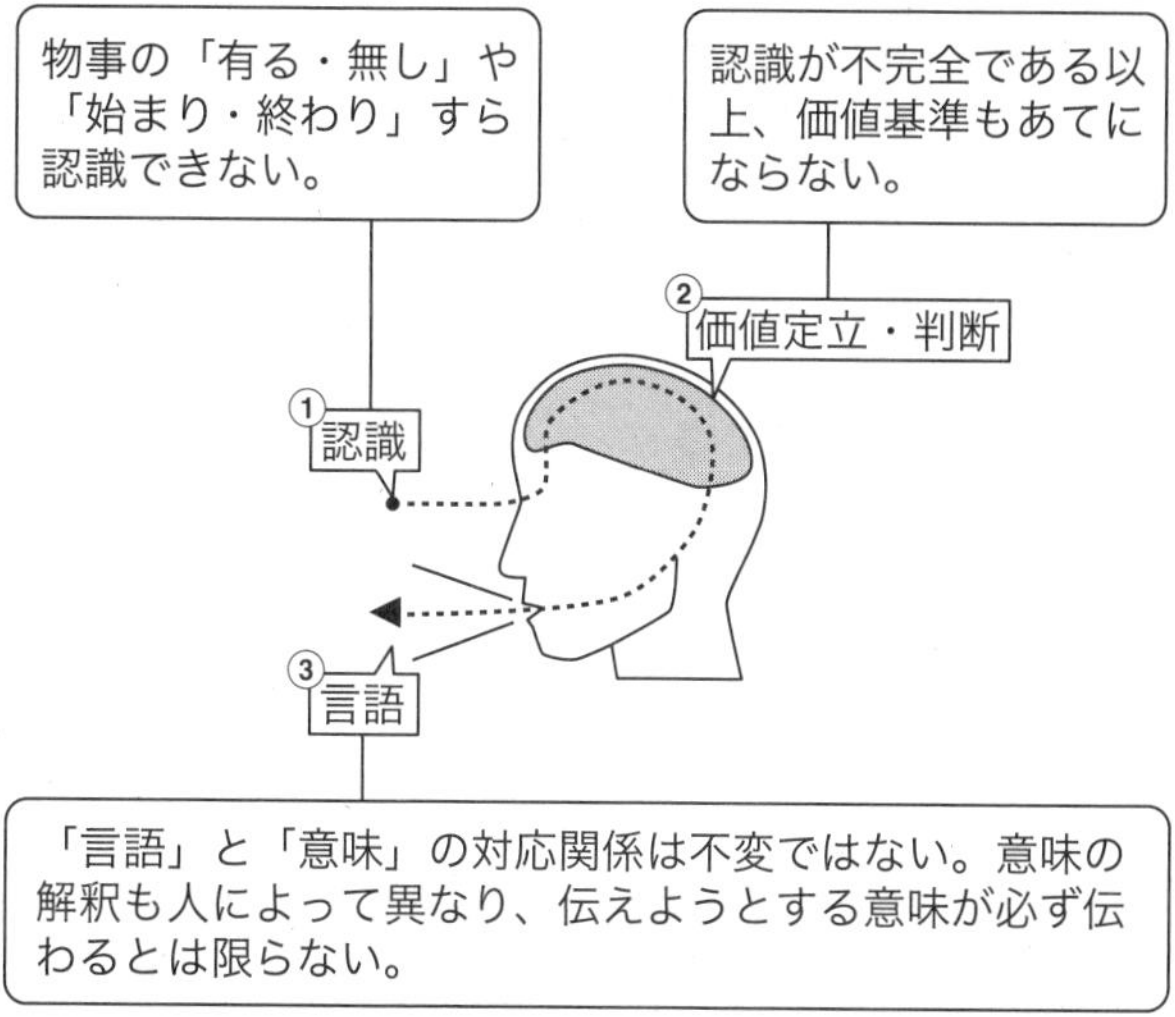
物事の「有る・無し」や「始まり・終わり」すら認識できない。
認識が不完全である以上、価値基準もあてにならない。
②価値定立・判断
①認識
③言語
「言語」と「意味」の対応関係は不変ではない。意味の解釈も人によって異なり、伝えようとする意味が必ず伝わるとは限らない。

思想を構成する要素は何一つ信頼できないと荘子は考えた。

ない代物だとすれば、思想とはいったい何であろうか。

思想とは、人間が捏造《ねつぞう》した虚構を、あたかも世界の側にもともと存在した真実であるかのように装う詐欺であり、「有ること無きを以て有りと為す」（斉物論篇）欺瞞《ぎまん》行為にほかならない。したがって思想家とは、でたらめを人々に吹き込んで回る詐欺師にほかならない。

思想は不幸を救わない

だが思想家たちは、「未だ心に成さずして是非有り」（斉物《せいぶつ》論《ろん》篇）と、わが思想は断じて自分の心に生じた偏見などではなく、もともと世界にあった真実なのだと吹聴する。

荘子曰く、天下に公是《こうぜ》有るには非ざるなり。而して各《おの》おの其の是とする所を是とすれば、天下は皆堯《ぎょう》なり。可ならんかと。恵子曰く、可なりと。荘子曰く、然らば則ち儒・墨・楊《よう》・秉《へい》の四、夫子《ふうし》と五と為る。果たして孰《いず》れか是なるやと。(『荘子』徐《じょ》無鬼《むき》篇)

荘子は恵子に語りかけた。この世には客観的な真理が確立しているわけではない。だから、もし(客観的判定基準なしに)人々がそれぞれ真理だと主張することを、そのまますべて真理だと認めたならば、この世は堯のような聖人だらけになっちまうよね。つられて恵子はうなずいた。うん、そうだね。すかさず荘子は突っ込んだ。そんなら儒家と墨家、楊朱《ようしゅ》と公孫龍、それに君を加えた五学派が、それぞれ自分の思想こそ真理だと言い争ってるんだが、いったいどうやって真理を決めるんだい。

救いがたい思想の習性として、彼らは自己の相対化を恐れ、己の真理の額に、「唯一の」「絶対の」「真の」といった類の護符を貼りつける。そこで恵施をはじめ、唯一絶対の真理は至る所で相見え、人間の不幸を救済できるのは己のみであり、他のいかなる自称真理も真の真理ではないと、口々に罵《ののし》り合う。この戯画的光景の中に、思想はそれが単に虚構の正当化に過ぎず、いずれの真理も普遍ではあり得ぬことを、自ら暴露する。架空の価値定立が思想の正体であってみれば、いかに壮大な論理を築こうとも、それは地上の悲劇を増幅こそすれ、いささかも解決したりはしない。では虚構の美酒に酔うことなく、人間たるの不幸より脱する術は何か。

人間の正義は自分の都合

思索の根底を問い詰め、一切の幻想をはぎ取り、何一つ差し引かず、何一つ付け加えぬとき、世界ははじめてその正体を現してくる。

人が世界の正体を見られないのは、相対判断によって目隠しされているからである。善悪・美醜・尊卑・優劣といった相対判断は、比較の対象を必要とする。人間が一人しかいない場合、その人間に対し、背が低いとか高いとか、身分が高いとか低いとか、善人だとか悪人だとかの判断を加えることは、全く不可能になる。このように必ず比較の相手を必要とする相対判断は、絶対的な判断とはなり得ない。

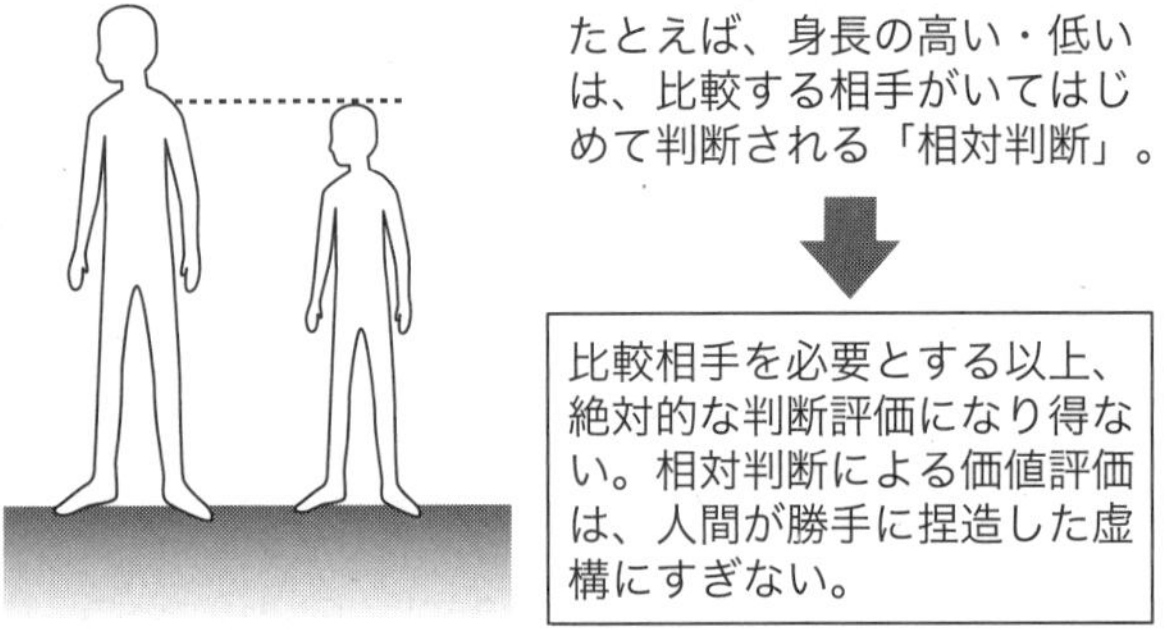
たとえば、身長の高い・低いは、比較する相手がいてはじめて判断される「相対判断」。
比較相手を必要とする以上、絶対的な判断評価になり得ない。相対判断による価値評価は、人間が勝手に捏造した虚構にすぎない。

それなのに人間は、相対判断を絶対だと思い込み、相対判断がもたらす価値評価をも絶対視する。その結果人々は、あいつは優秀だがお前は能無しだとか、あの人は美人だがお前は違うといった類の価値評価に縛られ、それを絶対だと思い込んで苦しみ、不幸に陥る。だが価値判断は、人間が自分たちの都合に合わせて勝手に捏造した虚構に過ぎず、世界の側には存在しない。

　人間が動物を捕って喰《く》うのは立派な行為だが、動物が人間を捕って喰うのは残虐な犯罪だなどという身勝手な評価は、もとより人間の世界でしか通用しない。人間は万物の霊長だから、軟体動物だろうと魚類だろうと哺乳《ほにゅう》類だろうと、神様から捕って食って構わないと許可されているのだとの理屈は、人間が食物連鎖の頂点に君臨し、自分たちを捕って食う捕食者がいないからこねられる、利己的な言い分である。

哲学者がどんなに屁理屈《へりくつ》をこねようと、人間が世界の真理だと称するものの実体は、実は人間の利害・好悪に過ぎない。しかも何が善で何が悪かの判断は、人によってまちまちで、人間世界の内部ですら普遍性を持たない。それでは人間は、どうすれば世界の実相を見ることができるのであろうか。

道はすべてを貫く

世界の側には決して存在しないもの、相対判断による価値評価を取り去るとき、世界ははじめてその正体を現してくる。

物には固《もと》より然《しか》りとする所有り。物には固より可とする所有り。物として然《しか》らざるは無く、物として可ならざるは無し。（中略）恢恑《かいき》憰怪《きっかい》なるも、道は通じて一為《た》り。（中略）凡《およ》そ物は、成ると毀《こわ》るると無く、復《ま》た通じて一為り。（中略）已《のみ》にして其の然るを知らず。之を道と謂う。（『荘子』斉物論《せいぶつろん》篇）

すべての物には、本来それでよいのだと肯定さるべきあり方がある。すべての物には、もともとそのままで結構だと認められるべきあり方がある。どんな物でも肯定されないものはないし、いかなる物でも認められないものはない。（中略）どんなに奇怪な連中のなかにも、道は同じように通じている。（中略）あらゆる物は、完成したとか壊れたといった相対判断とは何の関係もなく、本来的に斉一である。（中略）どうしてそのようであるのか、訳もわからないままに存在するだけのあり方を、道というのである。

あらゆる個物は、なぜ自分がそうであるのか、その理由を一切知らぬまま、この世に生まれ、そして生き続ける。自己がこのような状態で存在するについて、そもそも理由があったわけではなく、その状態を選択して生まれてきたわけでもない。気がついたら、すでにそうだったというに過ぎない。

道とは、万物が残らず共有する、この存在者としての同一性でなければならない。道がすべての存在を貫いている以上、万物はすべて斉同《せいどう》だとしなければならない。荘周の道はこうしたものであるから、『老子』が説く宇宙の本体・根源としての道とは全く性格が異なる。したがって荘周本来の思想は、宇宙生成論を説かない。そしてこの点こそが、『老子』と荘周との決定的な相違点である。

差別は偏見

もし道が、お前は醜い怪物だからこの世に存在すべきでないとか、相対的価値を基準に個物を差別し追放したりすれば、そこにどのようなことが起こるであろうか。存在を否定された個物は、次のように居直るであろう。そんなにいてはいけない私が、なぜこの世に存在するのか。道よ、お前は自分を普遍的真実だと自称するが、私の存在には適用できない以上、お前は普遍でもなければ真実でもなく、ただの偏見に過ぎない。道よ、お前は自分を世界の正しいあり方だなどと詐称するが、現にこうして存在する私を否定して、真実をねじ曲げなければならぬのでは、お前は正しいあり方でも何でもなく、歪《ゆが》んだ偏見でしかないと。かくして道は、何者かをこの世界から追放せんとしたあげく、否定対象が自己の存在を以てする開き直り、「そんなら私はなぜ存在するんだい？」との問いかけによって、逆に自らを否定されてしまう。

とすれば真実の道は、この世から何者をも追放しようとはしないであろう。万物の間には、本来何の価値的区別もなく、すべての個物は、「なぜかは知らねど、我はかく在り」との斉同性のみを共有して存在しているとのあり方こそ、道の内容でなければならない。そうであれば、もはや個物は、善悪・貴賤《きせん》・美醜・優劣などの価値的差別に圧迫される必要はない。

人間がデッチ上げたそうしたまやかしを、宇宙の真実であるかに思い込まされていたからこそ、その価値的序列の中で上昇しようとあがいたり、上昇できずに自信を喪失して悩んだりしてきたのである。一切の万物は、すべて斉同なのだとの真実に目覚めれば、人は自己と他者を比較して競い合う苦悩から解放される。

天が自由を許さない

それでは、相対判断の呪縛《じゅばく》さえ消えてしまえば、あらゆる個物は、自分の意志にのみ基づいて、自由に生きられるのであろうか。実はそうではない。世界とは、万物の総体である。不幸なことに、この総体は、単なる集合であってはくれない。「万物畢《ことごと》く羅《つら》なるも、以て帰するに足る無し」（『荘子』天下篇）と、万物は互いに起因と結果を演じつつ、際限なく連鎖する。

そこで個物は、袋の中に豆がぎっしり詰まっているような状態の中で、「自ら解くこと能《あた》わざる者は、物の之を結ぶこと有ればなり」（『荘子』大宗師《だいそうし》篇）と、無限連鎖の網の中に永久に捕捉《ほそく》されている。

私が自由に動き回れないのは、隣にお前がいて邪魔をしているからだ、そこをどけ

個物同士の関係

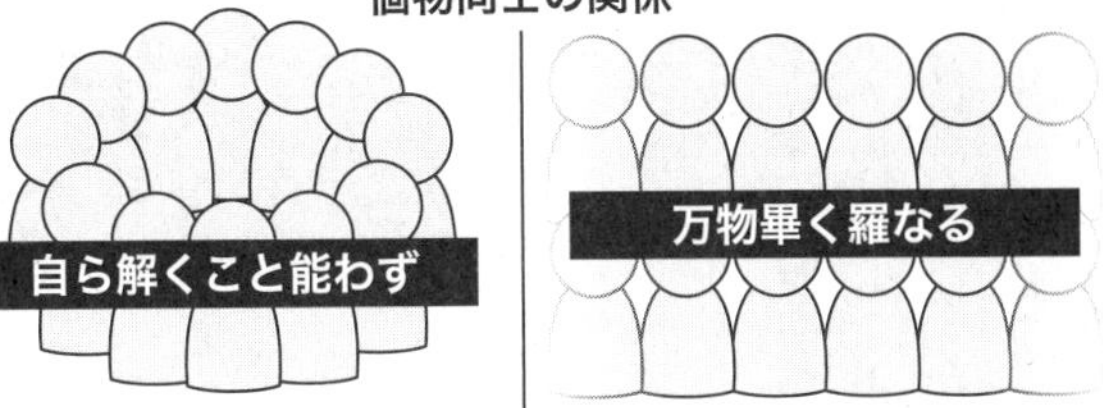

しかも、お互いに連鎖して、決して自由には動けない状態でもある。

万物は何の区別もなく存在し得るが、天は袋の中に豆がぎっしり詰まっているような状態。

と叫んでみても、隣も同様に身動きできないのである。さらに不幸なことに、そんならいったい、どこのどいつが私の自由意志を阻んでいるのだ、責任者出てこいなどと追及してみても、「其《そ》の之《これ》を為《な》せし者を求るも、得ざるなり」（『荘子』大宗師篇）と、己を束縛する者の姿はどこにも見当たらない。

　個物の自由意志が遂げられるかに思えたのは、環と環のわずかな間隙《かんげき》がもたらした錯覚に過ぎず、責めを帰すべき相手がいるかに思えたのも、連鎖の果てしない広がりを見落としたための、同様に錯覚であった。万物が相互に形づくる、この存在者としての必然的関係こそ、天の実相にほかならない。受け取る個物の側よりすれば、この関係は、逃れ得ぬもの、命《さだめ》として現れる。こうした、総体（天）と個物との関係（命）を自覚する者の前に、世界は、個物の自由意志を決して貫徹させせぬ、その本来的構造を明らかにする。

混沌死せり

道は、相対判断の鉄鎖を解き放ち、すべての個物に存在者としての斉同なる地位を与えた。そして天は、無限連鎖の網を張りめぐらし、あらゆる個物から、自由意志を、祈りや憎悪の対象を探す慰めとともに、余すところなく奪い去った。この索漠たる深淵《しんえん》をのぞくとき、人は天に自我を通さんとする迷妄より脱却し、没価値・無目的・無意味・無秩序のままに生起する世界の中に、一切を肯定して生きる、孤独な覚醒者《かくせい》となろう。

世界の正体を思索し続けたあげく、荘周がたどり着いた結論は、実に索漠としたものであった。世界とは、没価値・無目的・無意味・無秩序のままに生起する、徹底的な個別者の無限連鎖でしかない。敢《あ》えて表現するならば、それは混沌である。混沌なる世界には、もとより、いかなる体系も存在せず、個物は全体に対し、果たすべき何らの役割をも持ち合わせない。個物と個物を繋ぐものは、一個の体系を成すもの同士の連帯の絆《きずな》ではなく、単に存在者としての斉一性（道）と、互いに他者を拘束し合う必然的関係（天・命）に過ぎぬ。一切の事物の生起は、必然であると同時に無意味であり、そこに愛の介在する余地など、最初からありはしない。「渾沌死せり」の寓話《ぐうわ》のように、愛は世界を破壊する。

南海を治める帝を儵《しゅく》といい、北海を治める帝を忽《こつ》といい、中央を治める帝を渾沌という。あるとき儵と忽は、渾沌が治める土地で遭遇した。すると渾沌は、二人を手厚くもてなした。そこで儵と忽は、渾沌の厚意にお礼をしたいと思い、次のように相談した。すべての人間には耳目鼻口の七つの穴があって、それで見たり聞いたり、呼吸したり飲食したりするんだが、渾沌だけはのっぺらぼうで、一つも穴がない。どうだい、感謝の印に穴を開けてやろうじゃないか。こうして二人は、一日に一つずつ、渾沌の顔に穴を開けていったのだが、七日めに最後の穴を開け終えると、渾沌はすでに死んでいた。（『荘子』応帝王篇）

悟りの矛盾

思想は愛の名の下に、混沌たる世界に価値や目的、意味や秩序を刻みつけようとする。そのために思想は、世界の正体を見失い、わが手で描き出した仮面にしがみつく。それでは、思想の虚構に頼らず、混沌の世界を生きるには、どうすればよいのであろうか。

そのためには、天の実相から目をそらさず、万物が形づくる無限連鎖の網が、人間の努力などでは決して解けないことを、徹底的に思い知る必要がある。その上で、「夫《そ》れ物に乗りて以て心を遊ばしめ、已《や》むを得ざるに託して、以て中を養うは、至れり」（『荘子』人間世篇《じんかんせいへん》）と、自ら進んで鎖に繫がれ、行方も知らずに漂うのだ。そのときはじめて、人は鎖から解き放たれる。

たとえいかなる不幸が襲ってこようと、すべてを已むを得ざる必然、大いなる運命として引き受ける。それこそが、天に自我を通そうとする迷妄より脱却し、真に目覚めた者として、混沌の世を生きる術《すべ》なのだ。

荘周は、真の覚醒者の超越を空想に託して誇示し、世俗の矮小《わいしょう》さや思想の愚かさを嘲笑《ちょうしょう》・罵倒《ばとう》した。だがそこには、深刻な自己矛盾が潜んでいる。価値は人間の主観であり、相対判断に過ぎないから、すべての価値定立は否定されるべきである。この真理を悟った自分は智者であり、その他の者は愚者だというとき、それは新たな価値定立をしたことにはならないのであろうか。他人を憎んではいけません、すべての人を愛さなければなりません、そうしない人を私は憎みますというに似た自己矛盾を、犯してはいないのか。

　荘周は、言語は意味を伝達せず、言語による一切の世界解釈は不可能だと主張した。それでは、荘周が言語を用いて行った世界解釈もまた、彼が否定した思想と同様に、無意味なのであろうか。

大いなる疑惑

　ひょっとしたら自分も、主観を客観だと言い張り、自己を肯定しては他者を否定するといった、思想と同じ過ちに陥っているのではないのか。自分も思想と同じように、「私は正しい、なぜなら私は正しいからだ」と叫んでいたに過ぎないのではないか。荘周の心に不吉な影がしのびよる。

　自分が思索したように、道が万物を等しく肯定しているとすれば、あの思想を説く長い欺瞞者の列さえも、やはり道は、連中が在るがごとくに在らしめているとしなければならない。とすれば、思想の言葉は否定するとしても、思想を捏造し、信じ込み、でたらめのつじつま合わせに熱中する者たちの存在自体は、然り、と肯定せざるを得ないのであろうか。それでは、自分はいったい何を思索し、何を語ってきたというのであろうか。

　今や荘周が否定せんとしてきたものすべてが、諸刃《もろは》の剣《つるぎ》として、彼自身に襲いかかる。彼はこの悟りの隘路《あいろ》より、もはや一歩たりとも動くことはできぬ。このとき荘周の思索は、思想を否定せんとする思想の宿命、自己崩壊を迎える。

ここに至って荘周は、対立者の存在を前提にした二義的存在、反対者としての危うい存立を脱し、「独り天地の精神と往来して、万物に敖倪《ごうげい》せず、是非を譴《せ》めず、以て世俗と処《お》る」（『荘子』天下篇）と、何者をも見下したりせず、何者をも否定せず、世俗に紛れて黙然と生きることとなる。

「渾沌氏の術」（『荘子』天地篇）を操って既成の判断の枠組みを打ち破り、思索の旅を続けた荘周は、手ぶらでもと居た世界へと帰って行った。

楊《よう》　朱《しゅ》

楊朱の快楽思想

楊朱は戦国前期（前四〇三年〜前三四三年）に活動した思想家で、分類上は道家の一人として扱われることが多いが、その伝記はほとんど不明である。だが彼が唱えた利己主義や快楽思想は、当時大流行した。

楊朱曰く、百年は寿《いのち》の大斉《かぎり》なり。百年を得る者は千に一も無し。設《たと》え一者有るも、孩抱《みどりご》より以て昏老に逮《およ》ぶまでは、幾《ほと》ど其の半ばに居る。夜眠の弭《や》む所、昼覚の遺《うしな》う所は、又た幾ど其の半ばに居る。痛疾哀苦《つうしつあいく》、亡失憂懼《ぼうしつゆうく》は、又た幾《ほと》ど其の半ばに居る。十数年の中を量《はか》るに、逌然《ゆうぜん》として自得し、介焉《わずか》の慮《きがかり》も亡《な》きは、亦た一時の中にも亡きのみ。則ち人の生くるや、美厚を為さんのみ。声色を為さんのみ。而るに美厚も復た常には厭《あ》き足るべからず。声色も常には翫《もてあそ》び聞くべからず。乃ち復た刑賞の禁勧する所、名法の進退する所と為り、遑遑爾《あくせく》と一時の虚誉を競いて、死後の余栄を規《はか》り、偊偊爾《うじうじ》と耳目の観聴に慎みて、身意の是非を惜しみ、徒《いたずら》に当年の至楽を失いて、自ら一時に肆《ほしいまま》にすること能わず。囚《ろう》を重ね梏《かせ》を塁《かさ》ぬると何を以て異ならんや。

楊朱は語る。人の寿命はせいぜい百年が限度である。百年も長生きできる者は、千人に一人もいない。たとえ百年生きたとしても、何も分からない赤ん坊の時期と、ボケ老人の時期を差し引けば、半分の五十年になる。夜眠っている時期と、昼間ボーとして知覚のない時間を差し引けば、また半分の二十五年になる。病気や怪我に苦しんだり、悩み事で気が晴れない期間を差し引けば、さらに半分の十数年になる。その十数年の間、少しの心配事もなく、心の底から楽しいと思えた時間がどのくらいあったか数えてみれば、ほんの一時すらなかったことに気付く。これが人生だとすれば、我々は何をして生き、何を楽しんで生きれば良いのか。美しい服を着て、たらふくご馳走《ちそう》を食べ、豪華な屋敷に住んで、好きなだけ音楽や女色に耽《ふけ》る。これ以外に、何の望むことがあろうか。ところがそうした快楽さえも、常に味わうことはできない。なぜかと言えば、お上の賞罰による誘導や、世間の評判とか法令とかの規制を受けるからだ。そのせいで人々は、死んだ後まで立派な人だったと言われようと計算して、心ならずもうわべの品行方正さを他人と競争してみたり、自分の言動に加えられる他人の評価を少しでも上げようと、快楽の追求にいじましい自己規制を加えていい子ぶる。その結果、せっかくめぐってきた快楽のチャンスをみすみす逃し、後先を一切考えず、自分がしたいように欲望を発散できないのだ。こんなざまでは、手枷《てかせ》・足枷・首枷をはめられ、牢獄《ろうごく》の奥に監禁されているのと、いったいどこが違うのだ。

（『列子』楊朱篇）

楊朱より五十年ほど後に活動した孟子は、楊朱に激しい非難を浴びせている。孟子はその理由を、「楊子は我が為《ため》にするを取る。一毛を抜きて天下を利するも、為さざるなり」（『孟子』尽心下篇）と述べる。もしあなたの髪の毛を一本抜くことが、天下全体の利益になるとしたならば、抜いてもらえるかと尋ねられた楊朱は、にべもなく嫌だと断ったそうだ。このように楊朱は、我が身の利益しか眼中になく、天下全体の利益のために一毛を抜くことさえ惜しむ徹底した利己主義者であって、実に怪しからぬ男だというわけである。そこで孟子は、「楊氏は我が為にす。是れ君を無《な》みするなり。墨氏は兼愛す。是れ父を無みするなり。父を無みし君を無みするは、是れ禽獣《きんじゅう》なり。

り」（『孟子』滕文公下篇《とうぶんこう》）と、他人の父も自分の父と等しく愛せと説いて、父への孝を無視する墨子の思想や、利己主義を説く楊朱の思想は、人間から忠誠心を失わせ、人々を君臣関係や国家組織から離脱させる、野獣にも等しき邪説だと弾劾した。

だが「楊朱・墨翟の言は、天下に盈《み》つ。天下の言は、楊に帰せざれば則ち墨に帰す」「楊墨の道息《や》まざれば、孔子の道は著《あらわ》れず」（『孟子』滕文公下篇）といった孟子の憤慨に接するとき、楊朱の思想が墨家思想とともに当時の思想界を二分して、多くの人々に支持されていた状況が浮かび上がってくる。いつ終わるとも知れない戦乱の世が、人々の間に刹那的享楽を追い求める風潮を生んだからであろう。

それでは、こんなにも孟子を怒らせた楊朱の利己主義とは、どのようなものだったのであろうか。『孟子』以外でこれに言及するのは、『呂氏春秋』不二篇の「陽生《ようせい》は己を貴ぶ」との記述だけである。しかし「貴己」のわずか二字だけでは、その内容は依然としてはっきりしない。楊朱の思想を最もまとまった形で提供するのは、道家の一人、列禦寇の著作とされる『列子』楊朱篇である。『列子』を著述したのは、戦国後期から漢初にかけて活動した荘周後学と思われる。荘周後学は、当時伝わっていた楊朱関係の資料をまとまった形で入手し、それを『列子』の中に編入したと考えられる。そこでここでは、楊朱篇を用いて楊朱の思想を解説していくことにしよう。

利己と快楽の論理

禽子《きんし》は楊朱に問いて曰く、子が一毛を去りて以て一世を済《すく》うべくんば、汝は之を為すかと。楊子曰く、世は固《もと》より一毛の済う所に非ずと。禽子曰く、仮に済わば、之を為すかと。楊子は応ぜず。禽子は出でて孟孫陽《もうそんよう》に語る。孟孫陽曰く、子は夫子の心に達せず。吾請う、之を言わん。若《なんじ》が肌膚《きふ》を侵《おか》して万金を獲ること有らば、若は之を為すかと。曰く、之を為すと。孟孫陽曰く、若が一節を断ちて一国を得ること有らば、子は之を為すかと。禽子は黙然として間有り。孟孫陽曰く、一毛は肌膚より微かにして、肌膚は一節より微かなること著《あきら》かなり。然らば則ち一毛を積みて以て肌膚を成し、肌膚を積みて以て一節を成す。一毛は固より一体の万分中の一物なり。奈何《いかん》ぞ之を軽んぜんやと。〔『列子』楊朱篇〕

〔墨子の弟子の〕禽子が楊朱に尋ねた。あなたの身体の毛を一本抜くだけで、世界中が救われるとしたら、抜いてあげますか。楊朱は答える。もともと世界なんて、たった一本の毛では救済できませんよ。禽子はしつこく、仮に救えるとしたらどうしますか、とたたみかける。だが楊朱は、無言のままだった。

部屋を出た禽子は、〔楊朱の弟子の〕孟孫陽《もうそんよう》にそのいきさつを話した。すると孟孫陽は、あなたには楊朱先生の真意がお分かりではないのです。代わりに私に説明させて下さいと言い、もしお前の肌を傷つければ万金やるぞと言われたら、あなたはしますかと尋ねる。しますとも、と禽子は答えた。そこで孟孫陽は、それじゃお前の手足のどれかを切り落とせば、国家の君主にしてやろうと提案されたら、やりますかと尋ねた。すると禽子は、しばらくの間黙りこくる。

それを見た孟孫陽は、次のように説明した。一毛は皮膚よりちっぽけだし、皮膚が手足よりもちっぽけなのは、分かりきっています。逆に言えば、一本一本の毛が集まって皮膚ができており、皮膚が集まって手足ができているのです。ですから、たとえ一本の毛がどんなにちっぽけであっても、人の身体を構成する多くの要素の一つであることに違いはないのです。だったら、どうしてそれを軽んじたりできましょうや。

「己を貴び」「我が為に」だけ行動する楊朱の利己主義とは、天下や国家といった全体の利益のためには、個人を犠牲にしても良いとする考えを拒絶し、ひたすら自己の生命や身体を尊重しようとするものであった。

快楽につきまとう苦痛

それでは、我が身が傷つけられたり、損なわれたりせず、ただ五体満足で生き延びさえすれば、それで充分なのであろうか。楊朱は決してそのようには考えない。楊朱は身体・生命を貴ぶ「貴生」の立場から、さらに進んで、「可なるは生を楽しむに在り、可なるは身を逸《やすら》かにするに在り」と、「楽生」を主張する。ただ生きているだけではしょうがないのであって、思う存分楽しむのでなければ、せっかく生きている甲斐《かい》がないというわけである。

この「楽生」の立場をさらに推し進めれば、当然そこには、「人の生くるや、美厚を為さんのみ。声色を為さんのみ」と、感覚的欲望を追求しようとする、快楽主義が姿を現してくる。

ところが、快楽思想を整合的に理論化するのは、タイトルが与える印象とは違って、快適な作業とはならない。そもそも高級ファッションに身を包んではグルメ三昧、御殿に住んで音楽を奏でさせ、美女を侍《はべ》らせて女色に溺《おぼ》れるといった感覚的快楽の追求には、それを可能にするだけの財力が要る。もし金がなければ、どんなに快楽を実践しようとしても、人は貧しさの中で、心ならずも禁欲生活を強いられてしまう。

それでは快楽を追求するための莫大《ばくだい》な富は、どうすれば手に入るのであろうか。出世して君主から高級官僚に任命され、高額の俸給をもらうとか、手広く商売をして巨万の富を得るとか、徳の高い人物だとの世間的名声を獲得して、あちこちの君主から客として厚遇されるとかが、そのための方法となる。

だが地位・利潤・名声などを獲得するとなれば、勤勉な努力だの、緻密《ちみつ》な損得勘定だの、対人関係の気配りだの、偽善による売名だのに精を出さなければならない。そうすると、必ずや肉体は疲れ果て、精神は憔悴《しょうすい》する。その結果、人は快楽思想を実践するために苦悩するといった、馬鹿げた矛盾にはまり込んでしまう。

楊朱はこうした矛盾を避けるために、「豊屋・美服・厚味・姣色《こうしょく》、此の四者有らば、何ぞ外に求めん。此れ有るも外に求むるは、厭《あ》くこと無きの性なり」と、まず追求すべき快楽の範囲を、豪邸・ファッション・グルメ・美女の四種類に制限する。これ以上の快楽を望むのは、欲張りだというのである。その上で楊朱は次のように述べる。

腹憊の窶《まず》しきは生を損ない、子貢の殖《と》むは身を累《わずら》わす。然らば則ち窶《まず》しきも亦た不可、殖《と》むも亦た不可なり。（中略）故に善く生を楽しむ者は窶《まず》しからず、善く身を逸《やすら》かにする者は殖まず。（『列子』楊朱篇）

孔子の門人の原憲《げんけん》は、食うや食わずの貧乏暮らしだったが、これでは満足に生命を養うことすらおぼつかない。同じく孔子の門人だった子貢は、商売に励んで中国一の大富豪になったのだが、金儲けにあくせくしたせいで、心身ともに疲れ果ててしまった。してみれば、あまりに貧乏なのもダメだし、あまりに金持ち過ぎるのもダメである。（中略）快楽を追求し、人生を上手に楽しむには、ほどほどの金持ちがよい。

このように楊朱は、快楽のための経済的基盤についても、一定の制限を加えて、前記の矛盾を切り抜けようとしたのである。だがこうした解決策には、多くの疑問が残る。極貧暮らしでもダメだし、億万長者でもダメで、ほどほどの中金持ちに留《とど》めるべきだと言われても、そもそもそれ自体がかなり困難で、誰にでも実現できるとは限らない。いくらほどほどの経済力に留めたからといって、勤勉な努力、人付き合いの気苦労、利害得失の計算、世評への配慮といったわずらわしさなしに、それを維持できる保証もないであろう。

したがって楊朱が示す解決策も、本質的な打開策とはならない。快楽の追求には金が要るが、金を稼ぐには苦労が伴うとの矛盾は、感覚的欲望の充足を目指す形の快楽思想にとって、依然として未解決の課題として残されている。

歴史至上主義への挑戦

楊朱曰く、万物の異なる所の者は生なり。同じき所の者は死なり。生きては則ち賢愚・貴賤有り。是れ異なる所なり。死しては則ち臭腐・消滅有り。是れ同じき所なり。然りと雖《いえど》も賢愚・貴賤は能くする所には非ざるなり。臭腐・消滅も亦た能くする所には非ざるなり。故に生も生かす所に非ず、死も死なす所に非ず、賢も賢くする所に非ず、愚も愚かにする所に非ず、貴も貴くする所に非ず、賤も賤しくする所に非ず。然らば而《すなわ》ち万物は、斉《ひと》しく生きて斉しく死し、斉しく賢にして斉しく、愚、斉しく貴にして斉しく賤なり。十年も亦た死し、百年も亦た死す。仁聖も亦た死し、凶愚も亦た死す。生きては則ち堯舜《しゅん》なるも、死しては則ち腐骨。生きては桀紂《けっちゅう》なるも、死しては則ち腐骨。腐骨なるは則ち一なり。孰か其の異なるを知らん。且《しばら》く当生に趣くに、奚《なん》ぞ死後に遑《いとま》あらん。(『列子』楊朱篇)

楊朱は言う。万物の生き様は千差万別で、それぞれに異なる。だがいずれ死ぬ点では、万物はすべて同じである。人間の場合、生きている間は、能力のある者やない者、地位の高い者や低い者といった違いがある。ところが死んでしまうと、生きている間の違いはすべて消えてしまって、同じように死体が腐って骨になり、消滅して行く。このように生には差異が、死には平等があるとしても、能力の有無や地位の上下なども、実は生まれながらの運命によって決まるもので、本人の努力でどうにかできるものではない。つまり生死・賢愚・貴賤といったものに、人間は何一つ手出しはできないのである。そうであれば、いかに生き様は千差万別だとしても、自分では制御できない運命に従っている点では、万物はすべて斉同なのだ。

また十歳で若死にするのも、百歳まで長生きするのも、死ぬことに変わりはない。仁者や聖人でもやっぱり死ぬし、凶悪な人間も愚か者もやっぱり死ぬ。生きている間は堯や舜のような聖王でも、死ねば腐って骨になるし、生きている間は桀《けつ》や紂《ちゅう》のような暴君でも、死ねば腐って骨になる。生前どうだったかには全く関係なく、腐って骨になる点では、皆同じなのである。そうであれば、他人の評価など気にする必要などないのであって、たまたま訪れた人生をちょっとの間生きるのに、どうして死後の評判を気にかける暇があるだろうか。

楊朱は語る。賢愚・貴賤といった多様な生の諸相も、すべてはどうにもしがたい運命であって、個人の努力の結果ではない以上、そこに価値的序列はなく、自己責任もない。偶然にして必然の命のままに生き、そして死ぬ以上、いかなる人生も斉同だとしなければならない。その証拠に、善良なる人生には永遠の生命が、邪悪なる人生には短命が対応したりはせず、どんな人生であれ、待ち受けるのは平等な死と、醜悪な死骸でしかない。とすれば、仁聖とか凶悪といった他者の評価など無意味であり、たまたま訪れた一瞬の人生を面白おかしく生きる以外に、気にかけるべきことは何もないであろう。このように楊朱は、世間の評価が生み出す名誉と汚名の差異を、生と死が宿す同質性によって、斉同化し無と化したのである。

さらに楊朱は、舜・禹《う》・周公旦・孔子の四聖人と、桀・紂二人の暴君を実例に挙げて、前記の考えを説明する。「凡そ彼《か》の四聖は、生きては一日の歓《よろこ》び無く、死しては万世の名有り」と、四人の聖人は、一日も楽しむことのない苦痛ばかりの人生を送り、そのお陰で、死後は聖人だとの評判を獲得した。だが苦心惨憺《さんたん》して聖賢の名声を手に入れてみても、「名は固より実の取る所には非ず。之を称《たた》うと雖も知らず。之を賞《ほ》むると雖も知らず。株塊《しゅかい》と以て異なること無し」と、死後の名声など人生の実質とはまるで無縁である以上、死んだ後でいくら誉められても、終えてしまった苦渋の実人生に何のプラスにもなりはしない。

　同様に桀や紂が、「生きては欲を縦《ほしいまま》にするの歓び有りて、死しては愚暴の名を被《こうむ》る」と、欲望の限りを尽くして悪名を蒙《こうむ》っても、「実は固より名の与《あずか》る所には非ず。之を毀《そし》ると雖も知らず、之を称《けな》すと雖も知らず。此れ株塊と奚《なに》を以て異ならんや」と、死んだ後でどんなに非難されても、人生の実質がそれに影響されることは何一つないから、終えてしまった享楽の実人生に、今さら何のマイナスにもなりはしない。

　とすれば、不朽の名声も末代までの悪名も、死んでしまえば後の祭りで、切り株や土塊と同じく、その人が実際に生きた実人生には何の意味も価値もない。楊朱はこうした論法で、快楽の探求を邪魔する世間的評価に対して、その有効性を否定する。

　死んでしまえば皆同じ、朽ち果てた骨をいくら眺めてみても、聖人だったか悪人だったか、誰にも分かりはしない。やりたい放題で勝ち逃げしてしまえば、死んだ後で何と言われようと、そんなものは糞食《くそ》らえ、過ぎてしまった実人生に何の関わりもありはしない。人生の充足。それだけがすべてではないのか。楊朱の懸命の説得は続く。

　だが一方に、歴史が人を裁き断罪するといった脅迫装置としての歴史と、歴史によく書かれることこそ最高だと考える歴史至上主義が、無傷でそびえ立つ限り、人々はなおその束縛から自分を解き放ちはしないであろう。そこで楊朱は、いよいよ歴史そのものに攻撃の刃を向け始める。

歴史よ、お前も滅ぶ

彼はまず、「五情の好悪は、古《いにしえ》もなお今のごとし。四体の安危は、古もなお今のごとし」と、感情や肉体の仕組みといった人間存在は、古今を通じて全く同一であり、歴史的過程の内に進歩したりはしないと指摘する。ついで楊朱は、「世事の苦楽は、古もなお今のごとし。変易の治乱は、古もなお今のごとし」と、人生の哀歓や人間社会の在りよう、治乱興亡の歴史は、古今を通じて全く同一であり、世界は本質的には同一の現象の繰り返しに過ぎぬと断言する。

このように人間も歴史も、金太郎飴《あめ》のごとき存在だとすれば、五十年で切ろうが百年で切ろうが、切断面は常に同一で、そこに長短や遅速の差異はないことになる。つまりこれは、人間存在や人類の歴史が、時の継起とともに進歩・発展するとの進歩的歴史観に対する全き否定に他ならない。

歴史至上主義は、悪しき歴史的現実に対し、歴史を貫く正義の道徳律が審判を下し、現世の過てる序列が必ずや未来に覆され、逆転されるとの立場に立つ。その結果、歴

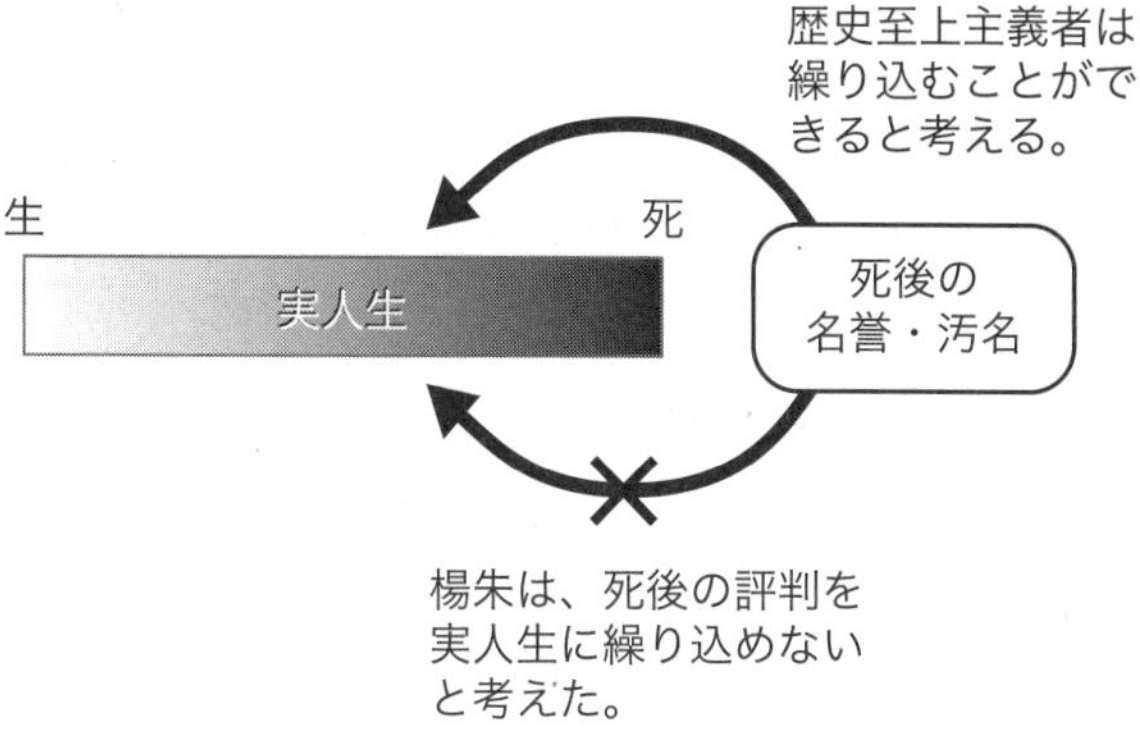
歴史至上主義者は
繰り込むことができると考える。
生
死
実人生
死後の
名誉・汚名
楊朱は、死後の評判を
実人生に繰り込めない
と考えた。

史至上主義においては、アフラマズダとアーリマンの闘い、すなわち善と光の神と、悪と闇の神の闘いと、善の神の最終的勝利、正法と象法の世を経た末法の世の到来とか、理想の王国の到来、破滅の後の世界の再生、正義の系譜の継承、歴史の必然的発展法則と共産主義の勝利など、様々な形で歴史にストーリーが与えられる。そして個々の人生は、それぞれのストーリーに占める位置や役割に応じて、正とか邪とか、進歩とか反動とか、評価され意味づけされる。こうした虚構の神話への信仰心こそが、いつの日にか歴史の審判が降り、自分に最後の勝利と栄光が与えられるとの希望をもたらし、人々に不幸な歴史的現実を耐え忍ばせるのである。

歴史に何の意味も認めず、「古もなお今のごとし」と喝破する楊朱の主張は、人生を歴史のストーリーのなかに意味づけようとする歴史至上主義への真っ向からの挑戦であり、否定であった。歴史に対する楊朱の攻撃は、いよいよ本格化する。

太古の事は滅びたり。孰《だれ》か之を誌《しる》さんや。三皇の事は存するがごとく亡《な》きがごとし。五帝の事は覚《さ》むるがごとく夢みるがごとし。三王の事は或いは隠れ或いは顕《あら》われて、億に一も識《し》らず。当身の事は或いは聞き或いは見るも、万に一も識らず。目前の事は或いは存し或いは廃するも、千に一も知らず。太古より今日に至るまで、年数は固より勝《あ》げて紀《しる》すべからず。ただ伏羲《ふっき》よりいらい三十余万歳、賢愚好醜、成敗是非は、消滅せざるは無し。ただ遅速の間《へだて》のみ。一時の毀誉に矜《ほこ》りて、以て其の身形を焦苦せしめ、死後数百年の余名を要《もと》むるも、豈《あ》に枯骨を潤すに足らんや。何の生をか之れ楽しまんや。(『列子』楊朱篇)

太古の人々の事跡は、完全に滅んでしまった。誰がそれを記録しているだろうか。次の三皇の時代の事跡は、あったかなかったかさえ判然としない。次の五帝の時代の事跡は、夢かうつつかすら定かでない。次の三王の時代は少しましだが、湮《いん》滅《めっ》を免れた事跡は、億分の一にも足りない。同時代の事跡でさえ、見聞の限界に遮られ、万分の一も記録はされない。たとえ眼前の出来事であっても、記憶は忽《たちま》ち消え失せ、千分の一も記録に留められない。

太古から現代まで、いったいどれだけの時が過ぎ去ったのか。もとより誰も、それを数えることなどできない。最古の帝王である伏羲《ふっき》から今までの三十数万年の間に限ってさえ、賢愚や美醜、成敗や是非などの評価で、消滅しなかったものはない。消滅するのと記録が残るのとの差異も、所詮は早く消えるか遅く消えるかの違いに過ぎない。そうであれば、たった一瞬の評判を自慢したいがために、肉体を苦しめて、たかだか死後数百年しかもたない名声を手に入れてみても、それで骸骨が甦《よみがえ》るわけでもない。そんな真似をしても、実際の人生に何の楽しみも加わりはしない。

人間によって作られる事実の記録、歴史は、こんなにも疎漏で杜撰《ずさん》である。しかもそのあやふやな記録ですら、次々に太古の中に繰り入れられて、無に帰して行く。そもそも歴史自体が、絶望的なまでに不完全であり、しかも必ず消滅して無に帰すとすれば、そんなものが、人間にとって最後の審判者にはなりえない。

もし神に代わって歴史が人を裁くのであれば、歴史は神のごとく全知全能であらねばならない。私は歴史の中に永遠に生き続けるであろうなどと、したり顔で自らを慰めてみても、いずれ歴史がお前を裁くであろうなどと、しかめ面で他人を脅してみても、散る桜、残る桜も散る桜とばかりに、歴史そのものが遅かれ早かれ消滅する以上、所詮それは一時の気休め、実体のないこけ脅しにしかならない。存在すら知られない者に対して、誰が誉めたりけなしたりできようか。後世の歴史家によって、己の不幸な人生も、必ずや再評価されるに違いないといった、みみっちい歴史至上主義の幻想は、歴史そのものをも、無の暗黒に飲み込む時の流れの前に、塵芥《じんかい》のように吹き飛ばされる。

そもそも人間は、干からびた名前を歴史書に登録するために、生まれるのではない。昆虫がピンでラベルの上に刺され、死骸を標本箱に収められるために、生まれるのではないように。人は未来の評価を、あらかじめ人生に取り込んで生きることはできないし、現実の人生の負債を、後世の評価によって帳消しにすることもできない。自分が受け取れるのは、実際に自分が生きた人生だけで、死後の評価を前もって受け取り、それを自分の実人生の中に編入することはできない。この簡明な事実に目覚め、歴史のために生きることを止めよ、今ここにある一瞬の人生を、己のためにだけ生きよ。

快楽思想の魅力

楊朱の思想は、無窮の時の流れや、必然的運命といった巨大な力を、ちっぽけな人間の努力と対比する操作により、人間社会が創り出した価値的序列を無と化した上で、無の地平から反転して個人の生き方を探究しようとする構造を持つ。こうした思想構造は、老子や恵施・荘周とも大きく共通する性格を示す。のちに楊朱が、道家の一人として扱われる原因も、この点に存するであろう。

前にも述べたように、快楽思想の体系化は極めて困難な作業である。楊朱は、「人人一毫《ごう》すら損なわず、人人天下を利せざれば、天下は治まらん」と、万人が利己主義の立場を守り、天下・国家のために我が身を犠牲にしなければ、天下は安寧に治まると主張する。確かにそうなれば、天下・国家のために戦場に赴いて戦闘する者もいなくなるから、戦争は地上から姿を消すであろう。しかしその一方で、利己主義の徹底は、社会組織の維持をも不可能にする。そうなった場合、快楽の経済的基盤が維持できるか否かとの疑念が生ずる。また快楽思想の実行には金が要るが、金儲けには苦労が伴うとの矛盾も、やはり未解決の課題として残る。

楊朱は「身は我が有には非ざれども、既に生ずれば之を全うせざるを得ず」とか、「既に生ずれば則ち廃《うちす》てて之に任せ、其の欲する所を究めて、以て死を俟《ま》たん」と、生まれてきてしまったからには、やりたい放題やって死を待つだけだと語る。ちまちました世間の評価に縛られたりせず、大いなる運命にすべてを委《ゆだ》ね、本性のままに今を生きよというわけである。だが、たとえ世間的評価は無視するとしても、大いなる運命が、感覚的欲望の充足を万人に許すかどうかは、はなはだ疑問であろう。

このように楊朱の思想には、かなりの矛盾が残されている。だが理論的体系化には成功していないとしても、たった一回きりの、せっかくめぐってきたつかの間の人生を、他人の評価に縛られて窮屈に生きるのではなく、心の底から楽しいと感じながら、晴れ晴れと生きたいとの叫びは、生命そのものが宿す理屈抜きの本能的欲求でもある。楊朱の思想が、墨子の思想と天下を二分するほどに当時の人々に支持された原因も、この点にあるであろう。

第五章　名家《めいか》

恵《けい》施《し》

恵施の論理

恵施は周に滅ぼされた殷の末裔《まつえい》が建てた宋の国の出身で、前四世紀の後半に活躍した思想家である。彼は魏の恵王に登用されて、永く宰相を務めた政治家として、また公孫龍と並ぶ論理学派（名家）の領袖《りょうしゅう》として、さらには荘周の友人・論敵としても著名である。『漢書』芸文志《げいもんし》には、恵施の著作として「恵子」一篇が記録されるが、早くに失われて現存しない。だが『荘子』天下篇の後半部分に恵施の思想が著述されているので、それを手掛かりに恵施の思想の概略を知ることができる。

はじめに天下篇は、「恵施は多方にして、其の書は五車。其の道は舛駁《せんばく》にして、其の言や中《あた》らず」と、恵施を紹介する。恵施の学問は多岐にわたり、蔵書は車で五台分もあったのだが、彼の思索は雑駁《ざっぱく》でとりとめがなく、弁舌も同様に的外れだったというのである。続いて天下篇は、「歴物の意に曰《いわ》く」として、恵施が唱えた十個の命題を列挙する。次にそれらを紹介してみる。

（一）至大は外無し。之を大一と謂《い》う。至小は内無し。之を小一と謂う。極限大には外側がない。これを大一という。極限小には内側がない。これを小一という。

（二）無厚は積むべからず。其の大なること千里。厚みのないものは、積み重ねることができない。その厚みは千里もある。

（三）天は地と与《とも》に卑《ひく》く、山は沢と与に平らかなり。天は地と同じように低く、山は沢と同じように平らである。

（四）日は方《まさ》に中《ちゅう》し方に睨《かたむ》き、物は方に生じ方に死す。太陽は南中すると同時に傾いており、物は生まれると同時に死んでいる。

（五）大同にして小同と異なる。此《これ》を之《こ》れ小同異と謂う。万物の畢《ことごと》く同じく畢く異なる。此を之れ大同異と謂う。あるときは同類となり、あるときは異類となる。これを小同異という。万物すべてが同類になると同時に異類となる。これを大同異という。

（六）南方は無窮にして有窮。

南方は果てしがないと同時に果てがある。

（七）今日越に適《ゆ》きて昔来《きのういた》る。

今日越に出発して昨日到着した。

（八）連環解くべし。

つながった環は解くことができる。

（九）我は天下の中央を知る。燕《えん》の北、越の南、是れなり。

私は世界の真ん中がどこか知っている。そこは燕の北であり、越の南である。

（十）汎《あまね》く万物を愛す。天地は一体なり。

あまねく万物を愛す。世界は一体である。

この「歴物十事」全体を見渡すと、（一）（五）（十）の三箇条が、他とは性格が異なることに気付く。残りの七箇条が反常識的な詭弁《きべん》の印象を強く与えるのに対して、この三箇条にはそうした要素が見られないからである。特に（一）と（五）は、概念定義を行う点で、他とは著しく異なっている。そこで以下、（一）と（五）を基本に恵施の思想を解釈してみる。

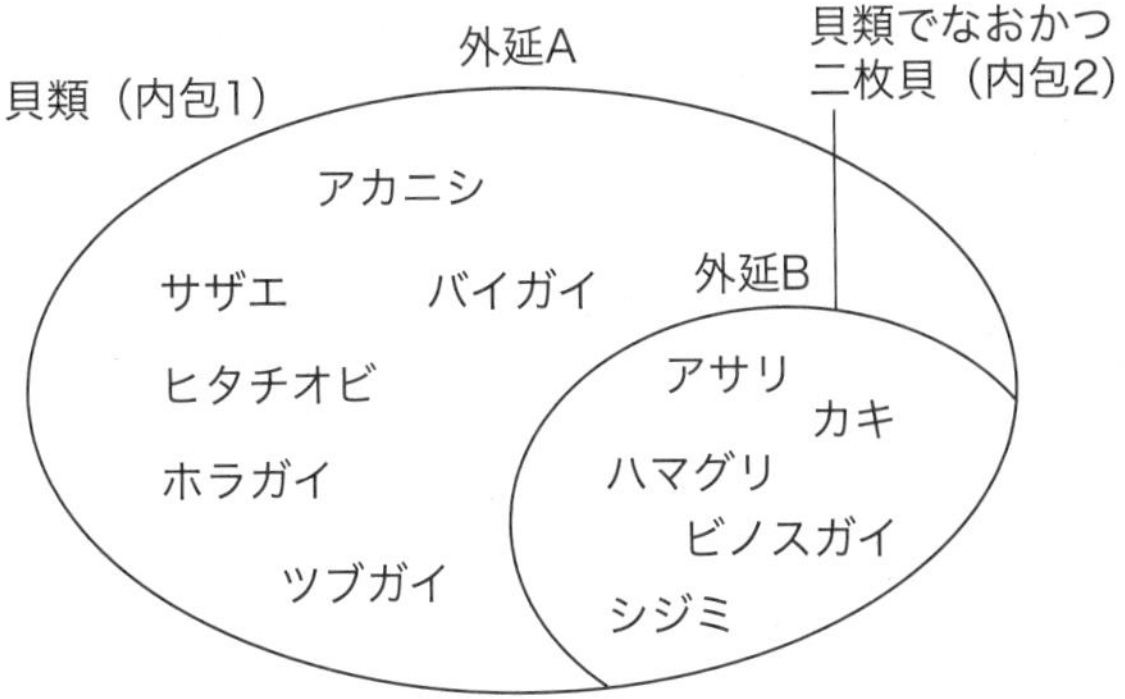

内包1であれば、Aはすべて同類。内包2であれば、Bのみ同類で他は異類。内包が拡大すれば、外延は縮小する。

大同異と小同異

それでは最初に（一）から検討してみよう。ここでは、至大と至小、すなわち極限大と極限小の概念が提出されており、恵施はその各々にさらに大一・小一と命名している。一とは無二、すなわち絶対の意味であろう。「歴物」がこうした「外無き」極限大と「内無き」極限小の概念提起で開始されることは、極めて重視すべき事象であるが、それではなぜ、こうした概念提起が必要とされたのであろうか。（五）は、この両者が果たすべき役割と作用を示唆している。

（五）は「小同異」と「大同異」の概念定義を行う。このうち「小同異」の側は、ある基準（内包）から分類すれば、外延を同

$$\frac{5}{\infty} \longrightarrow 0 \qquad \frac{5000}{\infty} \longrightarrow 0$$

無限大を分母に据えると、分子の数の差異は限りなく0に近づいて解消する。

じくする同類としての共通性を認めることができるが、別の基準（内包）を立てれば、外延を異にする異類としての差異が認められるといった、通常の分類形式を指している。

これに対し「大同異」の側は、万物が同類になると同時に異類になるという、全く反常識的な判断形式であって、通常の思考様式では成立し得ない。

それではこの奇異な判断は、いかなる論理によって成立可能になるのであろうか。ここで（一）の「至大」と「至小」が重要な意味を持ってくる。「至大」すなわち極限大を基準に判断を下せば、物相互間の一切の差異は解消されて、天下の万物は「畢く同じく」なり、逆に「至小」すなわち極限小を基準に判断を下せば、物相互間のあらゆる共通性は否定されて、天下の万物は「畢く異なる」ことになるからである。

この「小同異」と「大同異」の間に、恵施は価値的優劣の差を設定していないと思われる。ただし「小同異」は通常の思考様式で成立できるが、「大同異」の方は、大一・小一のような特殊な概念を前提にしない限り、成立は不可能である。

大同異の論理

「歴物」の命題は、いずれも反常識的な判断ばかりで、「小同異」に該当するものはない。したがって少なくとも「歴物」にあっては、「大同異」の側に重点が置かれていると考えなければならない。このように「大同異」なる判断形式は、「外無き」至大と「内無き」至小の概念を前提にしてはじめて成立するものであって、この点で(一)と(五)は不可分の関係にある。そしてこれこそが、「歴物」全体を統括する理論的根拠になっていると予想される。そこで以下、「大同異」の論理を用いて、八個の命題を解釈してみよう。

(二)に「無厚は積むべからず」とある「無厚」とは、空間的至小を指すであろう。「無厚」はすでに計量の対象となる相対性をはずれた、絶対としての極限小であるから、本来その大きさは判定しようがなく、そこで千里とでも万里とでも、好きなように表示できる。

(三)では、天と地、山と沢の間に高低の差異を認める常識的判断に対して、恵施は「天は地と与《とも》に卑《ひく》く、山は沢と与に平らかなり」と主張する。立論の根拠は、極限大の空間からすれば、天地・山沢の相対的差異は消滅するとする点にあろう。これは(五)の「万物畢同」なる基本論理の応用である。

(四)で恵施は、南中から日没、あるいは誕生から死滅までの間に時間の幅を認める既成の相対判断を否定する。これもやはり、時間的至大を分母に据えて時間の相対的差異を抹消しようとする、「万物畢同」の一例である。

(六)では、南方は無窮であり、かつまた有窮でもあるとの判断が示される。なぜこの矛盾する命題が同時に成立し得るのか。南方に空間的至小を収容する場合は、収容できる数には際限がなく、南方は無限の空間となる。逆に南方に空間的至大を収容はできないから、この場合南方は有限の空間となる。

(七)は「今日越に適きて昔来《きのうい》る《た》」と、僻遠《へきえん》の越に到達するには多くの日数を要するとの常識的判断を覆し、さらには出発日と到着日の順序すら逆転させて、時間を連続した時の継起とする理解をも否定するものである。これは、時間的至大を分母に据える操作により、時の相対的差異を抹消してこそ、はじめて可能になる論理である。

(八)は、連環は決して解けないとの既成の判断に対して、「連環解くべし」と反駁《はんばく》する。片方の環が持つわずかな隙間も、空間的至小を基準にすれば、無限大の空間であり、一方の環の太さも、空間的至大よりすれば「無厚」に等しい。とすれば、いかなる連環も自在に解けることになる。
（九）で恵施は、天下の中央は中国の北端である燕のさらに北方であり、かつまた中国の南端である越のさらに南方であると断定して、どこにあるにせよ、天下の中央は一箇所であるとの常識的判断に対抗する。これは空間的至大を想定した場合、いかなる地点も、そこから四方に等しく無窮の距離を保つ点では、天下の中央と称することができ、したがって燕の北であるとも、越の南であるとも言い得るとの論理である。
最後の（十）は、「歴物」全体の結論としての意味を持つ。「外無き」至大は、既成の相対判断による差等を解消させ、「万物畢同」をもたらす。そのとき天地・万物は、際限のない相対判断の付加による差別と分断を免れて、まさしく「天地は一体」となる。そして一方の「内無き」至小は、「万物畢異」の論拠として、既成の差等が消滅した世界に、個物のかけがえのない独自性を保証する。

万物は、もはや既成の固定した判断や差別の下に抑圧されることなく、互いにかけがえのない独自性を保ちつつ、一体なる世界を構成する。恵施は、この何一つ切り捨てるわけにはいかない等価値の万物に対し、「汎《あまね》く万物を愛す」と、はじめて自己の意志を表明して、「歴物」の論理と現実世界との接点を提示する。

世界の白紙還元

それでは恵施は、こうした「歴物」の体系的思索によって、いったい何を目指したのであろうか。前に紹介した命題を類型ごとに大別すると、次の三種類になる。その一は、両極端の結論をともに承認する（六・九）ことによって、その中間に含まれるあらゆる判断が、ことごとく肯定される可能性を示唆し、その裏返しとして、一切の判断が何らの絶対性をも保持し得ない事態を招く場合である。その二は、両極端の事象を同一視する（二・三・四）か、ないしは倒錯させる（七）ことにより、その中間に位置する事象すべてが、同一化あるいは倒錯され得る可能性を示して、逆に一切の分別が絶対性を保持できない状況を導く場合である。その三は、一点に固定された結論を動揺させ（八）て、その他もろもろの絶対だと信じられてきた判断が、正反対の方向に覆る可能性を提示する場合である。

いずれの場合にせよ、至大と至小の概念操作によって出現する世界は、万物が既成の判断様式に基づくあらゆる差等から解放されて、固定した相対判断を付加されない原存在のままに並立する世界である。

恵施は、万物に命名し、万物を分類し、相対判断によって万物を価値づけていく行為が、世界を分節化して、一定の秩序の下に支配する営みであることを、鋭く見抜いた。だからこそ彼は、「歴物」の思想によって、既存の秩序を徹底的に破壊しようとしたのである。

かくして世界は、彼によって一度白紙の状態に還元されることとなった。この既成の差等の重圧が雲散霧消した世界においては、ありとあらゆる個物はにわかにその本来的生彩を回復し、永い沈滞を脱して独自に躍動し始める。恵施が自己の学説の優位を宣揚して、「天地は其れ壮なるかな」（『荘子』天下篇）と誇ったのは、天地の壮大な営みに道を開く「歴物」の作用に対する、彼の自負の念の表明であろう。

新たな秩序の獲得

しかしながら、万物を久しく閉塞《へいそく》状況に追い込んできた従来の秩序は崩壊すべきだとしても、それはこの世界が無政府状態のまま放置されて良いというのでは、もちろんない。恵施においても、やはり世界は一定の秩序の下に存続すべきものであった。それでは、その新たな秩序とは、いかなる手段によって獲得できるのであろうか。世界の構造を再編するためには、まず「畢く異なる」はずの各個物の特性や、物相互間の関係が、既成の判断に囚《とら》われずに新たに究明され、天地・万物の本来あるべき姿が、あまさず再確定される必要がある。

　そこで恵施は、対象世界に向かって、異常なまでの探究を開始する。天下篇の作者は、この外物に対する執拗《しつよう》な追究を、「恵施は多方、(中略) 其の道は舛駁」であって、南方の奇人である黄繚《こうりよう》が「天地の墮《お》ちず陷らざる所以《ゆえん》、風雨雷霆《らいてい》の故」を質問すると、「辞せずして応《こた》え、慮《おもんぱか》らずして対《こた》え、偏《あまね》く万物の説を為して、説きて休《や》めず」と、「万物を逐《お》うて反《かえ》らず」「徳に弱くして物に強し」「万物を散じて厭《あ》かず」とか、「偏《あまね》く万物の説を為す」などと、繰り返し指摘されるように、既成の判断を超えて、万物に対し新たな判断を樹立しようとする恵施は、「衆と適《あ》わず」「人に反するを以《もっ》て実と為し」つつ、独り対象世界の探究に邁進《まいしん》し続けたのである。

　それではこうした探究は、どのような方法で実行されたのであろうか。「万物を散じて厭かず」の「散」は、『荘子』則陽篇に「異を合して以て同と為し、同を散じて以て異と為す」と見える「散」と同義であって、まさしく「歴物」中の「小同異」に該当する判断形式を指す。とすれば、恵施の対象世界に対する積極的探究も、ある程度の現実観察を基礎に、同類と異類を分かつ分類基準（内包）を次々に立てては、万物を同類から異類へと際限なく分類して行くという、一定の方法を自覚的に駆使して行われたと考えられる。

万物探究への自負心

　ところでこうした世界を再認識する事業は、そもそも「歴物」により世界を白紙の状態に引き戻した張本人である、恵施その人の個人的才能を俟《ま》ってはじめて実現される。彼こそは新たな世界構造を企画する立案者であり、世界の再編にとって、恵施個人の才能は決定的な意義を持つのである。

　すなわち既成の差等の桎梏《しっこく》から解き放たれた万物は、恵施の卓越した才能と、あくことなき万物への探究が生み出す新構想によって、各々の特性や分限に応じて新たに安寧の居所を与えられ、そこに「汎愛万物、天地一体」なる世界が出現する手はずになっていたという次第である。かくして彼は、自己の賢智・能弁・博識の限りを尽くして世界全体を究明し、世界に対する独自の解釈を駆使して、他者を啓蒙《けいもう》しようとする。彼は「恵施の口談、自ら以て最も賢《まさ》れりと為し」て、「日に其の知を以て人と之れ弁ず」(『荘子』天下篇)るのである。

　天下篇の作者は恵施の賢智主義に対して、「天地の道より恵施の能を観れば、其れ猶お一蚊一虻《いちぶんいちぼう》の労する者のごとし」「惜しいかな、恵施の才、駘蕩《たいとう》して得ず」と批判する。たとえ恵施の才能がどんなに優れていたとしても、それは一匹の蚊や虻《あぶ》があくせくと懸命に飛び回っているようなもので、個人的賢智で万物をことごとく究明し尽くし、世界全体を勝手に解釈し直せると考えるのは、甚だしい思い上がりに過ぎないというのである。

しかしながら、ただひたすらに「雄を存する」（『荘子』天下篇）恵施にとっては、世界はあくまでも自己の理念を実現すべき対象であり、自己の才能を振るうべき舞台であった。「天地は其れ壮なるかな」（『荘子』天下篇）とは、天地が壮であることもさりながら、実は何よりも、己の才能を振るうべき晴れの舞台に臨まんとする恵施自身にとって壮であったと言うべきであろう。

恵施の理想主義

前三四三年、数年にわたって趙《ちょう》の都・邯鄲《かんたん》を攻囲中の魏軍は、馬陵《ばりょう》で斉《せい》の救援軍と戦うが、敵の軍師・孫臏《そんぴん》の詭計《きけい》にはまって大敗を喫する。太子の申《しん》を殺され、十万の軍を失った魏の恵王は怒りに燃え、斉に対する復讐《ふくしゅう》を叫ぶ。恵施はこの敗戦の直後、はじめて魏にその姿を現す。恵施は復讐戦の無謀を諫《いさ》め、外交的謀略で斉を破るべきだと進言する。恵王がその策を実行すると、楚《そ》と趙の連合軍が徐州《じょしゅう》で斉を破る成功を収めた。

恵施はこの功績によって恵王の信任を受け、恵王は恵施を宰相に任命して仲父と尊称し、ついには王位を譲ろうとするに至る。かくして彼は、魏を舞台に政界に参画することとなった。

恵施は政治世界における自己の立場と役割を、「施の若き者は、其の表掇《ひょうてつ》を操《と》る者なり」（『呂氏春秋』不屈篇）と規定する。役割を分担して築城する例に当てはめれば、もっこを担いだり、煉瓦《れんが》を作ったりするのではなく、観測器具を手に全体を指揮し監督するのが自分の役割だというのである。このように恵施は、自分こそは世界全体の秩序を企画する者であり、聖人にも比すべき役割を果たす指導者だとの、強い自負心を抱いていた。

恵施は恵王の依頼を受け、魏の国法を立案する。恵王や臣下たちはその出来映えを賞賛したが、臣下の翟翦《てきせん》だけは否定的な評価を述べる。翟翦は、なるほど見かけは立派だが、国家の運営はなりふり構わず、常に現実的効用を最優先に進められるべきで、見てくれだけのきれい事では済まないのだと批判する。魏の臣下である白圭《はくけい》も、やはり恵施の政策を巨大な鼎《かなえ》に譬《たと》えて、見かけは美しいが、理想倒れで実用性に乏しいと批判している。このように恵施の政治には、常に「大術の愚」（『呂氏春秋』不屈篇）との批判がつきまとう。

張儀との対決

その原因は、世界全体の在り方を教導しようとする彼の理想主義が、その政策に強く反映したからである。そして彼の政策には、「黔首《けんしゅ》の命《いのちながいき》を寿にし、民の死を免れしめん」(『呂氏春秋』愛類篇)と、「民の父母」として民衆を戦争の惨禍から救おうとする精神が、一貫して流れている。恵施は魏の宰相としての立場から、「汜《あまね》く万物を愛す。天地は一体なり」との「歴物」の思想を、魏に実現しようと試みたのであった。

その実現のために、恵施は一貫して、斉や楚と同盟を結んで秦に対抗する合従《がっしょう》策なる外交政策を掲げる。もし連衡《れんこう》を唱える張儀《ちょうぎ》の策に乗って、秦や韓と同盟すれば、魏は秦の東方攻略の尖兵《せんぺい》として、絶えず戦場に駆り立てられ、勝敗の如何《いかん》に関わらず、疲弊・衰亡の破局に陥ることになる。そこで恵施は、逆に斉や楚と同盟・合従して、強大な秦との間に勢力の均衡を生み出し、その膠着《こうちゃく》状態の中で、魏に平和をもたらそうとしたのである。

この外交政策は、恵施にとって、平和の維持により愛民の理念を実現し、同時に魏の保全により、自己の思想を実現すべき場を確保するとの二重の意義を持つものであった。張儀の連衡策と終始対決し続けた恵施の外交政策には、彼の思想的立場が色濃く反映されていたのである。

このように見てくると、天下篇が伝える弁者としての思想活動と、魏の宰相としての彼の政治活動とが、実は密接な連携を保っていたことが判明する。恵施が魏で行った一連の政治活動も、自己の世界観を現実の政治世界に適用しようとする、彼の思想活動の一環だったのである。

理想主義の敗北

しかしながら、「歴物」の理想を地上に実現しようとした恵施の闘いも、彼に勝利をもたらしはしなかった。『呂施春秋』不屈篇が、恵施を「察士以て道を得たりと為すは、則ち未だしなり」と評するように、彼の事業にもやがて挫折が訪れる。前三二二年、「張儀は秦を以て魏に相たり」（『戦国策』魏策）と、秦の外圧を後ろ盾にして、張儀が宰相として乗り込んでくる。そして魏は秦や韓と連合して斉・楚と戦うべきだとする張儀の連衡策が、魏の朝廷内で優勢を占めるようになる。魏は斉・楚と連合して、秦との間に軍事的バランスを保ち、戦禍を回避すべきだと主張した恵施は孤立し、「張儀は恵子を魏より逐《お》う。恵子は楚に之《ゆ》く」（『戦国策』楚策）と、彼は政敵である張儀の前に敗れ去ることになった。

秦の威勢を恐れる馮郝《ふうせき》の策謀によって、亡命先の楚からも厄介者扱いされたあげく、体よく生国の宋に送還された恵施は、三年後、張儀の失脚とともに再び魏に復帰する。だがこうした執念にもかかわらず、二度と恵施が宰相の地位を回復することはなく、魏を足掛かりに理想の実現を目指した彼の意欲は、空しく世界に飲み込まれて行く。

後に残されたのは、「恵子の魏を治め本を為すや、其の治は治まらず。恵王の時に当たりて、五十戦して二十敗し、殺さるる所の者は、勝げて数うべからず。(中略)大術の愚は天下の笑いと為る」(『呂氏春秋』不屈篇)との悪評のみであった。恵施は己の卓越した才智に絶対の自信を抱き、「汎《あまね》く万物を愛す。天地は一体なり」との理念を高く掲げて、戦乱渦巻く世界と闘い続けた。だが世界は、ついに恵施の意志を受け容《い》れなかったのである。

公孫龍《こうそんりゅう》

公孫龍の反戦活動

戦国中期（前三四二〜前二八二年）から戦国後期（前二八一〜前二二一年）にかけて、公孫龍は弁者の領袖《りょうしゅう》として名声を馳《は》せた。同時に彼には、政治思想家としての側面も存在した。前三一五年、斉《せい》の宣王は国内の混乱に乗じて燕《えん》に侵攻し、またたくまに燕の全域を占領する。まもなく斉は、占領地を維持できずに撤退したが、前三一二年に即位した燕の昭王は、斉に対する復讐《ふくしゅう》戦に執念を燃やし続けた。公孫龍はこうした状況の下、昭王に攻戦の中止を訴えている。燕が斉に侵入して、そのほぼ全域を占領し、斉の湣《びん》王が国外に逃れたのは、前二八四年であるから、公孫龍が燕で反戦を説いたのは、前三一二年から前二八四年の間である。そしてこれが、公孫龍が歴史に登場する最初の事件であった。

次に公孫龍は趙《ちょう》を訪れ、恵文王にやはり偃兵《えんぺい》（反戦）と兼愛を説く。これは前二八

○年前後のことと推定される。そののち公孫龍は、趙の恵文王の弟であり、戦国の四君子の一人として名高い平原君に、客の身分で仕えるようになった。

前二七九年、趙と秦は空雄の地で会盟し、「今より以来、秦の為さんと欲する所は、趙之を助け、趙の為さんと欲する所は、秦之を助く」（『呂氏春秋』淫辞篇）との国際条約を結んだ。のちに秦は魏を攻撃しようとしたが、趙は魏を救援する構えを取った。そこで秦王は、条約違反であると強硬に抗議してくる。対処に困った恵文王は平原君に解決を依頼し、平原君は公孫龍に相談を持ちかけた。すると公孫龍は、条文解釈を盾に、「趙は之を救わんと欲す。今、秦王独り趙を助けざるは、此《こ》れ約に非ざるなり」（同）と応酬するよう、策を授けたという。秦が実際に魏を攻めて二城を陥落させたのは、前二七六年であるから、これは前二七九年から前二七六年にかけてのことである。

反戦の精神は兼愛

さらに二十年ほどたった前二五七年、秦が趙の都の邯鄲《かんたん》を包囲し、趙はもはや滅亡かと危ぶまれた。このとき平原君は、楚と魏の信陵君《しんりょうくん》に援軍を依頼して秦の攻囲軍を破り、趙を窮地から救う功績を挙げた。そこで虞卿《ぐけい》は孝成王に対し、平原君の封土を増すよう申請したが、これを聞いた公孫龍は、平原君に強く辞退を勧めている。

こののち公孫龍は、斉から趙にやってきた鄒衍《すうえん》と、平原君の前で白馬非馬論の是非を論争して敗れ、平原君に退けられるに至った。平原君の死は前二五一年であるから、公孫龍が鄒衍に敗退したのは、前二五七年から前二五一年の間で、これを境に公孫龍の名は歴史記録から消えてしまう。

公孫龍が生きた前三世紀の前半は、七雄と呼ばれた七大強国が、天下の覇権をかけ、疲労しきった国力を総動員して最後の死闘を繰り広げる、戦国の末期であった。公孫龍はこの凄惨《せいさん》な時代に向かい、ひたすら反戦を叫び続けたのだが、それでは何が、彼をそうした行動へと駆り立てたのであろうか。

趙の恵文王は、「寡人は偃兵に事むること十余年なるも、而《しか》して成らず。兵は偃《や》むべきか」（『呂氏春秋』審応覧）と、公孫龍の反戦主義に疑問を投げかける。これに対して公孫龍は、「偃兵の意は、天下を兼愛するの心なり。天下を兼愛するは、虚名を以《もっ》て為すべからず」（同）と答え、反戦主義の真意が天下を兼ね愛する精神にあることを明言する。そして彼は、秦に領地を削られては喪礼をとり、斉の領土を奪っては祝杯を挙げるといった心の持ち方は、世界中のあらゆる個物を、自己を愛すると同様に愛していこうとする、兼愛の精神とはほど遠いと、王に反省を促す。

このように兼愛の精神に基づく公孫龍の反戦活動は、各国が互いに侵略や併合を否定して、自国の存立を望むと同様に、天下の諸国すべての保全を願うようになるところに、その究極の理念が存在したのである。

『公孫龍子』の論理

跡府《せきふ》篇は、後学の徒が、師匠である公孫龍が行った思想活動の目的と事跡を記した篇で、『公孫龍子』六篇の序章の性格を持つ。世間からは、詭弁《きべん》を玩《もてあそ》んで言語の共通性を乱したとの非難を浴び続けた師の立場を弁護し、「名実の錯乱するを疾《にく》み、資材の長ずる所に因《よ》りて、守白の論を為す」とか、「是の弁を推して、以て名実を正し、天下を化せんと欲す」と、公孫龍の動機や理念が、やはり正名にあったことを強調する。この篇は、公孫龍には彼の対象論理学を継承した門人たちがいて、公孫龍の死後も、活動を継続した事情を伝えている。

指物論の指とは指示すること、つまり特定の対象を選んで知覚する行為、及びそうして得られた認識を指す名家の術語である。物は、人間の認識の対象を指す。公孫龍は、「物は指に非《あら》ざるは莫《な》きも、指は指に非ず」と述べる。あらゆる対象は、人の認識行為によってしか、その存在を知覚されないが、人間の主観による対象認識は、すでに指された物の客観的実在ではないというのである。とすれば人間は、対象世界の客観的実在を、永遠に認識できないこととなる。

その一方で彼は、「指に非ざること有るには非ざるなり」とも述べて、五官を経由する対象認識には頼らない、直感的・超越的認識能力の存在を強く否定する。そこで人には、客観的に実在するはずの対象世界と、決してそれを全的に把握できぬ限界性を負った主観認識だけが残されるのである。したがって人間は、自分が獲得した対象認識が、対象の客観的実在ではないと深く自覚しながらも、その不完全な対象認識を用いて行くしか残された方法がないのである。

公孫龍の概念実在論

堅白論において公孫龍は、白さ（色彩）や堅さ（塡充性《てんじゅうせい》）を、物に内在する属性とする思考を否定する。

物の白きは、其の白とする所を定めず。物の堅きは、其の堅とする所を定めず。定めざる者は兼ぬる。悪《いずく》んぞ其れ石ならんや。堅は未だ石と与《とも》に堅為らず。而して物兼ねらる。未だ与に堅為らざるも、而して堅は必ず堅なり。其の石や物を堅くせずして而も堅なり。天下に未だ若《こ》の堅有らざれば、而《すなわ》ち堅は蔵《かく》る。白固《もと》より自ら白たること能《あた》わざれば、悪んぞ能《よ》く石や物を白くせんや。若の白なる者は必ず白なれば、則ち物を白くせずして而《しか》も白なり。

物の白さは、白さを発現する対象物を限定しない。物の堅さは、堅さを発現する対象物を限定しない。対象物を限定しない存在は、万物すべてに同じように発現する。どうして特定の石にのみ限られようか。堅は石に宿ることによってはじめて堅となるのではない。そこで万物すべてがその対象となる。いまだ対象物に堅なる性質を発現しない段階でも、堅はそれ自身ですでに堅である。特定の石だの物だのを堅くしなくても、すでに堅なのである。触覚によって堅が知覚されないうちは、堅は対象物に発現せずに隠れている。もし白が物とは無関係に、もともとそれ自身で白なのでないとすれば、どうして白が石や物を白くしたりできようか。白はそれ自身で必ず白なのであって、対象物を白くする前からすでに白なのである。

このように公孫龍は、古代ギリシアのプラトンが唱えたイデア論と全く同じ形で、堅や白をあらゆる個物を超えて背面世界に存在する普遍者として実体化し、普遍概念を個物の属性とする思考を否定した。こうした立場は、普遍概念を実体化する思想で、概念実在論と呼ばれる。そして人が触れている間だけ、堅さが対象物に宿り、人が視ている間だけ、白さが対象物に発現すると説く。

異なる認識は統合されない

しかも公孫龍は、さらに人間の認識能力の統一性さえも解体しようとした。

猶《な》お白は目と火を以て見るがごときも、而して火は見ず。則ち火と目と見ずして神見る。神も見ざれば、則ち見は離る。堅は手を以てし、手は撫を以てす。是れ撫と手と知りて而も知らず。而して神も与に知らず。

白は目と光を用いて視認するが、光自身は白を知覚しない。（目は必ず光の補助を必要とし、また光自身が白を知覚しないとすれば）結局光も目も単独では白を知覚しないことになり、最終的には精神が知覚する。（だが目や光の助けを失うならば）精神も単独では白を知覚できない。（この場合は、白は石に発現せず、対象物を限定しない本来の状態のままに背面世界に独立していて、精神からも、そして石からも）遊離する。堅は手によって知覚するが、手は対象物に触れる行為を必要とする。そこで堅は手と触れる行為とで知覚するが、触れる行為も手も、単独では堅を知覚できない。さらに精神も、（手や接触と同様）それのみでは堅を知覚できない。

このように公孫龍は、認識経路の最後に位置する精神にすら、異なる感覚器官を経由した知覚を蓄積し、総合する能力はないという。これにより人間の精神は、媒介者や感覚器官を経由しない直感的・超越的認識能力は無論のこと、統合認識の形成能力すら、虚構の合成として否定されたのである。つまり手で触れて堅い石だとする知覚を得ると同時に、目で見て白い石だとの知覚を獲得して、それを精神内で合成して、堅くて白い石という統合認識を形成することは不可能だと、公孫龍は主張したのである。

白馬は馬ではない

白馬論で公孫龍は、白馬は馬であるとの常識的判断を否定し、色彩と形状の複合概念である白馬と、形状のみの単一概念である馬とは、同じではないと主張する。

馬なる者は形に命《なつ》くる所以《ゆえん》なり。白なる者は色に命くる所以なり。色に命くる者は、形に命くるには非ざるなり。故に曰《いわ》く、白馬は馬に非ず。

馬なる概念は、形状を区別するための名称であり、白なる概念は、色彩を区別するための名称である。色彩に命名した白と、形状に命名した馬とは、同一ではない。だから白馬は馬ではないと主張するのだ。

馬には固より色有り。故に白馬有り。馬をして色無からしめば、馬有るのみ。安《いず》くんぞ白馬を取らん。故に白なる者は馬に非ざるなり。白馬なる者は馬と白となり。馬と白馬となり。故に曰く、白馬は馬に非ざるなり。

馬には必ず色彩が付着する。だからこそ白馬も存在するのである。もし馬に一切色彩が付着しないとすれば、ただ単に形状としての馬が存在するに過ぎず、どうしてそもそも白馬を議論の対象に取り上げられようか。だからこそ、後から付着する白と、色彩を宿す場としての馬とは、次元を異にする全く別の存在であり、

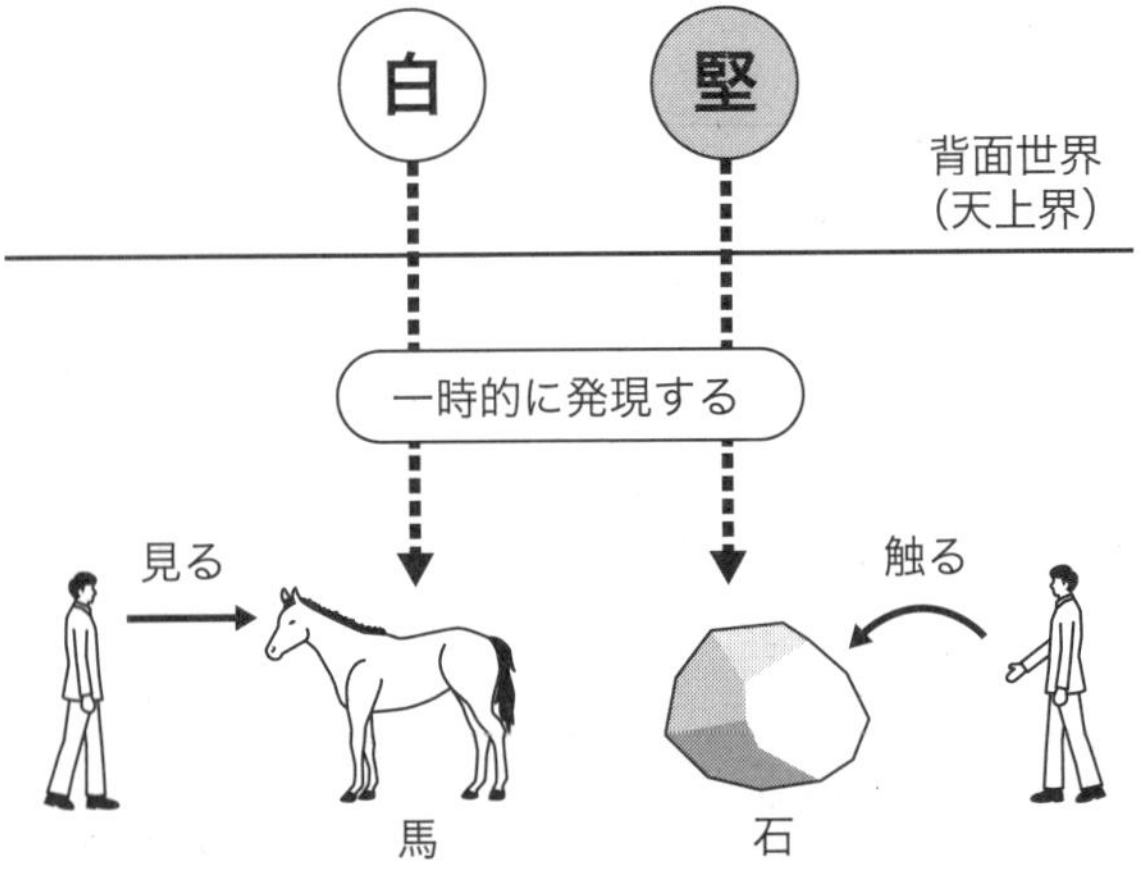

白概念は馬概念の中に含まれていないのである。白馬なる概念は、形状を限定する馬概念と、色彩を限定する白概念とが結合して成立する。要するに私は、単一概念である馬と、複合概念である白馬との関係について論じているのである。両者は当然内包を異にしている。そこで私は、白馬は馬ではないと主張するのである。

この白馬非馬論は、公孫龍の弁論の中で、最も著名な主題である。白馬非馬論の根柢《こんてい》には、堅白論で説かれていた概念実在論があり、公孫龍は白を白馬に内在する属性とは考えず、人が目で視認したときのみ、背面世界から白が一時的に馬に宿ると考えるのである。

存在の位相を弁別せよ

通変論では、条件の変化にかかわらず、常に一定の普遍性を保つ概念（通）と、与えられた条件によって変化する概念（変）との区別を述べる。

曰く、二に一有るか。曰く、二に一無し。

客は公孫龍に訊《たず》ねる。二の中に一は存在するでしょうか。公孫龍は答える。二の中に一は存在しない。

曰く、右は与《くみ》するもの有り。変ずと謂《い》うべきか。曰く、可なり。曰く、隻を変ぜん。曰く、右なり。

客は訊ねる。右は左との相対的な位置概念である。（左側に位置していた者が反対側に移動すれば、それにつれて右から左へと変化するのだから）右は可変概念と考え

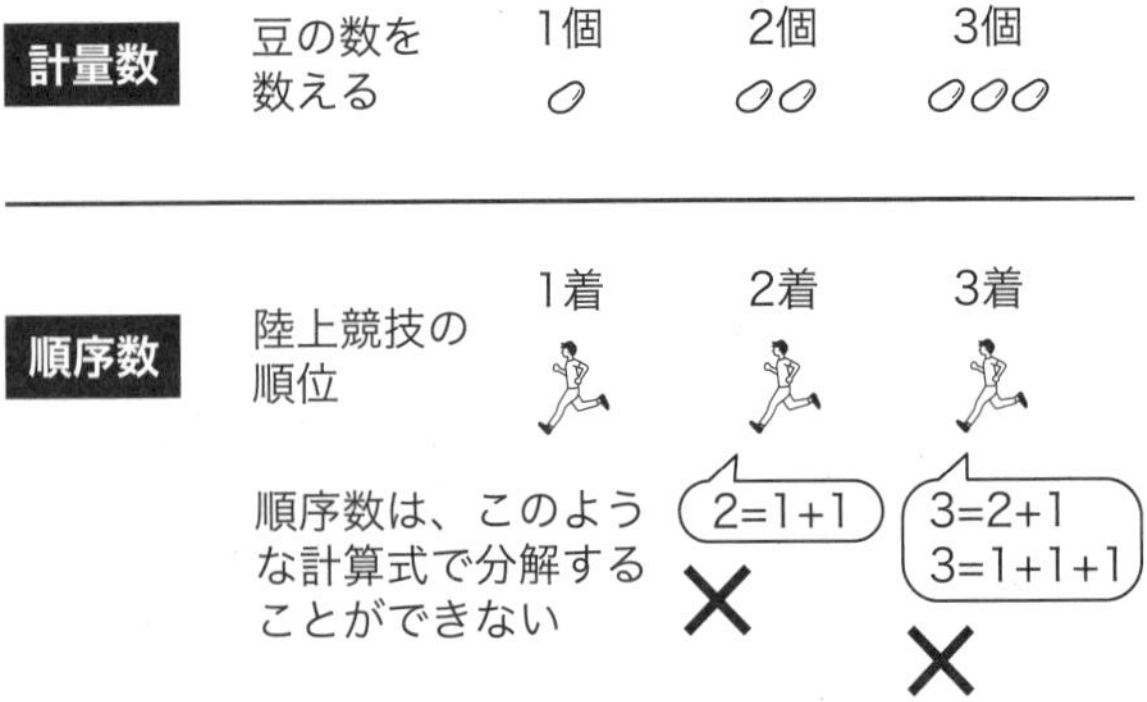

てよいか。公孫龍はそれでよいと答える。そこで客は訊ねる。もう片方の位置を変えたら(右は)どうなるでしょうか。公孫龍は答える。依然として右のままです。

ここで公孫龍は、自然数の本質が計量数よりも順序数の側にあると捉《とら》え、二番目の数を意味する二の中には、一番目という意味は全く含まれないとの立場を取る。この立場に立てば、五の中には、一や二や三は存在しないことになる。順序数の五は、五番目との意味だけを表示し、一番目とか二番目とか三番目といった意味を含まないからである。一以外の計量数は、己の内部に常に他の自然数を混在させる。だが順序数は、そのすべての数が、常にただ一つの意味しか表示しない。したがって順序数は条件の如何《いかん》に関わらず、常にただ一

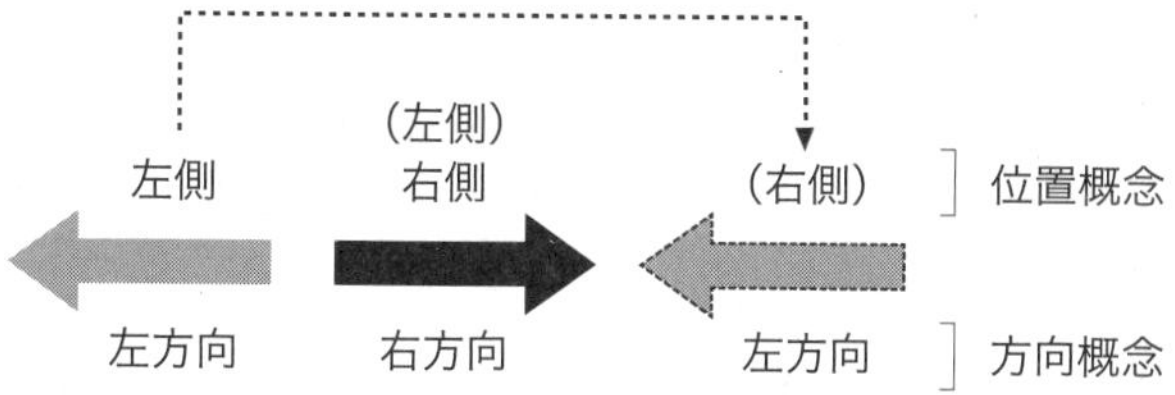

つの意味だけを表示するとの普遍的性質を変化させない。だから順序数は普遍（通）であり、それ故に公孫龍は自然数の本質なのだと思考したのであろう。

同様に公孫龍は、左と右を位置概念と見なし、片側の移動につれてかつての右側が左側に変化するとの思考に対し、左右の本質を方向概念と捉え、右と左は相手の位置変化に影響されない普遍性を保つと主張する。そこで公孫龍の世界では、向き概念が与件の如何に関わらず、常に普遍性を維持する通であり、右側・左側といった位置概念は、与件によって変化せざるを得ない変であるとされるのである。

名実を正せ

名実論は、名と実が適切に対応するか否かを正す正名思想について、公孫龍独自の見解を示す。全体の結語に相当する性格を持つ。

物は以て其の物とする所を物として、過ぎざるは実なり。実は以て其の実とする所を実として、曠《むな》しからざるは位なり。其の位する所を出づるは、位に非ず。

物（存在）については、実際に物が所有する範囲のみを、厳密にその物の包摂範囲として限定し、いささかも超過しない場合に限り、それを物の実質と規定する。実については、現に物が自己の実質として具備する範囲のみを、厳密にその物の実質として限定し、いささかも名称に対応すべき実質を欠いていない場合に限り、それを実の位相と規定する。名称が実質の位相を逸脱しているのは、正当な位相の表示ではない。

彼を彼として彼に止まり、此を此として此に止まるは、可なり。此を彼として彼は且《まさ》に此ならんとし、彼を此として此は且に彼ならんとするは、可ならず。

彼なる対象を彼なる名称で表示して、その名称が彼の実の範囲内に止まり、此なる対象を此なる名称で表示して、その名称が此の実の範囲内に止まるのは、実に対する正確な名称の配当の仕方である。これとは逆に、此なる対象を彼なる名称で表示し、それによって今度は、彼なる対象が自己の実の範囲を逸脱して、まさに此なる名称を名乗らんとしたり、彼を此だと称することによって、此が彼になったりするのは、実に対する正確な名称の配当の仕方ではない。

公孫龍は、人間には五官を経由しない超越的認識能力が存在しない以上、自己が獲得した知覚がいかなる位相に属するのかを精緻《せいち》に弁別し、位相を異にする認識の混同を避けていく以外に、残された道はないと訴える。

反戦活動と対象論理学

公孫龍の政治思想家としての活動と、彼の概念実在論の体系は、どのように接合していたのであろうか。公孫龍は、色彩や塡充性など、素朴実在論の立場を取る人々が個物の属性と理解していた概念を、それ自身で背面世界に独立する普遍者だと主張して実体化した。これによって個物は、自ら固有の属性を具備する自己完結性を破壊されるとともに、人間の側もまた、個物に対する統合認識の形成能力を否定されることになった。

とすれば人間には、自らの認識能力の限界性を自覚しつつ、認識の位相を厳密に区分する姿勢が要求される。公孫龍の対象論理学が、各概念が他の概念との重複関係を糸口に、「二に一有り」（通変論）とか、「白馬有れば馬有り」（白馬論）と、次々に位相の異なる概念を包摂し続け、互いに肥大化する事態に反対していたのは、そのためである。

もしこうした膨張主義を座視するならば、そこに待ち受けるのは、「此を彼として彼は且《まさ》に此ならんとし、彼を此として此は且に彼ならんとする」（名実論）、概念間の無制約な移行、すなわち名実の錯乱でしかない。振り返れば、自己が所有する実を逸脱して膨張せんとする、名と名の衝突こそが、「暴すれば則ち君臣争いて、両《ふた》つながら明らかにせんとす。（中略）両つながら明らかにせんとして道喪《ほろ》ぶ」（通変論）と、君主は臣下を弾圧し、臣下は君主を凌《しの》がんとして、互いに相手の領域を侵犯し合う、社会秩序の破壊をもたらしてきたのであり、さらには国家と国家が互いに相手の併合を目指して攻伐し合う、戦国の争乱を招いてきたのである。公孫龍の名実論・名分論と、侵略や併合を否定する彼の反戦活動は、こうした形で接合していたと考えられる。

普遍概念と個物

公孫龍は偃兵の根本精神が兼愛の精神であると明言していた。それでは彼の論理学的立場と兼愛の主張とは、どのように関係していたのであろうか。公孫龍は、各個物が固有の実体を属性として完備していると思い上がり、自らが永遠であり普遍であると詐称して、本来的に絶対他者であるものまでを、あたかも自己に固有の属性であるかのように、己の中に併合し統合する行為、さらに名実の対応関係（言語）までが、天上の絶対神や超越的認識能力の完全性を武器に、それを追認する動きに反対した。

人が認識できる眼前の個物とは、一連の時間的継起における、ある特定の位相であり、それはあくまでも、普遍者が背面世界から人間の認識行為に応じて、一時的に降り宿った仮象に過ぎない。真に永遠なるものは、あらゆる個物を超越して背面世界に存在する、知覚されざる普遍者たちである。すなわち公孫龍の世界では、時を超えて不変なるものは背面世界にのみ存在し、地上には時の経過とともに移ろう仮象だけが残される。

とすればその世界では、固有の実体を剝奪《はくだつ》され、単に場としてのみ存在する個物には、もはや永続性は何一つ保証されないように思える。しかるに公孫龍は、兼愛と偃兵を掲げて個の保全を執拗《しつよう》に訴え続けた。それは個物が、あまたの永遠なるもの、普遍なるものが、それを認識しようとする人の欲求に感応して、人にその性質を知覚させるべく、仮の姿を現す場として必要だったからに他ならない。

あたかもそれは、肉体を抜け出して天上界に存在する祖先の神霊が、子孫による招魂の呼びかけに応じ、記憶を辿って家廟《かびょう》・宗廟の神位・木主を依《よ》り代《しろ》に降臨するごとくである。もし滅亡により子孫と祭祀《さいし》が途絶え、宗廟と位牌《いはい》が失われたならば、降臨する場を奪われた神々は、二度とその姿を発現させぬであろう。

それからの公孫龍

こうした概念実在論の体系は、侵略や併合を非難して反戦と兼愛を説き続けた、公孫龍の政治活動の論拠でもあった。他者と自己を等しく愛そうとする意欲と、それを備えた人間の存在が保全されてこそ、時を超えて永遠なる愛も、はじめてその性質を発現する行為が可能となる。もし他者を侵奪して己の中に併呑《へいどん》せんとする争乱の果てに、唯一の勝利者を残してすべての個が消滅するならば、もはやそこには、他者への愛が発現する場はないからである。

公孫龍は鄒衍との論争に敗退したが、鄒衍は自己の認識能力に絶対の自信を抱き、宇宙の始原や天地の果てまでも、完璧《かんぺき》に認識できたと自負する人物であった。したがって鄒衍の認識論的立場は、人間の認識能力の限界性を自覚せよとする公孫龍の立場と、鋭く対立するものであった。同時に鄒衍は、五徳終始説と大地理説を唱え、周王朝に代わるべき新たな統一国家の出現を鼓吹した人物であった。当然のごとく鄒衍は、言論の目的を「意を杼《の》べ指を通ず」（劉向《りゅうきょう》『別録』）る共通認識の確立に求め、公孫龍を「人声を引きて、其の意に及ぶを得ざらしむ」（同）分裂志向として、激しく弾劾した。

両者の対決と鄒衍の勝利とは、ポリス的古代の全き終焉《しゅうえん》と、すべてを呑《の》み尽くす巨大な統一帝国の出現といった、歴史の大転換を象徴するものであった。素朴実在論と天人相関的神秘主義を混淆《こんこう》して、存在・認識・言語などに無自覚な信頼を置きつつ、天界の神々や天地の理法といった幻想に安住しようとする時代風潮の前に、公孫龍学派は消滅し、古代論理学の思考方法そのものが途絶えた後には、解けない謎、『公孫龍子』だけがとり残された。

学派の消滅を目前にした後学たちは、「公孫龍は六国《りっこく》の時の弁士なり。名実の錯乱するを疾《にく》み、資材の長ずる所に因りて、守白の論を為す」とか、「是の弁を推して、以て名実を正し、天下を化せんと欲す」と、懸命の弁護を試みた。だがすでに理解力を失った後世の人々が公孫龍に浴びせ続けたのは、全くわけの分からぬ詭弁に過ぎぬとの悪罵《あくば》の大合唱のみであった。

第六章　兵家《へいか》

孫《そん》　武《ぶ》

『孫子』の作者は誰か

中国最古の兵書、『孫子《そんし》』十三篇の作者と推定される人物は、歴史上に二人存在する。二人の孫子がいたことを明言するのは、『史記《しき》』孫子呉起列伝である。

司馬遷《しばせん》は、まず春秋末に十三篇の兵書を提出して呉《ご》王闔閭《おうこうりょ》に仕え、呉王闔閭の求めに応じて宮中の婦人を使って軍隊の教練を実演して見せ、命令に従わなかった責任を負わせて呉の寵姫《ちょうき》二人を斬り殺した、兵法家孫武の逸話を紹介する。そして呉の将軍となった孫武が、春秋の超大国・楚《そ》の全域を占領する大勝利をもたらすなど、呉をにわかに強大にした事跡を記す。次いで司馬遷は、戦国中期に斉《せい》の威王《いおう》と将軍田忌《でんき》の軍師として、桂陵《けいりょう》・馬陵《ばりょう》に再度魏《ぎ》軍を撃破した兵法家孫臏《そんぴん》の活動を記している。そして司馬遷は、孫臏は百数十年を隔てた孫武の子孫であり、それぞれが兵書を残して、ともに世間に流布《るふ》したと述べる。それを裏付けるように、『漢書《かんじょ》』芸文志《げいもんし》・兵権謀家類

『孫子』13篇

計　篇	開戦前に行うシミュレーションの重要さを説く
作戦篇	外征に要する軍費と国家経済の関係を述べる
謀攻篇	直接戦闘よりも謀略を優先する意義を説く
形　篇	必勝の態勢（形）の下で無理なく勝利すべしと説く
勢　篇	戦闘における軍全体の勢いについて述べる
虚実篇	実によって虚を撃つ戦術を説く
軍争篇	戦場に先着する軍の機動戦について説く
九変篇	戦況を九つに分類しそれぞれでの対処法を説く
行軍篇	進軍・停止など、行軍の方法について述べる
地形篇	地形に応じた戦術の選択や軍の統率法を述べる
九地篇	地勢を九つに分類し、それぞれでの戦術を述べる
用間篇	間諜（スパイ）の重要性と活用法を説く
火攻篇	火攻めの戦術について述べる

には、「呉孫子兵法」八十二巻・図九巻と、「斉孫子兵法」八十九巻・図四巻の書名が記録されている。

そこで、十三篇『孫子』に対する、二人の孫子と二種の「孫子兵法」との関係が問題となり、これまで永い論争が展開されてきた。

ところが一九七二年に、山東省臨沂《りんぎ》県銀雀山《ぎんじゃくざん》の前漢時代の墓から大量の竹簡が出土し、現行の十三篇『孫子』に該当する資料のほか、さらに従来知られていなかった孫武と孫臏とに関する二種の兵書も含まれていることが確認された。

この発見によって、現行本『孫子』十三篇が「呉孫子兵法」の一部であり、それは戦国期以来、孫武の兵書とされてきた十三篇と同一であったことが、ほぼ確実となった。もとより、十三篇が最終的に今の形に定着するまでには、孫臏をはじめとする孫氏学派の手が加わっているであろうが、『孫子』の内容が示す時代背景の面からも、その主要部分は、やはり春秋末の孫武の兵学を伝えていると考えるべきであろう。

孫子の兵法の特色

孫子兵学の特色はさまざまあるが、第一は、戦争が経済に及ぼす悪影響を強調する点である。孫子は、戦争がいかに大量の物資を消耗し、国家経済を疲弊させるかを力説して止まない。孫子は、戦争なる手段が宿す否定的側面を直視するよう求めるのである。

第二は、戦争を軍事力の正面衝突とは捉《とら》えず、戦争の本質は敵を欺くやり方にあると規定する点である。国家がなぜ戦争するかと言えば、それは敵国と利益を争うからにほかならない。だとすれば、経済的損失が大きい軍事力の正面衝突を避け、詭詐《きさ》・権謀《けんぼう》で敵国を騙《だま》し、コストをかけずに敵国を屈服させるのが、最善の方策となるのは

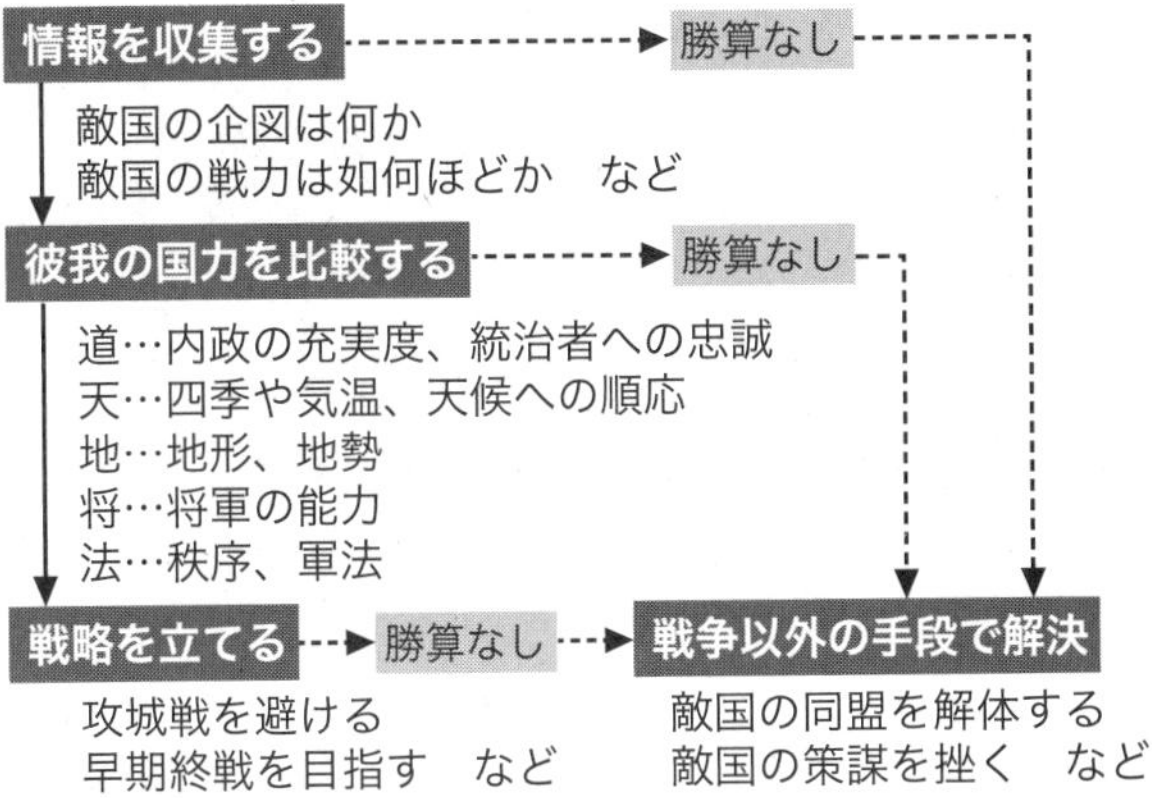

『孫子』は軽はずみな開戦を戒める

当然である。

第三は、短期決戦の重視である。戦争はただでさえ経済的損失が大きいので、その損害をできるだけ減らすためには、長期持久戦を避け、戦争を短期に終結させなければならない。

第四は、攻城戦を回避しようとする点である。敵が厳重に防備する城塞《じょうさい》に攻めかかる戦法は、兵員や物資に大きな損失を招く上に、長期の攻囲が必要となる。そこで孫子は、敵が守備する城塞を素通りして、野戦で勝敗を決するよう説く。

第五は、自国内での防衛戦を否定して、敵国深く遠征すべきだとする点である。国内で防衛戦を行うと、兵士は妻子や故郷を慕って大量に逃亡してしまうが、敵国奥深く遠征すれば、逃げ場を失った兵士は結束し、戦意も高揚する。また国内深く侵入された相手は、必ず主力軍を繰り出して、侵攻軍を阻止しようとする。そこで主力軍同士の決戦に持ち込んで、短期に決着をつけることが期待できるのである。

第六は、敵の主力軍を分断し、個々の戦闘での相対的優勢を確保して、各個撃破せよとの戦術である。戦争全体を短期に終結させるには、最終的勝利に結びつく、敵国の主力軍との決戦に持ち込まなければならない。ただし、主力軍同士が激突すれば、自軍が被る損害も甚だしく、勝利の目算も立ちにくい。そこで、奇襲攻撃の態勢か、あるいは敵の主力軍を攪乱《かくらん》して、各個撃破できる態勢をつくり出すのである。

第七は、情報戦を重視する姿勢である。敵を罠《わな》にかけ、高いコストを払わずに破るためには、敵の実情を正確に把握して、事前に計謀を練る必要がある。と同時に、敵側に自国の意図を察知されぬように、自国の実情を厳重に秘匿《ひとく》しなければならない。そのためには、各種の諜報《ちょうほう》員や工作員を組織して、敵国内に潜入させ、情報戦に勝利する必要がある。

第八は、軍事力の使用に極めて慎重な姿勢を示す点である。軍事力の使用、すなわち戦争は、コストのかかるリスクの大きい手段である。こうした危険性の高い手段を選択する場合、損失に見合うだけの利益が見込めるかどうかが、重大な問題となる。

そこで孫子は、軽はずみに開戦に踏み切ることを戒め、事前に充分なシミュレーションを実施して、充分な勝算が立った場合にのみ、開戦すべきだと説く。

以上の諸点が、孫子の兵学の大まかな特色なのだが、これらの特色のすべてが、戦争がいかに代償の大きい手段であるか、そのマイナス面に対する深刻な認識に帰着する点に注目すべきであろう。この点を深く認識すれば、戦争に対する慎重な姿勢が求められるのは当然である。『孫子』が、開戦の決断は慎重にせよ、自国内では戦うな、攻城戦をするな、必要のない戦闘をするな、敵を騙して楽勝せよ、情報戦に力を注げ、長期持久戦を避けよ、などと主張するのも、すべてこのマイナス面を減らそうとする意図から出ている。

日本では、「孫子十三篇、懼字《くじ》を免れず」（大江家所伝『闘戦経』第十三章）とか、「漢《あや》の文《ふみ》には詭譎《きけつ》有り。倭《やまと》の教《おしえ》は真鋭を説く」（『闘戦経』第八章）と、『孫子』を臆病者の兵学だと非難する風潮が存在した。身分戦士たる武士を中心に軍隊が構成されてきた日本においては、少数精鋭主義の名の下に、「兵道とは、能《よ》く戦うのみ」（『闘戦経』第九章）と、直接的戦闘での精強さや勇敢さのみが尊重される傾向が強かったのである。『孫子』には現代にも通じる普遍的な思索が数多く含まれている。次項からそのいくつかを紹介していこう。

戦争に正直は無用

兵とは詭道《きどう》なり。故に能《のう》なるも之《これ》に不能を視《しめ》し、用なるも之に不用を視し、近きも之に遠きを視し、遠きも之に近きを視す。故に利なれば而《すなわ》ち之を誘い、乱なれば而ち之を取り、実なれば而ち之に備え、強なれば而ち之を避け、怒なれば而ち之を撓《みだ》す。其の無備を攻め、其の不意に出づ。此《こ》れ兵家の勝にして、先には伝うべからざるなり。(『孫子』計篇)

戦争とは、敵を騙す行為である。だから、本当は自軍にある作戦行動が可能であっても、敵に対しては不可能であるように見せかけ、本当は自軍が効果的な運用ができる状態にあっても、敵にはできないかのように見せかけ、実際は目的地に近づいていながら、敵にはまだ遠く離れているかのように見せかけ、実際は目的地から遠く離れていても、敵にはすでに近づいているかのように見せかける。もし敵が利益を欲しがっているときは、利益を餌に敵を誘い出し、敵が混乱しているときは、そのスキを衝《つ》いて敵の戦力を奪い取り、敵の戦力が充実しているときは、攻撃に対して防備を固め、敵の戦力が強大なときは、敵との接触を回避し、戦争はルール無き騙し合いであり、倫理や美徳は不要である。兵とは詭道なり。

○詭道	×正道
相手の裏をかく 相手の意表を衝く 自軍の意図を隠す など	正々堂々と戦う 正面からぶつかる 自軍の意図を隠さない など

敵が怒り狂っているときは、わざと挑発して敵の態勢をかき乱す。敵が防備していない地点を攻撃し、敵が予想していない地域に出撃するのである。これこそが兵法家の勝ち方であって、臨機応変の処置なので、事前に教えておくことはできない。

戦争では、徹底的に敵を欺《あざむ》かなければならない。将軍が信義を貫くべき対象は、敵軍ではなく、ただ国家の利益だけである。敵を欺くとは、自軍の意図や能力・態勢を敵に誤解させる行為である。もし自軍が強力であるにもかかわらず、敵がその能力を過小評価し、弱体だと誤解してくれれば、もっけの幸いで、偽りの情報を流して、ますます誤解を助長すればよい。この場合、馬鹿にするんじゃない、本当は強いんだぞなどと宣伝するのは、愚の骨頂となる。

廟算での勝利

孫子は国外に遠征軍を送る形の戦争だけを想定する。そのため、自国には戦争する意志がないにもかかわらず、不意に敵国に攻め込まれて、領土防衛戦を強いられるといった戦争形態は、全く想定されていない。つまり孫子は、開戦か否かを自ら選択できる戦争のみを語るのである。

夫《そ》れ未《いま》だ戦わざるに廟算《びょうさん》して勝つ者は、算を得ること多ければなり。未だ戦わざるに廟算して勝たざる者は、算を得ること少なければなり。算多きは勝ち、算少なきは敗る。況《いわ》んや算无《な》きにおいてをや。吾《わ》れ此を以《もっ》て之を観るに、勝負見《あら》わる。(『孫子』計篇)

まだ開戦もしないうちに、廟堂で図上演習して勝つのは、勝算が相手よりも多いからである。まだ戦端も開いていないのに、廟堂で図上演習して勝たないのは、勝算が相手よりも少ないからである。勝算が多ければ実戦でも勝つし、勝算が少なければ実戦でも敗北する。まして勝算が一つもないのでは、お話にならない。私がこうした計算によって、この戦争の結末を予測するに、勝敗はすでに目に見えている。

それでは、開戦すべきか否かの判断基準は、どこに存在するのであろうか。それは敵国と自国を比較して、どちらに勝算が多いかとの一点に存在する。したがって事前の廟算は、熱狂や大言壮語とは無縁に、冷徹・非情に行われる必要がある。もし敵国よりも勝算が少ない場合には、断固として開戦を断念しなければならない。すでに廟算で敗れているにもかかわらず、僥倖《ぎょうこう》を頼り、勝敗は時の運、やってみなければわからないなどと口走って、勝ち目のない戦争に突入する者は、そもそも戦争を指導する資格のない暗主・愚将である。

拙速の勧め

夫れ兵を頓《つか》れさせ鋭《えい》を挫《くじ》き、力を屈《つ》くし貨を殫《つ》くさば、則《すなわ》ち諸侯其の弊に乗じて起こる。智者と雖《いえど》も、其の後を善くすること能《あた》わず。故に兵は拙速《せっそく》を聞くも、未だ巧《こう》久《きゅう》を睹《み》ざるなり。夫れ兵久しくして国の利なる者は、未だ有らざるなり。故《ゆえ》に用兵の害を知るを尽くさざる者は、則ち用兵の利を知るを尽くすこと能わざるなり。

（『孫子』作戦篇）

遠征軍が長期戦に疲労して鋭気が挫かれたり、あるいは戦力を消耗させ財貨を使い果たす状態に陥れば、それまで中立だった諸侯も、その疲弊につけ込もうと兵を挙げる始末となる。こうなってしまうと、いかに智謀の人でも、善後策を立てることはできない。だから戦争には、多少まずい点があっても素早く切り上げるという事例はあっても、完璧《かんぺき》を期して長びかせるという事例は存在しない。そもそも戦争が長期化して国家の利益になったことなど、あったためしがない。したがって、軍事力の使用に伴う損害を徹底的に知り尽くしていない者には、軍事力の使用がもたらす利益を完全に知り尽くすこともできないのである。

大軍を国外に遠征させたあげく、敵の主力と決戦できないまま、攻城戦に手間取って、長期持久戦に引きずり込まれたりすれば、遠征軍は外地で疲労困憊《こんぱい》し、兵士も戦意を喪失する。軍の戦力が低下し、国家経済も破綻《はたん》してしまうと、それまで中立だった外国も、にわかに参戦して攻め込んでくる。こうなると八方塞《ふさ》がりで、国家は日を待たずして滅亡する。だからこそ戦争は、たとえ拙速でも、短期に終結させなければならない。したがって、何事も慎重にしなければ気のすまない、小心な完全主義者には、外征軍の指揮官は務まらない。

戦わずして勝て

故《ゆえ》に上兵《じょうへい》は謀《ぼう》を伐《う》つ。其の次は交を伐つ。其の次は兵を伐つ。其の下《げ》は城を攻む。城を攻むるの法は、櫓《ろ》・轒轀《ふんおん》を脩《おさ》め、器械を具《そな》うること、三月にして止む。距闉《きょいん》又《ま》た三月にして然る。将其の忿《いきどお》りに勝《た》えずしてこれに蟻附《ぎふ》せしめ、士を殺すこと三分の一にして、城の抜けざる者は、此れ攻の災いなり。故に善く兵を用うる者は、人の兵を屈するも、戦うには非《あら》ざるなり。人の城を抜くも、攻むるに非ざるなり。人の国を破るも、久しきに非ざるなり。必ず全うするを以て天下に争う。故に兵頓《つか》れずして利全うすべし。これ謀攻の法なり。(『孫子』謀攻篇)

最高の用兵は敵国の意図を事前に察知し、その意図を挫くことである。この方法は、見た目には全く戦争の形態を取らない。このように目に見えない勝利を収めるやり方こそ、最も巧妙な用兵である。

次善の策は、敵国の同盟関係を解体するやり方である。敵国が頼りにしている同盟国を脱落させてしまえば、敵国は孤立無援を恐れて開戦を思いとどまる。これもやはり、流血なしで敵国の意図を挫く点で、優れた用兵である。

三番目は、会戦によって敵の野戦軍を撃破する方法である。これは敵の戦力に打撃を与えることにより、敵国の意図を阻むわけだが、自軍にも損害が出るので、前二者に比べて劣るとされるのである。

最悪の用兵は、攻城戦による方法である。わざわざ敵が厳重に防備している要塞を攻撃すれば、途方もない損害を出し、長い時間を費やす。敵城を落としても、自軍の戦力は消耗して、継戦能力は低下する。

このように孫子は、戦場における軍事力の正面衝突だけを戦争と考える思考を否定する。策謀によって敵国の内部を攪乱《かくらん》したり、外交によって敵国を孤立させたり、敵城を守る敵将をだき込んだりと、謀攻を用いて、戦場での流血なしに勝利するやり方こそが、最も効率的で安上がりな用兵だと言う。

敵のこない所を守れ

進むも迎うべからざる者は、其の虚を衝《つ》けばなり。退くも止むべからざる者は、遠くして及ぶべからざればなり。故に我れ戦いを欲すれば、敵の我れと戦わざるを得ざる者は、其の必ず救う所を攻むればなり。我れ戦いを欲せざれば、地を画《かく》して之趙から救援要請を受けた斉は邯鄲《かんたん》ではなく魏の平陵《へいりょう》へ進軍した。

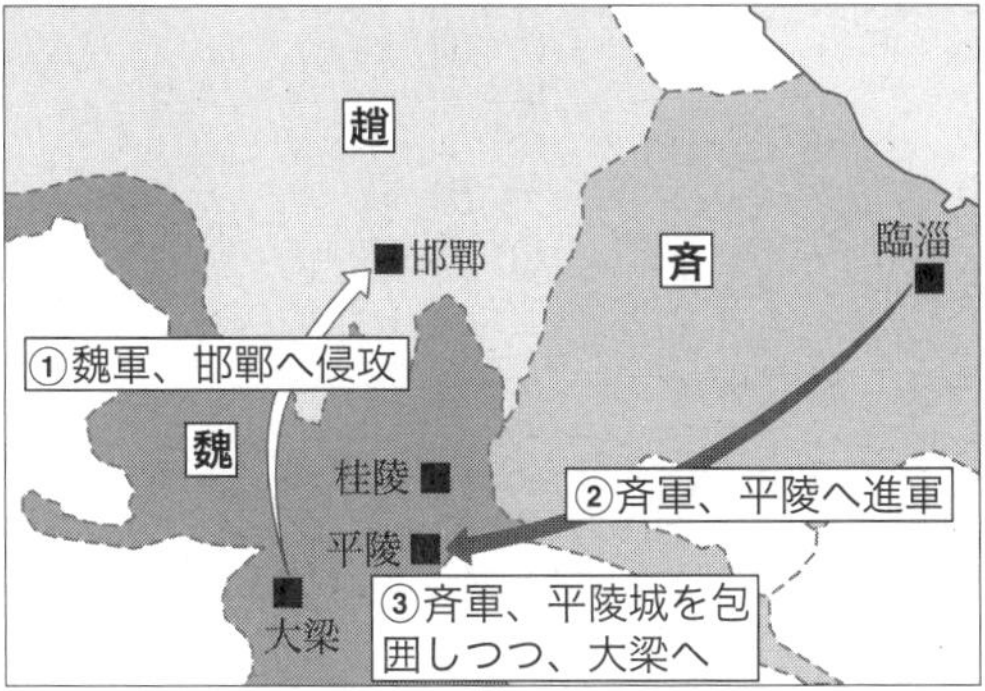

斉の侵攻を察知した魏軍は、邯鄲の包囲を解き平陵へ向かった。

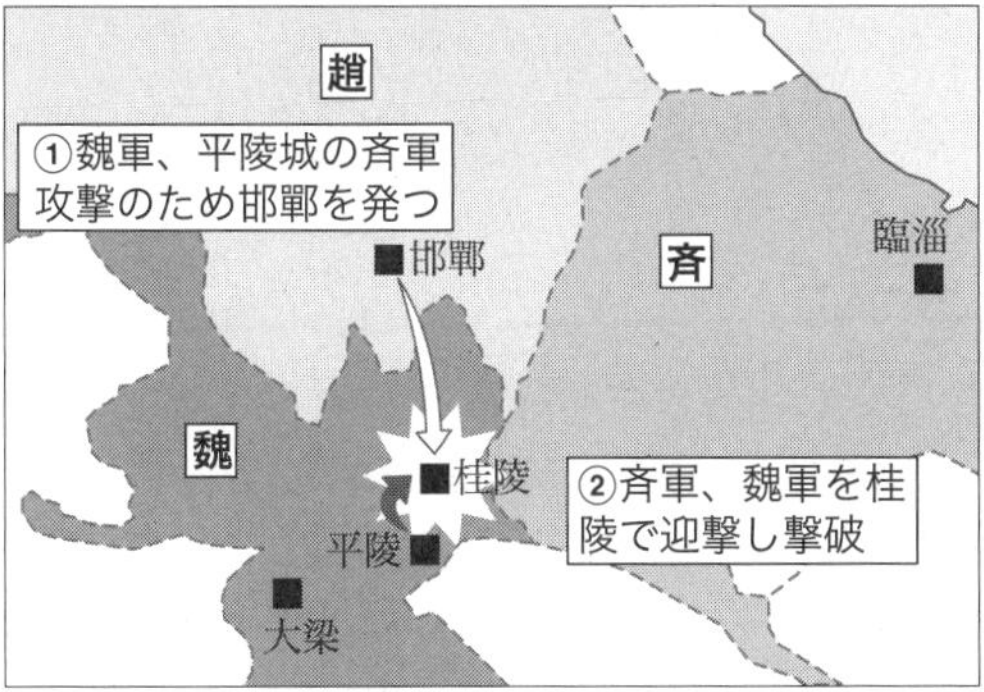

邯鄲で待ち受ける魏軍を巧みに誘致し、桂陵《けいりょう》で撃破した斉の戦術は、孫臏によるものだった。

桂陵の戦い

を守るも、敵の我れと戦うを得ざる者は、其の之《ゆ》く所を謬《あざむ》けばなり。（『孫子』虚実篇）

進撃しても敵が迎え撃てないのは、進撃ルートが敵の兵力配備の隙を突くからである。退却しても敵が阻止できないのは、退却路が敵から遠すぎて追撃できないからである。自軍が会戦を望めば、敵が必ず戦わなければならなくなるのは、敵が必ず救援に出てくる地点を攻撃するからである。自軍が戦いを避けたければ、地面に線を引いただけで、敵が会戦に持ち込めないのは、敵の進路をあらぬ方向に欺《あざむ》きそらすからである。

ここで孫子は、進撃と退却、会戦の強要と回避に関する虚実の戦法を説く。

まず進撃と退却に関しては、餌を見せて誘い出したり、損害を示唆して釘づけにする方法を使って、進撃の場合は前方から、退却の場合は後方から、あらかじめ敵の兵力を遠ざけて、自在な行軍を確保する。

また会戦の強要と回避に関しても、利益を見せびらかして釣り出したり、損害を受ける不安をかき立てて動きを止める方法を用いて、強要する場合は自軍の近くに敵軍を誘致し、回避する場合は自軍から敵軍を遠ざけるのである。

ナポレオンは多忙な戦陣の間も、宣教師がフランス語に訳した『孫子』を手放さなかったという。ナポレオンの戦術には、アウステルリッツの三帝会戦など、特に虚実篇の強い影響が見られる。

分進合撃の戦術

故《ゆえ》に兵は詐《さ》を以《もっ》て立ち、利を以て動き、分合《ぶんごう》を以て変を為す者なり。故に其の疾《はや》きこと風の如く、其の徐《しずか》なること林の如く、侵掠すること火の如く、動かざること山の如く、知り難きこと陰の如く、動くこと雷《いかずち》の震《ふる》うが如くして、嚮《むか》うところを指《しめ》すに衆を分かち、地を廓《ひろ》むるに利を分かち、権《けん》を懸《か》けて而《もっ》て動く。迂直《うちょく》の道を先知する者は、此れ軍争の法なり。（『孫子』軍争篇）

軍事行動は敵を欺《あざむ》くことを基本とし、（感情的にならず）利益にのみ従って行動し、分散と集合の戦法を用いて臨機応変の処置をとるのである。そこで疾風のように迅速に進撃し、林のように静まりかえって待機し、火が燃え広がるように急激に侵攻し、山のように居座り、暗闇のように実態を隠し、雷鳴のように突然動き出し、偽りの進路を敵に指示するには部隊を分けて進ませ、占領地を拡大するときは要地を分守させ、胸に権謀をめぐらせつつ機動する。迂回路を直進の近道に変える手を、敵に先んじて察知するのは、これぞ軍争の方法なのである。

「権を懸けて而て動く」の「権」は、天秤《てんびん》ばかりに載せる分銅《ふんどう》が原義である。分銅は、天秤ばかりの傾斜を一瞬に逆転させることができる。そこで形勢を一発で逆転できる秘策の意味を生じ、権謀とか権変といった形で使用されるようになった。将軍は軍を分散させたり集結させたりして、敵将と複雑な機動戦を演じつつ、いつどこで、どんな手を使えば、一挙に形勢を逆転できるのか、分銅を置くタイミングを計算し続けるのである。迂回路を直進の近道に変換するとは、敵が戦場に先着していて、自軍が戦場から離れている場合の不利を覆すための方策である。具体的には、その段階まで両軍が想定していた戦場を一方的に放棄し、敵から遠く、自軍から近い場所に、新たな戦場を設定し直す行為を指す。

裏を洞察せよ

是《こ》の故《ゆえ》に智者の慮《りょ》は、必ず利害を雑《まじ》う。利に雑うれば、故《すなわ》ち務め信《まこと》なるべし。害に雑うれば、故ち憂患解くべし。是の故に諸侯を屈する者は害を以てし、諸侯を役《えき》する者は業《ぎょう》を以てし、諸侯を趨《はし》らす者は利を以てす。(『孫子』九変篇)

智者の思慮は、必ず利益と損害の両面から判断する。利益には損害の側面をも混じえて考えるから、その事業は計画通りに達成できる。損害には利益の側面をも含めて考えるから、その心配も解消できる。こういうわけだから、諸侯を自国の意志に屈服させるには、その害悪の側面ばかりを強調し、諸侯を使役するには、損害を忘れてしまうほど魅力的な事業に乗り出させ、諸侯をあちこち奔走させるには、害悪の側面を隠して利益だけを見せるのである。

すべての物事には、必ず利益の側面と害悪の側面とが混在している。もし利益の面だけに目を奪われて行動すれば、やがて隠されていた損害の側面に足をすくわれて、当初の目算通りには事業が成功しない結果に終わる。利益の裏に潜《ひそ》む損害の面にも、充分な配慮を払ってこそ、事業は計画通りに達成される。

また害悪の側面にのみ目を奪われると、あれこれ心配ばかりが先に立ち、結局は一歩も前進できなくなる。だがよく考えてみると、害悪の裏側にはきまって利点も潜んでいるものである。この側面に注目し、そこに大きな意義を見出《みいだ》すならば、もはや絶望かと思われた深い憂慮も晴れ、一転して積極果敢な行動に打って出られるようになる。

何が何でも得だけしたがる強欲な者や、わずかな損害も蒙《こうむ》りたくないと怯《おび》える小心者は、利害・得失を天秤にかける多面的なものの考え方ができないから、目先の利害に気を取られて、最後は大局的利益を失うのである。

君主と将軍の責務

主《しゅ》は怒りを以て軍を興《お》こすべからず、将は慍《いきどお》りを以て戦うべからず。利に合わば而《すなわ》ち用い、合わざれば而ち止む。怒りは復《ま》た喜ぶべく、慍りは復た悦《よろこ》ぶべきも、亡国は以て復た存すべからず、死者は以て復た生くべからず。故に明主は之を慎しみ、良将は之を警《いまし》む。此れ国を安んじ軍を全《まっと》うするの道なり。(『孫子』火攻篇)

君主は一時の怒りから開戦してはならず、将軍は一時の憤りにまかせて戦闘してはならない。国家の利益になれば軍事力を使用し、国家の利益にならなければ軍事力の行使を思いとどまる。怒りの感情はやがて和らいで、また楽しみ喜ぶ心境戦争はあくまで「手段」であり「目的」ではない。開戦の判断は損失と利益を熟考し、手段としてのコストとリスク、得られる見返りを充分に考えておこなうべきだ。

高コスト

◎ほぼ確実に兵士の命を失う
◎戦費は必ず発生し、経済的損失となる

高リスク

◎万が一にも敗北した場合は国家の滅亡もある
◎経済的損失が国家財政を悪化させるおそれもある

戦術的成功と戦略的成功は異なるものである。君主は戦術的成功を、戦略的成功へいかに繋げるかを考え、終戦のタイミングを見誤ってはならない。

戦術的成功	◎敵地・敵城を攻略する ◎領地を獲得する
戦略的成功	◎政治上の目的を達成する ◎経済的損失を上回る利益を得る

に戻れるし、憤《いきどお》りの感情もいつしか消えて、再び快い心境に戻れるが、軽はずみに開戦し、軽率に戦闘に入って敗北すれば、滅んでしまった国家は決して再興できず、死んでいった者たちは二度と生き返らない。だから先見の明を備える君主は、軽々しく戦争を始めないよう慎重な態度で臨み、国家を利する将軍は、軽率に戦闘しないように自戒する。これこそが国家を安泰にし、軍隊を保全する方法なのである。

『孫子』は兵書であるが、決して好戦的ではない。それは、君主と将軍に対し、国家と民衆への重い責任を説く言葉にも、明確に表れている。先に述べたように、軍事力の使用、すなわち戦争は、莫大《ばくだい》なコストのかかるリスクの大きい手段である。こうした危険性の高い手段を選択する以上、損失に見合うだけの利益が見込めるかどうかが、重大な問題となる。そこで孫子は、改めて軽はずみに開戦に踏み切ることを戒め、事前に充分なシミュレーションを実施して、充分な勝算が立った場合にのみ、開戦すべきだと説くのである。大量破壊兵器が発達した現代にあっては、この孫子の教えは、ますます重要な意味を持つであろう。

孫《そん》　臏《ぴん》

孫臏の伝記

それではもう一人の孫子である斉《せい》の孫臏について紹介してみよう。若い頃、孫臏は友人の龐涓《ほうけん》とともに兵学を学んだ。やはり孫武《そんぶ》を祖先に持つ血筋は争えなかったのであろう。ところが先に魏《ぎ》の将軍職に就いていた龐涓は、自分が及びもつかない孫臏の才能を嫉《ねた》み、孫臏を魏に招き寄せた上で無実の罪に陥れ、両足を切断して額に入れ墨をする刑罰にあわせた。こうして孫臏を世間から葬り去って、自己の地位を安泰にしようとしたのである。

だが天は孫臏を見捨てはしなかった。あるとき魏の都を訪れた斉の国の使者は、面会を願い出た孫臏の異常な才能を見抜き、密《ひそ》かに彼を斉へと連れ帰った。そして孫臏は、斉の全盛時代を築いた威王《いおう》と将軍田忌《でんき》に軍師として仕えることになった。

前三五三年、魏は大挙して北方の趙《ちょう》に侵攻し、趙は都の邯鄲《かんたん》を包囲される苦境に陥

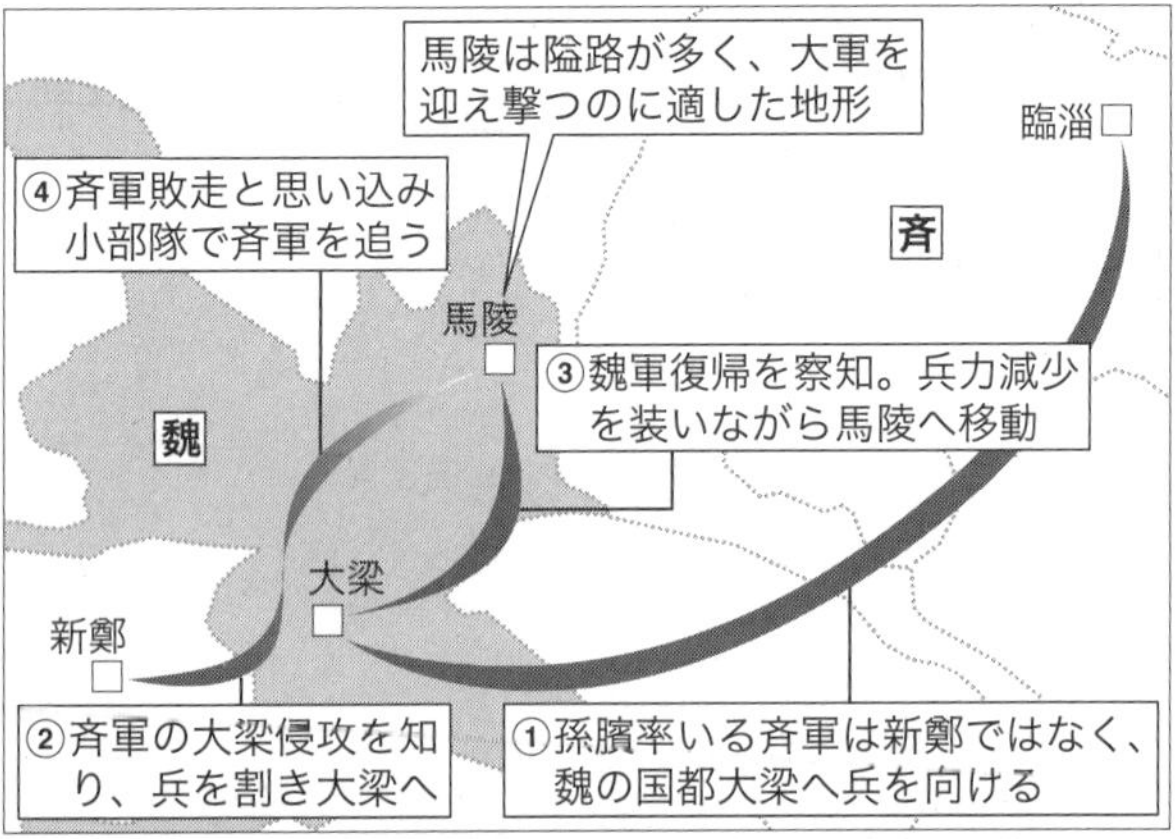
馬陵は険路が多く、大軍を
迎え撃つのに適した地形
臨淄
④斉軍敗走と思い込み
小部隊で斉軍を追う
斉
馬陵
③魏軍復帰を察知。兵力減少
を装いながら馬陵へ移動
魏
大梁
新鄭
②斉軍の大梁侵攻を知
り、兵を割き大梁へ
①孫臏率いる斉軍は新鄭ではなく、
魏の国都大梁へ兵を向ける

龐涓率いる魏軍が新鄭《しんてい》を包囲。韓から斉へ救援の要請が来た。結果、斉軍は馬陵で魏軍を撃破し、孫臏も龐涓への復讐を成就した。

孫臏と龐涓の馬陵の戦い

った。援軍を乞《こ》われた斉の威王は、田忌と孫臏を派遣し、邯鄲を救うよう命じた。田忌はまっすぐ邯鄲に向かって進撃しようとしたが、孫臏はそれを押しとどめ、逆に国内が手薄になった魏に侵入し、都の大梁《たいりょう》を攻撃する構えを見せるよう進言する。そうすれば、不意に本国を衝かれた魏軍は、直ちに邯鄲の包囲を解き、あわてて魏に引き揚げるだろうと、孫臏は予測したのである。田忌がこの作戦を実施すると、はたせるかな戦局はその通りに推移し、帰途に待ち伏せしていた斉軍は、あわてふためいて帰国しようとする龐涓指揮下の魏軍を、桂陵《けいりょう》の地でさんざんに打ち破った。

さらに十二年たった前三四一年、今度は魏と趙が連合して韓を攻め、韓はやはり斉に救援を求めてきた。田忌は前回と同じく、直接に韓へは向かわず、魏の大梁へと進撃する方針をとった。このときも魏軍を率いていた龐涓は、直ちに韓より撤退し、騎兵と軽戦車だけで斉軍を追いかけた。斉軍はこれに馬陵《ばりょう》で深夜の待ち伏せ攻撃をかけ、弩《ど》の一斉射撃により魏軍を壊滅させた。魏の太子《たいし》申《しん》は戦死し、龐涓は捕虜となって、孫臏は見事に復讐《ふくしゅう》を遂げたのである。

孫臏の名声

桂陵《けいりょう》と馬陵《ばりょう》、二度の戦役の結果、中原《ちゅうげん》に覇者たらんとした魏《ぎ》の恵王《けいおう》の雄図《ゆうと》は挫折し、代わって斉の国際的地位は大いに上昇した。それとともに、車上に座したまま知謀をめぐらし、斉を大勝へと導いた、異形《いぎょう》の軍師孫臏《そんぴん》の名声もまた天下に知れわたり、兵法家としての彼の地位は不動のものとなったのである。

それでは孫臏が活動した戦国期の戦争形態は、孫武《そんぶ》が活動した春秋期と比較して、どのような変化を見せたであろうか。

春秋時代の例

馳車《ちしゃ》千駟《し》、革車《かくしゃ》千乗、帯甲《たいこう》十万（『孫子』による軍の規模）

戦国時代の例

車千乗、帯甲百万余、騎万疋《びき》（『戦国策』による軍の規模）

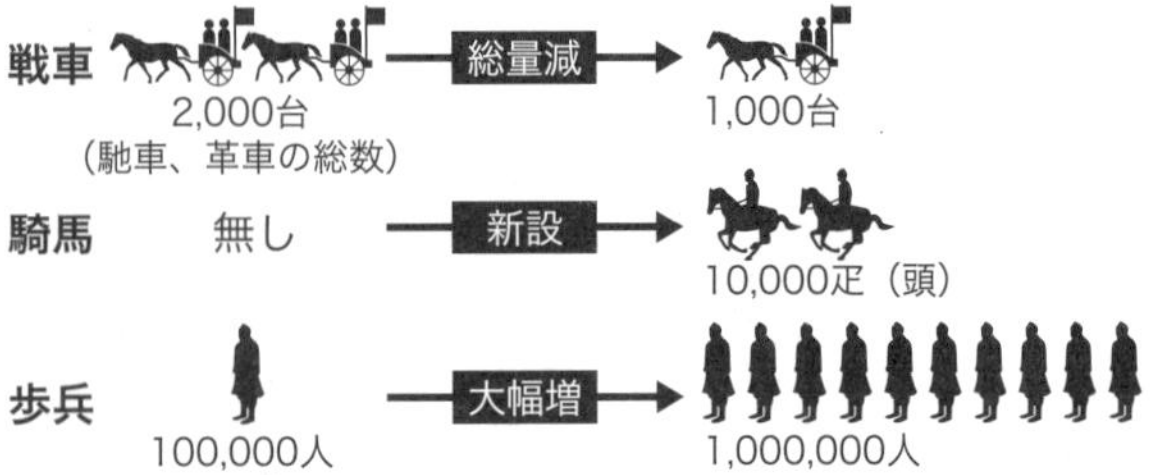

『孫臏兵法』の戦国期と、『孫子』の春秋末期とでは軍の規模、編制が異なる。

◎軍の規模そのものが巨大化　◎戦車の重要性が減少

◎騎兵の登場　◎歩兵部隊が主力の編制

春秋末の呉《ご》によって、戦国期の新しい戦争の方向が示された後、呉起《ごき》が魯《ろ》や魏で将軍職を歴任した例が象徴するように、各国は競って将軍を専門職化した。それと同時に、春秋中期以降しだいに比重を増しつつあった歩兵部隊は、戦車部隊に代わって完全に軍の主力の座を占めるに至った。各国は軍を民からなる歩兵中心の編制へと切り替え、その兵力は数十万から百万にも達した。

　これと並んでこの時期に生じた大きな変化は、北方の遊牧騎馬民族から取り入れた騎兵の出現である。その結果、歩兵・戦車・騎兵の三兵戦術が普遍的な形となった。そして戦争は、いよいよ長期持久戦・総力戦・消耗戦の様相を深めていき、一会戦の死者だけでも十数万から四十万にも及ぶ凄惨《せいさん》な死闘が、前二二一年の秦の中国統一まで続けられたのである。

それではこうした戦争形態の変化は、孫臏の兵学にどのように反映しているであろうか。一九七二年に発見された『孫臏兵法』の内容は、勢の重視や客・主人の区分、奇正の使い分けなど、多くの点で孫武の兵学を継承している。しかしその一方で、いくつか『孫子』には見られない特色も備えている。次項では、両者の相違点を三つ取り上げる。

『孫子』との違い

両者の違いの第一は、「易《い》なれば則《すなわ》ち其の車を多くし、険なれば則ち其の騎を多くす」（『孫臏兵法』八陣《はちじん》篇）と、『孫子』が絶えて言及しなかった、騎兵の運用に関する戦術が登場する点である。

第二は、『孫子』が具体的内容に一切触れなかった攻城戦に関する戦術が、「城の名谷を前にし、亢《こう》（高）山を倍《うしろ》（背）にするは、雄城《ゆうじょう》なり。攻むべからず」とか、「城の亢（高）山の間に在《あ》りて、名谷・付丘无《な》き者は、牝城《ひんじょう》なり。撃つべきなり」（『孫臏兵法』雄牝城《ゆうひんじょう》篇）などと示される点である。孫武《そんぶ》が活動した春秋末の長江下流域とは

八陣図

違って、孫臏《そんぴん》が活動した戦国期の中原《ちゅうげん》には、人口増加に伴って、大規模な城郭《じょうかく》が林立していた。そのため少し軍を進めれば、たちまち敵の城壁にぶちあたる有様で、『孫子』のように「其の下は城を攻む」（謀攻篇）とばかりは、言っておれない状況だったのである。もっともこれには、他国の城邑《じょうゆう》を争奪して自国の郡県に編入し、領土の拡大を図る点に、戦争の主要な目的が移ったことも影響しているであろう。

　第三は、具体的な陣法が極めて大きな比重を占めてきている点である。戦争の長期持久戦化によって、戦線はしばしば膠着《こうちゃく》状態に陥り、双方ともに土塁や柵により陣地を構築する戦法が常習化した。それに加えて、戦術もよりいっそう複雑化し、多様な陣形が編み出されてきたため、陣地の構築法や陣形の選択といった陣法の重要性は、春秋時代に比べて飛躍的に増大した。『孫臏兵法』には、「陣《じん》を用うるに参分し、陣誨《ごと》に鋒有り、鋒誨に後有りて、皆令を待ちて動く。闘は一、守は二にして、一を以て敵を侵し、二を以て収む」（八陣篇）と、兵力を三分割し、先鋒《せんぽう》一、後衛二の比率で配置する陣形が示される。これは布陣する際の一般的・原則的陣形で、陣の側縁が末広がりの八の字形になるところから、八陣と称され、後代の魚鱗《ぎょりん》の陣に相当するものである。さらに『孫臏兵法』十陣篇では、一般形以外の特殊な用途に応じた十種類の陣形を示し、その運用法を詳細に解説する。

上博楚簡の兵法

上博楚簡の中には『曹沫《そうまつ》の陳《じん》』という、これまで失われていた兵法書が含まれている。

『曹沫の陳』は、曹沫が魯《ろ》の荘公《そうこう》（在位：前六九三～前六六二年）に対して、隣国の斉《せい》に奪われた領土を奪回すべく、失地回復の戦いを勧める状況を設定する。最初は渋っていた荘公も、ついに斉と戦う決心を定め、曹沫に兵法の伝授を乞う。こうした前置きの後に、『曹沫の陳』は荘公と曹沫の問答の形式で兵法を説く。

したがって戦争目的は、国境付近での会戦に勝利して、有利な立場で講和し、斉が奪った土地を魯に返還させるといった、国境沿いの城邑《じょうゆう》の奪回にある。そこで数日といった短期間の会戦がそのまま戦争全体である形を取る。また進撃距離も魯の都・曲《きょく》阜《ふ》から斉との国境付近までと、一〇〇キロメートル内外の短い距離が想定されている。『曹沫の陣』の軍隊は、「車を率いるには車を以てし、徒を率いるには徒を以てす」と、戦車部隊が主力で、それに歩兵部隊が随伴する、春秋時代の軍隊に一般的な形態を取る。したがって整備された道路以外進めない両軍の進撃経路は、互いに察知し合うことが可能であり、また戦車が戦闘可能なのは平坦な場所に限られるから、双方は同一地点を会戦が生ずる戦場として予期し得る。そこで戦闘は、互いが遭遇を期す平原での会戦といった、一定の様式に従う形を取る。

両軍が戦場で対峙《たいじ》した後に戦闘が開始されるので、必ず正攻法による正面攻撃の形を取り、待ち伏せ攻撃や背後・側面からの奇襲攻撃による勝利は想定されていない。このように『曹沫の陣』においては、戦闘が一定の様式の下、正攻法で行われるため、『孫子』のように詭詐《きさ》権謀《けんぼう》が勝利の要因とはされずに、軍の士気の高さに勝利の関鍵《かんけん》が求められる。そして兵士の士気を鼓舞する方策としては、地位の高い人物を指揮官に選任することが挙げられている。

『曹沫《そうまつ》の陳《じん》』に示される布陣は、戦車と歩兵の混成部隊からなり、戦車と戦車の間に随伴歩兵を配置する形で、横一列に展開する戦列「行」を組み、これを前・中・後の三行配置する。『曹沫の陳』には、これ以外の陣形は全く記述がないから、この陣形が普遍的な陣形と考えられていたのであろう。これは、春秋時代に中原で行われていた戦車戦の典型的な形を保存するものと言えよう。また『曹沫の陳』では、斉と魯の力関係を反映してか、劣勢を立て直す方策への関心が強い。荘公は、一度会戦して敗れ、手ひどい損傷を受けて退却した場合、どのように態勢を立て直せばよいかを質問する。すると曹沫は、戦場から退却して戦闘隊形を解き、行軍隊形に戻った軍に対して、損傷した兵装や兵器を修繕させ、損害を受けた部隊を統合・再編して戦力を回復させ、敵国の非を鳴らして戦争目的の正当性を再確認させることなどが、その方策とされる。かくして態勢を立て直した後に、「明日将《まさ》に戦わんとす」とか「師を返して将に復せんとす」と、翌日戦場に戻って再度会戦しようとする。

このように『曹沫の陳』が会戦に強く執着するのは、春秋時代の戦車中心の戦争では、会戦以外に勝敗を決する形式が想定できないからである。したがって『曹沫の陳』では、『孫子』のように敵を罠にかけて奇襲して勝つ戦術は説かれないし、逆に敵の奇襲に備える用心も説かれることがない。『曹沫の陳』に描かれる戦争形態は、おおむね春秋時代に中原で行われていた戦車戦の様式を踏襲したものであり、その兵学もまた基本的にそうした形態を前提に組み立てられている。

今回の『曹沫の陳』の発見によって、長江下流域の呉で形成された『孫子』の兵学が、中原の伝統的兵学といかに異質のものであったかが、改めて確認できたのである。

呉《ご》起《き》

呉起の伝記

呉起は戦国初期の衛《えい》の人で、出世を夢見てあちこちぶらつき回ったが、登用されないまま家の財産を使い果たしてしまう。郷里の人々はその行状を嘲《あざけ》り笑ったが、呉起はその連中三十余人を討ち果たし、母に宰相《さいしょう》の地位を獲得できない間は、決して衛に戻らないと言い残して、国を出奔する。その後、孔子《こうし》の門人だった曾参《そうしん》の息子である曾申《そうしん》に入門して儒学を学んだが、母の死を知らされても、衛に帰って弔おうとはしなかった。曾申は薄情な人柄だと非難して、呉起との関係を絶つ。そこで呉起は魯《ろ》に赴き、兵法を学んで魯の君主に仕えた。

あるとき斉《せい》が魯を攻撃した。魯の君主は呉起を将軍に任命しようとしたが、呉起の妻は斉の出身だから、敵に寝返る恐れがあるとの反対意見が出る。すると絶好のチャンスを失うことを恐れた呉起は、たちまち妻を殺してその疑念を払拭《ふっしょく》し、将軍となって斉を攻撃し、大勝利を得る。ところが、小国である魯が大国の斉を打ち破ったと聞けば、大国は反感を抱いて魯をつけ狙うだろうし、衛の人々に怨まれている呉起を将軍にしておけば、衛との親善関係にもひびが入るだろうと讒言《ざんげん》する者があり、結局呉起は解任されてしまう。

その後、呉起は魏《ぎ》の文侯《ぶんこう》に仕え、秦と魏の間で争奪の的になっていた西河《せいか》（黄河の西岸）の守となり、秦の攻撃を撃退し続けた。呉起の名声を警戒した宰相の公叔《こうしゆく》は、奸計《かんけい》を仕組んで呉起が魏に留《とど》まれぬよう仕向けた。そこで呉起は、魏を去って楚《そ》に赴く。楚の悼王《とうおう》は呉起を信任して宰相とする。呉起は法令を明確にし、不急の官職を廃止して冗費を省き、遠縁の公族の特権を廃止し、戦士を育成して楚王の軍事力を強化する。

かくして呉起は四方の敵を攻撃して戦果を挙げるとともに、徹底した中央集権化策を推進した。ところが楚の悼王が死去すると、それまで抑圧されていた封建貴族たちは一斉に呉起を襲撃し、前三八一年、呉起は暗殺される。

『呉子』の兵学

呉起《ごき》の兵法書は、『漢書《かんじょ》』芸文志には四十八篇と記録されるが、現在伝わる『呉子《ごし》』

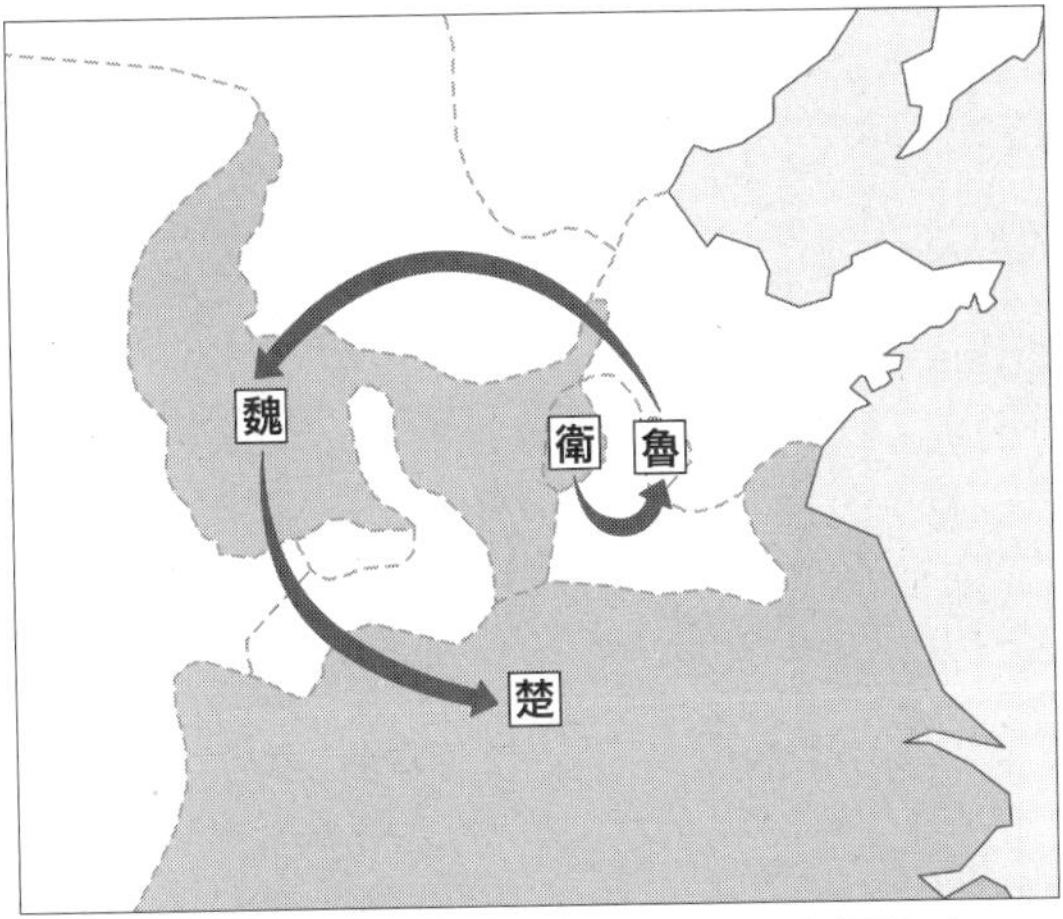

呉起は魯、魏、楚の三国に仕え、各地で活躍した。

図国（とこく）	国家の統治について述べる
料敵（りょうてき）	敵国の分析方法について説く
治兵（ちへい）	軍の編制、統制について説く
論将（ろんしょう）	将の適性について説く
応変（おうへん）	状況に応じた軍事行動について説く
励士（れいし）	兵士個人の士気と奨励について説く

『呉子』6篇

『呉子』は魏文侯と呉起の問答形式で兵法を展開していく。魏の周辺国の国情とその対応法を示すなど、記述は具体的である。

はわずかに六篇しかない。しかも魏晋以降の偽書と疑われてきたので、ほとんど研究が進んでいない。だがその内容は、将軍自ら兵士を励まし、少数の精鋭部隊の勇戦奮闘によって勝利しようとする点など、呉起の伝記と符合する点が多く、偽書とは考えられない。

『呉子』の特色は、徹底して少数精鋭主義を説く点にある。「民の胆勇気力《たんゆうきりよく》有る者は、聚《あつ》めて一卒《いっそつ》と為す。楽しみて以て進んで戦い、力を効《いた》して以て其の忠勇を顕《あら》わさんとする者は聚《あつ》めて一卒《いっそつ》と為す。能く高きを踰《こ》え遠きを超え、軽足《けいそく》にして善く走る者は、聚めて一卒と為す。王の臣にして位を失い、功を上に見わさんと欲する者は、聚めて一卒と為す。城を棄て守りを去りて、其の醜《はじ》を除かんと欲する者は、聚めて一卒と為す。此の五者は軍の練鋭なり。此の三千人有らば、内より出でて以て囲みを決すべく、外より入りて以て城を屠《ほふ》るべし」（図国《とこく》篇）と、勇戦すべき素質や動機を持つ五種類の兵士を募集して、精鋭部隊を組織せよとする主張が、それである。

また兵士を励まして勇戦を引き出そうとする点も、『呉子』の大きな特色である。軍功の上中下に応じて君主の饗応《きょうおう》に差を付けて、無功の者に無言の圧力をかけて奮起を促す。戦死者の家には、毎年使者を派遣して残された父母を慰問させ、君主が遺族の生活を忘れていないことを知らせる。こうした施策を三年間続けたところ、「秦人《しんひと》、

戦闘能力が高い	胆勇気力の有る者	勇気のある兵士
	楽しみて以て進んで戦い、力を効して以て其の忠勇を顕わさんとする者	好戦的な兵士
	能く高きを踰え遠きを超え、軽足にして善く走る者	俊敏な兵士
動機が強い	王の臣にして位を失い、功を上に見わさんと欲する者	再挑戦したい兵士
	城を棄て守りを去りて、其の醜を除かんと欲する者	雪辱したい兵士

戦闘能力が高い、動機の強い精兵を選抜、編制する。

師《し》を興《おこ》して西河《せいか》に臨むや、魏の士の之を聞きて、吏《り》の令を待たずして、介冑《かいちゅう》して奮いて之を撃つ者は、万を以て数う」（励士《れいし》篇）と、秦軍が西河に侵攻するや、命令を待たずに出動して迎撃した兵士が、万単位に上ったという。『呉子』には、このように兵士を発憤させる方策が、繰り返し述べられる。

将軍は火宅の人

兵士を励まして勇戦を求める以上、将軍自身にもそれを上回る必死の覚悟が求められる。「呉子《ごし》曰《いわ》く、凡《およ》そ兵戦の場は、屍《しかばね》を止むるの地なり。死を必《ひっ》すれば則《すなわ》ち生き、生を幸《ねが》わば則ち死す。其れ善く将たる者は、漏船《ろうせん》の中に坐し、焼屋《しょうおく》の下に伏するが如くす」（治兵《ちへい》篇）と、将軍たる者は、沈みかかった船の中に座り、焼け落ちる家屋の中に伏せるような覚悟で戦わなければならない。「敵に臨《のぞ》めば生くるを懐《おも》わず」とか「師《し》出づるの日には、死するの栄《さかえ》有りて、生くるの辱《はじ》無し」(論将篇)というのが、『呉子』が描く理想的将軍像なのである。

『孫子』は、兵士の戦意が乏しく、兵士は妻子や故郷を慕って、隙あらば逃亡しようとする状態を前提に兵学を組み立てた。そのため、兵士の勇戦奮闘には全く期待せず、将軍がめぐらす詭詐《きさ》・権謀《けんぼう》に勝利の鍵《かぎ》を求めた。これに対して『呉子』は、「用兵の法は、教戒《きょうかい》をば先《さき》と為《な》す。一人戦いを学べば、十人を教え成し、十人戦いを学べば、百人を教え成し、百人戦いを学べば、千人を教え成し、千人戦いを学べば、万人を教え成し、万人戦いを学べば、三軍を教え成す」(治兵篇)と、充分に訓練を施した精鋭部隊を組織し、その勇戦力闘によって勝利を得ようとした。

そこで、「孫子十三篇、懼字《くじ》を免れず」(大江家所伝『闘戦経』第十三章)と、『孫子』を臆病《おくびょう》者の兵学だと非難した日本兵学も、「呉起の書六篇は、常を説くに庶幾《ちか》し」(同・第二十三章)と、『呉子』の側には高い評価を与える。

「謙信流の円備《まるぞなえ》」と称された円陣を組み、全軍一丸となって敵陣の正面に突入し、一挙に中央を突破する戦術を特技とし、「後の負にもかまはず、さしかゝりたる合戦をまはすまじき」(『甲陽軍鑑』品第五十三)兵法だと評された上杉謙信の越後流兵学は、日本兵学の典型と言えるが、精鋭部隊の勇戦奮闘を説く『呉子』は、日本兵学の精神に近いとして、肯定的に評価されたのである。

第七章　陰陽家《いんようか》

鄒《すう》衍《えん》

鄒衍の方法論

鄒衍（騶衍とも）は斉の出身で、戦国中期から戦国後期にかけて活躍した、陰陽五行家系統の思想家である。『漢書』芸文志は、「鄒子終始」五十六篇と「鄒子」四十九篇の二種類の書名を記録するが、早くに滅んで伝わらない。したがって、彼の著作から直接その思想を知ることはできないのだが、幸い『史記』孟子荀卿列伝の中に、司馬遷が鄒衍の思想の概略を記していてくれるので、それによって概要を知ることが可能である。

『史記』孟子荀卿列伝の記載や、劉向《りゅうきょう》『別録』の「騶衍の言う所は、五徳の終始と、天地の広大となり」との評言によって、鄒衍の中心的な学説が五徳終始説と大地理説の二つであったことは、ほぼ確認できる。

鄒衍は二つの学説を形成するに当たって、「推」という特異な思考方法を駆使している。すなわち時間に関しては、戦国当時から太古の黄帝の時代に至るまでの、世の栄枯盛衰と瑞祥《ずいしょう》との対応関係を検討した後、それを基礎に、さらに天地がいまだ分離しない宇宙生成の時点まで遡《さかのぼ》る世の変遷を類推し、また空間に関しては、まず中国内の地形や生物などを観察し、それを基礎にさらに類推を重ねて、ついには見聞不可能な海外の地理にまで及んだ（『史記』）という。

ここで注目されるのは、『史記』に「深く陰陽の消息を観る」「先《ま》ず小物《しょうぶつ》を験して、推して之を大にす」と表現されるように、鄒衍の思考が現実の観察を出発点としている点である。そこで、鄒衍のこうした思考態度には、事実観察に基づく類推と仮説の提示という、一見科学的精神と呼べる性格があったと理解できるかのようである。

「推」に潜む危険性

しかしこうした理解には、実は重大な危険が潜んでいる。というのは、所詮は限界のある現実観察の結果を基礎に据えながら、無限の彼方にまで推測に推測を重ねる行為は、結局は科学的立場とは完全に乖離《かいり》する事態に陥らざるを得ないからである。いかほど既知の瑞祥を検討し、それに拠ったとしても、「推して之を遠くし、天地の未だ生ぜず、窈冥《ようみょう》考えて原《たず》ぬべからざるに至る」（『史記』）というのでは、あまりにも途中に飛躍がありすぎる。この点は、中国内の地理を検分したのち、「海外の、人の睹《み》る能《あた》わざる所に及ぶ」（同）との場合も、全く同様である。

実は「推」が持つ思考方法としての限界性と危険性は、すでに形式論理学を説く『墨子』小取篇の中で、明確に指摘されている。

推なる者は、其の取らざる所の、其の取る所の者に同じきを以て、之に予《あらかじ》めするなり。（中略）是の故に、辟・侔・援・推の辞は、行きて異なり、転じて危うく、遠くして失い、流れて本を離る。則ち審《つまび》らかにせざるべからず。常には用うべからず。

推とは、未知の事柄を、既知の事柄と同じだと見なして、未知の事柄を推測する論証方法である。（中略）そこで辟《ひ》・侔《ぼう》・援・推などの論証方法は、進めて行くうちに食い違いを生じ、転用するうちに誤る危険性が増し、何度も繰り返すうちに正しさが失われ、止めどなく用いるうちに本来の意味からかけ離れてしまう。だから使用する際には細心の注意を払う必要があり、無制限に使用してはならない。

このように戦国当時、「推」は論証方法の一つとして広く認識されており、またその論理としての欠陥も明瞭《めいりょう》に反省されていた。したがって「推」が鄒衍独自の発明でないことはもとより、「常には用うべから」ざる「推」を無制限に駆使して、未知の領域まで余さず説明し尽くそうとする彼の思考態度が、いかに現実観察を土台にしていても、ある段階からは、逆に全く合理性を欠く机上の空論を捏造《ねつぞう》する所業と化すことは、当時の知識水準でも充分に反省可能であったと考えられる。

思想活動の目的

それでは鄒衍は、なぜこのような無理を冒してまで「推」を振り回し、宇宙生成の時点や天地の果てまでをも、強引に既知のものとして説明しようとしたのであろうか。どうして彼は、確実に知り得ない領域を、未知のままに残そうとはしなかったのであろうか。その原因を究明するためには、まず鄒衍が五徳終始説や大地理説を提唱するに至った目的を考える必要がある。『史記』孟子荀卿列伝は、鄒衍の思想の究極目標について、次のように叙述している。

衍は国を有つ者の益ます淫侈《いんし》にして、徳を尚ぶこと、大雅《たいが》の之を身に整え、施して黎庶《れいしょ》に及ぼすが若くすること能わざるを睹る。乃《すなわ》ち深く陰陽の消息を観て、怪迂《かいう》の変・終始大聖の篇、十余万言を作る。

鄒衍は、各国の君主たちがますます淫乱・奢侈《しゃし》に耽《ふけ》り、徳を貴ぶ様が「君主は先ず我が身を整えてから民衆を感化する」という『詩経』大雅の文句とは大違いの現状を目撃した。そこで彼は、陰陽が消長を繰り返す様子を念入りに観察して、「怪迂の変」「終始大聖の篇」など、十数万語にのぼる著作を著した。

其の術は皆此《こ》の類なり。然《しか》れども其の帰する所を要《もと》むれば、必ず仁義・節倹・君臣・上下・六親の施に止まる。始めの濫《みだ》るるのみ。

鄒衍の学術は、すべてこんな調子である。だが、その最終目的がどこにあるのかを尋ねれば、必ず仁義道徳を盛んにし、質素倹約に努め、君臣・上下の身分秩序を正し、親族が和合するといった政策に辿《たど》り着く。彼の学術は、入り口が珍妙なだけである。

帰着するところは政治思想

司馬遷の言によれば、鄒衍は当時の為政者の腐敗・堕落と人倫の荒廃に憤り、混乱する社会を善導・教化しようと願って、儒家的色彩の強い政治思想を提出したのであり、前記の両説もそのための手段に過ぎなかったということになる。そして次に掲げる『塩鉄論』論儒篇の記述もまた、『史記』と同じ指摘を行っている。

鄒子は儒術を以《もっ》て世主に干《もと》むるも、用いられず。即ち変化・終始の論を以て、卒《にわか》に以て名を顕わす。（中略）鄒子の作れる変化の術も、亦《ま》た仁義に帰する。

鄒衍は儒家の学術で各国の君主に売り込みを図ったが、どこからも採用されなかった。ところが、変化・終始の理論を唱えるに及んで、たちまち天下に名を馳《は》せた。（中略）鄒衍が発明した変化の学術も、結局は仁義に帰着する。

論儒篇の中で漢の中央政府を代表する御史《ぎょし》は、孔子・孟子など儒家の道を終生固守した人物がいかに困窮し、反対に伊尹《いいん》・商鞅《しょうおう》など儒学を捨てて他の思想に走った人物が、その後いかに成功したかを対比する。鄒衍は後者の一例として挙げられているわけであるが、この記事は、鄒衍の思想的転向を伝えている点が特に興味を惹《ひ》く。

つまり彼は、もともとは儒者であったが、儒術ではどこの君主にも受け容《い》れられなかったため、新たに変化・終始の理論を創作して、にわかに脚光を浴びるようになったというのである。このように鄒衍の前身が儒者であったとすれば、司馬遷が評するように、為政者の在り方が儒教の経典である『詩経』大雅のごとくでないと憤慨したところに、鄒衍の新たな思想活動の出発点があったり、彼の思想の帰結するところが、仁義であったりすることも、当然の現象として理解できる。

儒墨への批判

ただし前記の御史の発言からは、鄒衍は新理論の形成とともに、儒学とは全く絶縁してしまったかの印象を受けるが、この点はどう考えるべきであろうか。この問題に関しても、やはり『塩鉄論』論鄒篇の記述が示唆を与えてくれる。

鄒子は、後世の儒墨、天地の弘、昭曠《しょうこう》の道を知らずして、一曲を将《もっ》て九折を道《い》わんと欲し、一隅を守りて万方を知らんと欲し、猶お準平無くして高下を知らんと欲し、規矩無くして方円を知らんと欲するがごとくなるを疾む。是に於いて大聖終始の運を推して、以て王公を喩《さと》す。

鄒衍は、後世の儒・墨が、天地の広大さや高遠な理法を知らずに、ちっぽけな学術で奥深い世界を説明しようとし、狭苦しい専門に閉じこもりながら、世界のすべてを知ろうとし、まるで水準器を持たずに高低を知ろうとしたり、コンパスや定規を持たずに円や方形を描こうとするような有様であるのを憎んだ。そこで彼は、大聖終始の循環理論を唱えて、世の君主たちを教え諭したのだ。

ここで注目されるのは、儒家や墨家に対する鄒衍の激しい非難が、人間社会内部にのみ視野を限定しようとする、彼等の思考範囲の狭さにのみ集中している点である。つまり鄒衍が問題にしているのは、視野の広狭であって、儒家や墨家の学説それ自体ではない。とすれば、先の論儒篇の記述を以て、鄒衍がそれまで保持していた儒家思想を完全に捨て去ったと考える必要はないことになる。

宇宙を網羅する体系

鄒衍が儒家と墨家に対して、両者には人間社会を包摂する、より広範な天界への思索が欠けていると非難する以上、元来は儒家の徒であった彼が、その後どのような方向に自己の学説を展開させて行ったかは、自《おの》ずと察しがつこう。儒術では諸侯に認められずに終わったとの挫折体験から開始された、鄒衍の新たな思想活動は、時間と空間に関する規模雄大な学説により、儒家的政治思想を包摂し、それまでの自己の思想を、天人相関の完璧《かんぺき》な体系に再編する方向に進展していった。新理論が完成するや否や、鄒衍は天と人とを貫通する自己の思想体系の広大さを誇り、儒・墨に対しては、一転して彼等の思想が覆う領域の狭さを非難・攻撃して、自己の優位を誇るに至ったのである。

こうした鄒衍の思想の基本構造は、なぜに彼が「推」を濫用して、牽強付会《けんきょうふかい》的に宇宙の根源や天地の果てまでをも説明し尽くそうと試みたのか、との疑問に解答を提示する。鄒衍の立場は、天界には人間界をも貫く一定の理法が存在すると考えて、外の天界の側から逆に人間社会内部の在り方を規定しようとするものであった。すなわち「天地の弘、昭曠の道」まで思考領域を拡大することによって、はじめて宇宙全体の変転の中に一貫する「準平」や「規矩」の存在が明瞭に認識されるのであり、それによって、彼の出発点であり最終目的でもあった、人間社会の在るべき姿も確定されるわけである。

とすれば、人間社会の指針となるべき天の側に不可知の領域が残されていては、そこから導き出されるはずの人間社会の未来像も、不明瞭にならざるを得ない。鄒衍自身が儒・墨の欠陥を「一隅を守りて万方を知らんと欲す」と非難する以上、必然的に彼の理論は、宇宙全体を既知のものとして説明し尽くせる、完全無欠な体系を備える必要に迫られるのである。

五徳終始説

これこそが鄒衍が無制限に「推」を重ねて、「推して之を遠くし、天地の未だ生ぜず、窈冥《ようみよう》考えて原《たず》ぬべからざるに至」(『史記』)ったり、中国内の地理を検分したのち、「海外の、人の睹る能わざる所に及」(同)んだりした原因に他ならない。後に後漢の王充は、「実《まこと》に然るか否か、相随観すること能わず」(『論衡《ろんこう》』談天篇)と述べ、鄒衍の大地理説が実地検証不可能な空論であると批判したが、そもそも自然科学とは立場を全く異にする鄒衍にとっては、検証の可否などは最初から問題ではなく、たとえ空理空論であっても、全宇宙を網羅する理論体系を構築すること自体に、彼なりの別の意義が存在していたのである。

鄒衍の思想があくまでも人間社会の側に最終目標を設定していたとすれば、五徳終始説と大地理説が持つ政治思想としての性格は、それぞれどのようなものであったろうか。まず五徳終始説の側について考えてみる。最初に『史記』孟子荀卿列伝に紹介されている内容を見てみよう。

先ず今以上、黄帝に至るまでの、学者の共に術《の》ぶる所を序し、大いに世の盛衰を竝《あわ》せ、因りて其の禨祥《きしょう》度《ど》制《せい》を載す。推して之を遠くし、天地の未だ生ぜず、窈冥考えて原ぬべからざるに至る。（中略）天地の剖判以来、五徳の転移し、治に各おの宜《よろ》しき有りて、符応すること茲《かく》の若《ごと》きを称引す。

最初に、現代から最古の帝王である黄帝の時代までについて、学者が一致している歴史を叙述する。そしてこの期間に生じた栄枯盛衰と、瑞兆や王朝の制度との対応関係を記載する。次にこの対応関係から推測して、どんどん時代を遡り、天地すらまだ存在しなかった暗黒の時代で、追究不可能な時点までをも記述する。（中略）それに続いて、天と地が分かれてから現代に至るまでの間、宇宙で五種類の徳が循環するのにつれて、それぞれの王朝に適合した統治の方法があり、両者がいかにぴったり対応しているかを記述する。

五徳の転移とは何か

この文章の前半は、鄒衍が五徳終始説を形成する際に用いた方法を記す。そして後半が、五徳終始説の要約になっている。それによれば、天地開闢《かいびゃく》以来、天界での五徳の循環に対応する形で、人間社会の統治様式も変化し、歴代王朝の交代が行われてきたというのが、その概略であるらしい。この「五徳の転移」と「治に各おの宜しき有り」との対応関係の詳細は鄒衍の著作の遺文と推定されている『呂氏春秋』応同篇の記述によって、その一端を窺《うかが》うことができる。

凡《およ》そ帝王者の将《まさ》に興らんとするや、天は必ず先に祥を下民に見《あら》わす。黄帝の時、天は先に大螾大螻《だいいんだいろう》を見わす。黄帝曰く、土気勝つ、土気勝つと。故に其の色は黄を尚び、其の事は土に則る。禹の時に及ぶや、天は先に草木の秋冬にも殺《しぼ》まざるを見わす。禹曰く、木気勝つ、木気勝つと。故に其の色は青を尚《とうと》び、其の事は木に則る。湯の時に及ぶや、天は先に金刃の水より生ずるを見わす。湯曰く、金気勝つ、金気勝つと。故に其の色は白を尚び、其の事は金に則る。文王の時に及ぶや、天は先に赤鳥の丹書を銜《くわ》えて周社に集《と》まるを見わす。文王曰く、火気勝つ、火気勝つと。故に其の色は赤を尚び、其の事は火に則る。火に代わる者は必ず将に水ならん。天は且《まさ》に先に水気の勝つを見わさんとす。水気勝たば、故《すなわ》ち其の色は黒を尚び、其の事は水に則る。水気至るも、数の備えを知らざれば、将に土に徙《うつ》らんとす。

およそ帝王が新たに興隆する場合には、天は必ず先にそれを予告する瑞兆を、地上の人間に示す。黄帝の時には、天は先に大ミミズや大おけらを示した。それを見た黄帝は、土気が勝つぞ、土気が勝つぞと叫んだ。そこで黄帝の王朝では、黄色を貴び、事業も土に法《のっと》ったのだ。禹《う》の時には、天は先に秋や冬になっても草木が枯れない現象を示した。それを見た禹は、木気が勝つぞ、木気が勝つぞと叫んだ。だから夏王朝では、青色を貴び、事業も木に法ったのだ。湯《とう》の時は、天は先に剣が水中から現れる瑞兆を示した。それを見た湯は、金気が勝つぞ、金気が勝つぞと叫んだ。だから殷王朝では、白色を貴び、事業も金に法ったのだ。文王の時には、天は先に赤い鳥が赤い文書をくわえて、周の神社に止まる瑞兆を示した。それを見た文王は、火気が勝つぞ、火気が勝つぞと叫んだ。そこで周王朝では、赤色を貴び、事業も火に法ったのだ。将来火に取って代わるのは、必ずや水であろう。もうじき天は、先に水気が勝つ現象を示すに違いない。もし水気が勝てば、

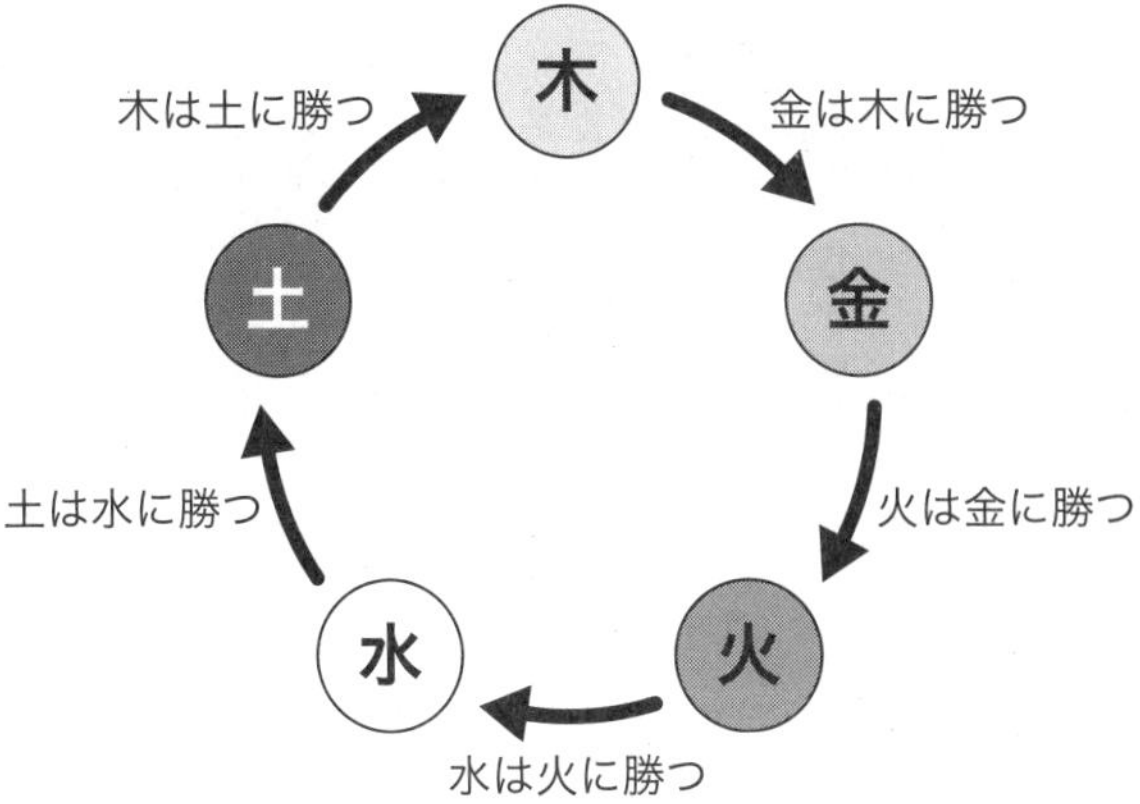

五徳相勝説

その水徳の王朝では、黒色を貴び、事業も水に法らなければならない。水気が到来しても、それに対応する方法を知らなければ、次の土に転移してしまう。

これによれば、天は五徳の転移を天変地異（瑞兆）によって予告し、それを承《う》けた歴代王朝の創始者は、自分にめぐってきた五徳の一つに適応すべく、新たな統治様式を採用したと、『史記』の記述がより具体的に語られている。五行思想の系譜を辿る上からは、五徳の実体を、宇宙に横溢《おういつ》する五種類の気としている点が注目される。これは樹木は土の上に生えるから木は土に勝ち、金属の斧《おの》は木を切り倒すから金は木に勝ち、火は金属を溶かすから火は金に勝ち、水は火を消すから水は火に勝ち、土の堤防は水をせき止めるから土は水に勝つとの五行相勝説に基づく理論である。この五行を気と結合し、さらに暦運と結合する操作により、五行は変転・流動する歴史現象を、天界をも包摂する客観性を装いつつ説明する、天人一貫の根本原理になることができたからである。

王朝交代の理論

さらにこの五徳終始説が、「凡そ帝王者の将に興らんとするや」とあるように、政治思想として構成されている点も注目される。しかもこの理論は、五徳の転移によって王朝交替の原理を説明するという、変化を重視する形式を取るため、人々に対し、過去や現在よりも、やがて来たるべき将来の政治体制に関心を集中させる性質を持つ。

とりわけ周王朝の衰亡が誰の目にも明らかとなり、永い戦国の争乱の渦中にあって、人々が新たな統一王朝の出現と全体秩序の回復を渇望していた戦国後期の状況の下では、未来は万人にとって緊急かつ重大な意味を持ってくる。鄒衍はこうした時世に乗じ、五徳終始説の提唱によって、統治様式の変革を意図したのである。

この点は、「政教文質は、救うを云《な》す所以《ゆえん》なり。時に当たれば則ち用い、過ぐれば

王朝交代の理論

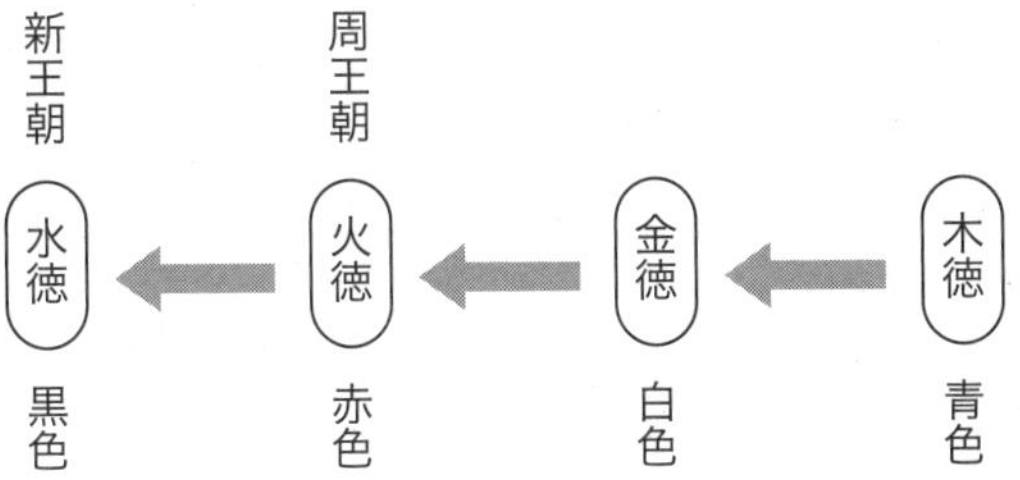

則ち之を舍《す》て、易有らば則ち易《か》うるなり。故に一を守りて変えざる者は、未だ治の至りを睹ざるなり」（『漢書』厳安伝引く「鄒子」佚文《いつぶん》）との記述からも、一層明確になる。ここでも鄒衍は、一つの政治様式に固執する保守的態度に反対して、経世済民の単なる手段に過ぎない各王朝の統治様式は、一つの時代が過ぎ去れば捨て去るべきであり、時代が変われば変更すべきだと要求している。戦国後期にあってこうした発言を行うことは、まさに周王朝の遺制に訣《けつ》別《べつ》を宣言する行為に他ならない。

鄒衍のこうした姿勢は、前記の『呂氏春秋』応同篇にも表明されている。応同篇は周王朝が火徳を承けて創立されたことを述べた後、「火に代わる者は必ず将に水ならん」と、周王朝に取って代わる新王朝の到来が間近いことを予言する。つまり鄒衍は、一種の易姓革命思想を鼓吹して回ったわけであるが、それでは来たるべき新王朝の創始者は、いったい誰なのであろうか。天下の再統一を目指して最後

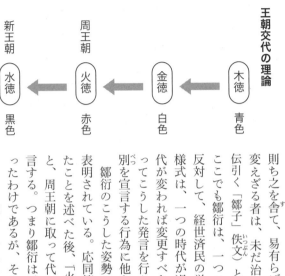

の力闘を続ける戦国諸侯にとっては、この一点こそが最大の関心事となる。

鄒衍は時代の寵児

応同篇によれば、天はやがて何らかの異変現象を示すはずである。だがその異変は、いったいいかなる手段で以て、天が下した瑞兆だと判別できるのであろうか。しかも、たとえ天の予告だと確認できたとしても、「水気至るも、数の備えを知らざれば、将に土に徙らんとす」るのであるから、さらに水徳の到来に適応できるだけの方策をも準備しておかなければ、せっかくの承運の機会を逸し、帝王の座もみすみす自己を素通りして、他者の手に渡る羽目になる。

新王朝樹立の秘訣は、実にそうした瑞兆の識別能力と水徳への対処法を身に付けた人物が握っていることになる。これこそ「梁に適《ゆ》く。恵王は郊迎し、賓主の礼を執る。趙に適く。平原君は側行して席を襒《はら》う。燕に適く。昭王は彗《すい》を擁して先駆し、弟子の坐に列して業を受けんことを請う」（『史記』孟子荀卿列伝）と、鄒衍が「卒《にわか》に以て名を顕《あら》わ」（『塩鉄論』論儒篇）し、天下の諸侯から破格の厚遇で迎えられ、一躍時代の寵児《ちょうじ》となった原因に他ならない。

このように見てくると、五徳終始説とは、新たな統一王朝の出現と統治様式の変革を促そうとする意図を持つ、政治思想であったと考えられる。そこで「推」を駆使して形成された鄒衍の思想を、自然科学の萌芽《ほうが》的形態だとして評価する考え方が、妥当性を持たないことが諒解《りょうかい》されたであろう。「談天衍」と評された鄒衍の自然界への探究も、それ自体が目的だったわけでは決してなく、彼の最終目標は、「鄒子の作れる変化の術も、亦た仁義に帰する」（『塩鉄論』論儒篇）とか、「其の術は皆此の類なり。然れども其の帰する所を要むれば、必ず仁義・節倹・君臣・上下・六親の施に止まる。始めの濫るるのみ」（『史記』孟子荀卿列伝）と評されるように、あくまでも人間社会の側に置かれていたと言える。

大地理説の内容

次に大九州説とも呼ばれる大地理説の検討に移るが、最初に『史記』孟子荀卿列伝の記述により、大地理説の内容を紹介してみよう。

先に中国の名山・大川・通谷、禽獣《きんじゅう》と水土の殖する所、物類の珍なる所を列《つら》ねて、因りて之を推し、海外の、人の睹る能わざる所に及ぶ。（中略）以為《おもえら》く、儒者の所謂《いわゆ》る中国とは、天下の乃ち八十一分に於いて、其の一分に居るのみと。中国は名

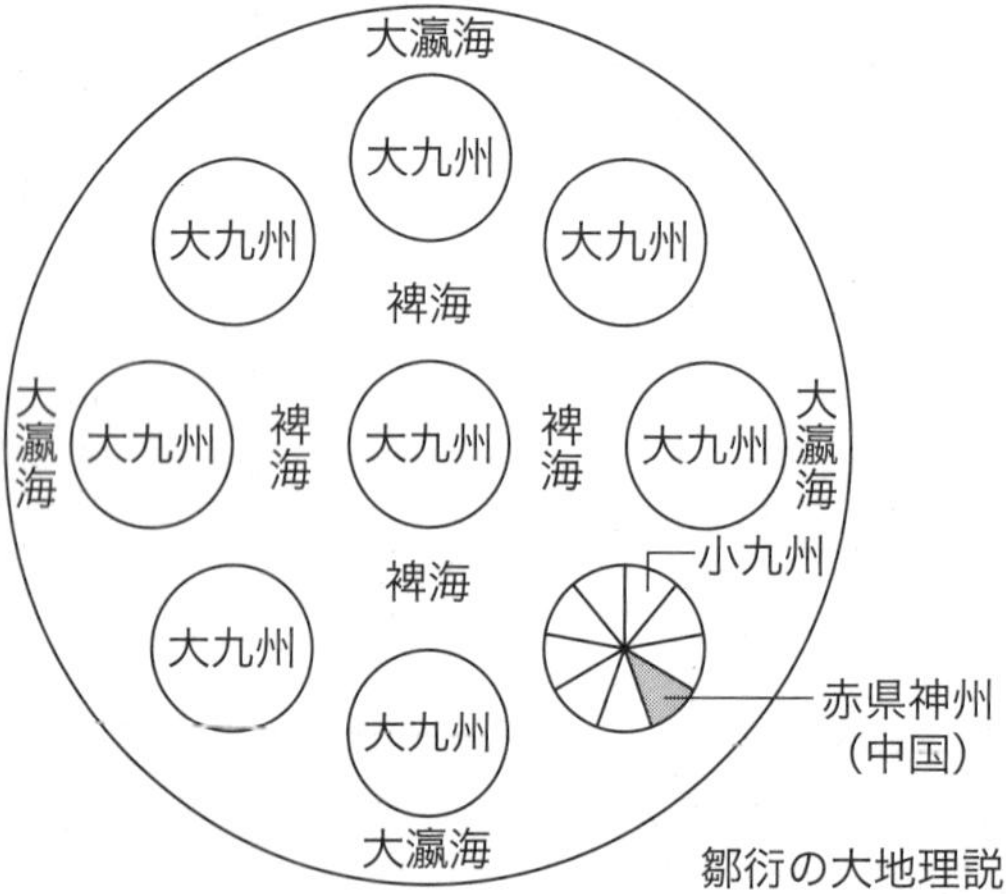

鄒衍の大地理説

づけて赤県神州と曰《い》う。赤県神州の内に自ずから九州有り。禹の序する九州は是なり。州の数と為すを得ず。中国の外に赤県神州の如き者九あり。乃ち所謂る九州なり。是に於いて裨海有りて之を環《めぐ》り、人民・禽獣は能く相通ずる者莫《な》し。一区の中の如き者は、乃ち一州と為す。此くの如き者九ありて、乃ち大瀛海有りて其の外を環る。大地の際なり。

先に中国内の名山・大河・峡谷や、動物や植物、珍奇な産物などを列記した後、それに基づいて推測を重ね、人間が見聞不可能な海外の状況まで記述している。（中略）鄒衍は、儒者が中国と呼んでいるのは、世界全体の八十一分の一に過ぎないと考えた。彼は中国に赤県神州と命名した。赤県神州の中にも九州の区分がある。禹が記録した九州はこれを指しているが、実は小さすぎて州とは呼べないのである。中国以外にも同じような州が全部で九つあって、これが本当の九州である。九州の周囲には裨《ひ》海《かい》がめぐっていて、他の大陸とは人民や動物が往来できない。一つの大陸を一つの州とすれば、こうした大陸がさらに九つあって、その外側を大瀛海《だいえいかい》がめぐっている。ここが天地の果てである。

つまり天地の果てには大瀛海がめぐっており、その中に裨海によって隔てられている大九州がある。この大九州の内部も、それぞれ小九州に分かれており、その一つである赤県神州が中国世界に当たるというのが、その内容である。

大地理説と対外遠征

この大地理説が政治思想として果たした役割について語るのは、『塩鉄論』論鄒篇である。この中で漢の積極的な対外政策を推進する御史大夫・桑弘羊《そうこうよう》は、鄒衍が儒家と墨家の矮小《わいしょう》さを非難して、天人を合一する新思想を形成したと指摘する。その後で論鄒篇は、司馬遷とほぼ一致する表現で、大地理説の内容を紹介している。

ここで注目すべきは、桑弘羊がそれに続けて、「故に秦は九州に達せんと欲して瀛海に方《むか》い、胡を牧して万国を朝せしむ。諸生、畦畝《けいほ》の慮、閭巷《りょこう》の固を守るは、未だ天下の義を知らざるなり」と発言している点である。これによれば始皇帝は、前二二一年の秦帝国成立直後、鄒衍の大地理説に刺戟《しげき》されて、大九州と大瀛海に到達しようと積極的な対外遠征に乗り出したことになる。桑弘羊は、その外征の結果、秦は辺境の異民族を多数服属させ、万国の朝貢を受けるに至ったとして、大地理説の偉大さと、その影響下に実施された始皇帝の積極的外征策とを賞賛するのである。

これに対して一方の文学は、「近き者すら達せず、焉《いずく》んぞ能く瀛海を知らんや。故に用に補《たすけ》無き者は、君子は為さず。治に益無き者は、君子は由らず」と、荀子の「天人の分」と近似した立場から、鄒衍大地理説に反撃を加える。注目されるのは、文学が先の言に続けて、「昔、始皇は已《すで》に天下を呑《の》むも、万国を幷《あわ》せんと欲して、其の三十六郡を亡《うしな》い、瀛海に達せんと欲して、其の州県を失う。大義を知ること斯《か》くの如ければ、小計を守るに如《し》かず」と述べている点である。

もとより文学の場合は、始皇帝の無理な外征が国内の疲弊を招き、かえって帝国を瓦解《がかい》に導いたと、逆に大地理説と始皇帝の対外遠征を否定する立場からの発言である。

ところが奇妙なことに、始皇帝の対外遠征の動機が大地理説の受容にあったとする一点に関しては、敵対する両者の言も完全な一致を見せているのである。

地理的知識の拡大と対外進出

そしてここに、大地理説が持つ政治思想としての性格が、かなり明瞭に浮かび上がってくる。すなわち大地理説による急激な地理的世界の拡大は、より広大な規模の統一世界の未来像を提供し、新たな統一国家の支配者に、未知の辺境を征服したいとの欲望をかき立てる方向に作用したと考えられるからである。『塩鉄論』によれば、東は箕氏《きし》朝鮮を攻撃し、西は流沙を越えて三十四県を新設し、南は越を征伐して南海・桂林《けいりん》・象《しょう》の三郡を置き、北はオルドスを制圧して匈奴《きょうど》を撃破するといった、始皇帝の異常なまでの対外遠征の背後には、より広大な統一世界像を提示する大地理説の存在が認められる。

トスカネリの地球球体説は新たなインド航路を開拓せんとする大航海時代の幕開けを触発して、新大陸の発見をもたらした。南蛮人によってもたらされた世界地図に刺戟された豊臣秀吉は、世界を新旧に二分割して支配する協定を結んだポルトガルやスペインに対する攻勢防御の観点から、明国征伐を計画し、その手始めとして朝鮮に外征軍を派遣した。鎖国の中にあっても、林子平《はやししへい》『三国通覧図説《さんごくつうらんずせつ》』『海国兵談《かいこくへいだん》』や工藤《くどう》平助《へいすけ》『赤蝦夷風説考《あかえぞふうせつこう》』などにより、地理的知識を拡大させていた日本人は、明治維新により近代国家に変貌するや、東方征服（ウラジボストーク）政策を推し進めるロシアに対する攻勢防御の観点から、朝鮮半島を支配下に置き、さらに大陸への出兵を繰り返した。これらの事例も、地理的知識の拡大が対外遠征を誘発する事実を示している。

結局、鄒衍の大地理説は、急激な地理的視野の拡大によって、より広大な統一世界の未来像を提出し、その実現を促すところに、単に新奇な地理学説に止まらない、政治思想としての性格があったと言える。五徳終始説と大地理説をより深い次元で結合していたのは、何よりも鄒衍が志向した政治的世界像であった。そもそも鄒衍の思想自体に、後に秦帝国として具現するような大帝国像を予想し、その到来を促そうとする意図が込められていたと考えられる。

第八章　法家《ほうか》

申不害《しんふがい》

形名参同術を発案

申不害は戦国初期の思想家で、その伝記については『史記《しき》』に簡略な記述がある。それによれば、申不害は鄭《てい》の下級官吏であったが、韓の昭侯《しょうこう》に自分の学術を売り込んで、任用を求めた。その才能を認めた昭侯は、彼を宰相《さいしょう》に抜擢《ばってき》する。その後申不害は、十五年にわたって韓の国政を担当し、大いに治績を上げたという。

彼の思想は、君主の個人的賢智に頼る統治方法の否定から出発する。君主個人の認識能力には限界があって、大勢の臣下の行状をいちいち監視できないし、君主の個人的能力が人並みはずれて優秀だとも限らない。しかも傑出した能力を持つ君主が出現する確率は極めて低い。そこで申不害は、それに代わる方法を二つ提出する。第一は実定法《じっていほう》（成文法）による客観的統治であり、第二は形名参同術《けいめいさんどう》による臣下の督責である。特に後者は、韓非子《かんびし》に受容されて後世に大きな影響を与えた。申不害は君主が臣従来理想とされてきた徳治に代表される、君主の主観的統治が限界を迎える。

▶国家間紛争で勝ち抜くため富国強兵が急務。

▶紛争の大規模化で国民皆兵となり、国民を効率よく統制するための規律が必要。

⬇

法による統治が本格的に思索されはじめる

下に仕事を命ずるとき、臣下の申告（名）と、その後の実績（形）を照合する方法を発案した。必要な人員・費用・期間や役割分担、見込まれる成果など、事前に詳細な計画書を提出させる。そして、必ず計画書通りに事業を成功させますと誓約させる。もとよりその契約は、証拠として、すべて文字（名）で記録しておく。申不害の言う名とは、こうした文字記録（文書）を指している。約束の期限がきたら、君主は臣下の実績と最初の契約を照合（参同）して、臣下の働きぶりを査定し、賞罰を与える。この方法で君主が官僚を使役すれば、いちいち乏しい賢智を労せずとも、多数の官僚を制御し自動的統治を達成できる。これが、申不害が発明した形名参同術である。

実定法の規定を客観的基準に据えた上で、君主と臣下が業務について文書で契約する方法は、官僚制度の根幹とも言うべきものであり、戦国初期にいち早く形名参同術を発案した申不害の功績は、中国的官僚制度の基礎を築いたものとして、永く記憶されるべきであろう。

慎《しん》到《とう》

慎到は勢を重視

慎到は申不害よりやや遅れて、戦国中期に活動した思想家である。もともとは趙《ちょう》の国の人であったが、威王《いおう》・宣王《せんおう》の頃、斉《せい》の都・臨淄《りんし》に移り住み、稷門《しょくもん》の下に屋敷を与えられて大夫《たいふ》の待遇を受ける、稷下の学士の一人となった。

慎到の著作に関しては、「十二論を著す」(『史記《しき》』孟子荀卿列伝)とか、「慎子《しんし》四十二篇」(『漢書《かんじょ》』芸文志)と記されるが、早く亡《ほろ》んでしまって見ることができない。ただし明代以降、佚文《いつぶん》を集めた守山閣《しゅざんかく》本『慎子』が作られた。したがって我々は守山閣本『慎子』によって、彼の思想の要点を知ることができる。それによれば慎到の思想も、やはり君主の個人的賢智への不信感を出発点としている。君主の主観的判断は安定性に欠け、とかく独善に陥りやすい。しかも君主の賢智が、臣下の誰よりも優れている保証はない。たとえ君主が抜群の能力を備えていたとしても、たった一人で統治

君主が自分の能力を用いて統治するやり方には限界があり、安定した国家運営は困難

▶君主が頭脳明晰にして判断力に富み、優れた行政手腕を持つとは限らない。

▶疲労や感情の起伏により、思考や判断は必ずしも安定しない。

⬇

制度と法で「勢位」を構築。行政の一部を分離させ、民衆や官僚に委託すれば、君主の負担は軽減する。

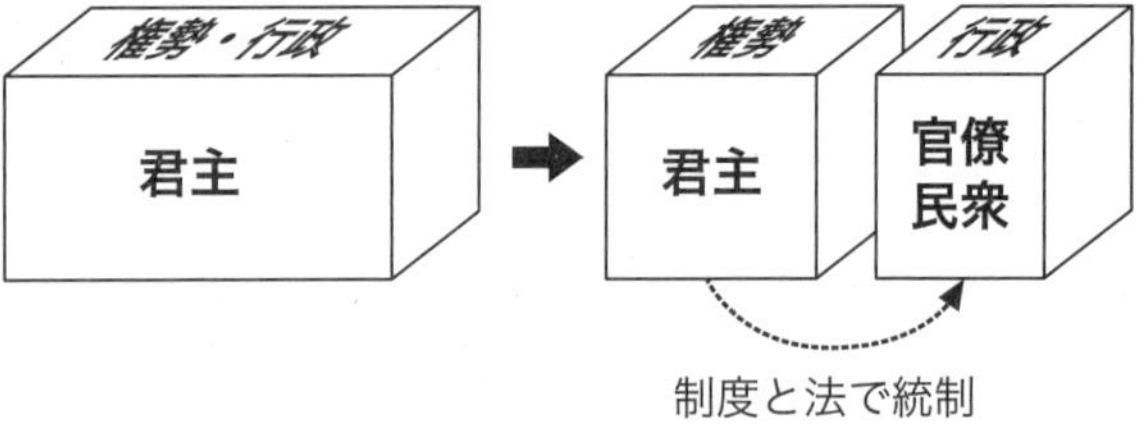

すれば、疲れはてて賢智も働かなくなってしまう。そこで慎到は、君主個人の能力に頼る支配は不可能だから、別の方法が必要だと言う。

その第一は、民衆や官僚への業務委託である。そもそも民衆は、政府がいちいち監督・指導しなくても、それぞれに自活する能力を備えている。だから政府が民間への規制や介入を減らし、民間の自活・自営に委《ゆだ》ねれば、効率も上がって君主の苦労も減る。また君主が自分の賢智を働かせて率先して指揮を執れば、失敗したときに臣下からその責任を追及される。そこで普段から臣下に官職を割りふり、分業体制で実務を担当させれば、君主は何もせずにすむ。

第二の方法は、自動的統治を可能にする勢位の保持である。勢位とは、民衆や官僚が各自の分担に励んで、君主の能力不足を補う、「助けを衆に得る」（『慎子』威徳《いとく》篇）必治の態勢である。君主の地位や権力、官僚制度や法律といった人工的につくり出された態勢さえ保持すれば、後はそれが自動的に機能して君主を助け、必ず国家は治まると言うのである。

法の客観性を重視

第三の方法は、実定法《じっていほう》（成文法）による統治である。

- 君主は君臨すれど統治はしない。君主機関説。 → **立憲君主制**
- 国家の役割を最小限に抑え、民間にまかせる。 → **小さな政府**
- 君主の恣意的な判断によらず、法により国家を統治する。 → **法治主義**

慎到の思索には現代に通じるものが多くあるが、著作が失われているため研究が進まず、評価は高くなかった。

君法を舍《す》てて心を以《もっ》て軽重を裁けば、則ち功を同《ひと》しくして賞を殊《こと》にし、罪を同じくして罰を殊にす。怨《うら》みの由りて生ずる所なり。(『慎子《しんし》』君人篇)

と、君主の気まぐれによる統治は、賞罰に不公平を生じて民衆の怨みを買う。これに対して法に基づく裁定は、「法の功は、私をして行わざらしむるより大なるは莫《な》し」(守山閣《しゅざんかく》本『慎子《しんし》』引く佚文《いつぶん》)とか、「法とは、天下の動きを斉《ひと》しくする所以《ゆえん》なり。至公大定の制なり」(同)と、公正で客観的な性格を持つため、誰も不平を言わない。そこで慎到《しんとう》は、「法は善からずと雖《いえど》も、猶《な》お法無くして一人の心を以てする所より愈《まさ》れり」(威《い》徳《とく》篇)と、たとえ悪法であっても、君主一人の心で統治するよりはずっとましだと、法による支配を説いたのである。

従来の慎到に対する評価は、概してその勢の思想が韓非子《かんぴし》に影響を与えた点を指摘するだけに止《とど》まってきた。慎到の著作が早く失われ、彼の全体像が摑《つか》みにくかったことも、そうした低い評価を生む一因だったであろう。だが、富国強兵が急務の戦国時代に、はたして彼の思想が通用したのかといった時代的制約をはずして見るとき、慎到の思想には、小さな政府と民間への業務委託、実定法（成文法）による客観的な支配、君主機関説など、現代の社会に通ずる普遍的要素が、韓非子よりもはるかに豊富に見出《みいだ》される。

十九世紀ドイツの社会思想家、フェルディナント・ラサールは、国家の最も重要な役割は立法にあり、法律の制定後は、国家はその機能を防衛や治安維持など、必要最小限に抑えて、後は国民の自由に委ねるべきだとする、夜警国家の考え方を提出した。民衆の自活能力に信頼を置きながら、法による客観的支配を説く慎到の思想は、すでにそれに近い性格を示している。

商《しょう》鞅《おう》

商鞅の変法

申《しん》不《ふ》害《がい》や慎《しん》到《とう》は、法の本質を客観的基準と考える立場の法思想家であったが、それとは大きく異なる立場の法思想家も存在した。法の本質を国家や君主の意図を実現するための誘導技術と考える立場で、法術思想と呼ばれる。その代表は商鞅である。

商鞅は戦国中期の変法家で、衛《えい》という国の公子だったため、公孫鞅《こうそんおう》とか衛鞅《えいおう》と呼ばれた。さらに秦《しん》に仕えた後、於商《おしょう》の邑《むら》の領主となったので、商鞅とか商君とも呼ばれるようになった。はじめ魏《ぎ》の国に仕えたが、秦の孝公《こうこう》が有能の士を募集したのに応じ、孝公に仕えて二度にわたる大胆な法制変革、国家改造事業に着手した。

その要点は、斬首した敵兵の数に応じて爵《しゃく》位《い》を与え、爵の等級に応じて社会的地位が上昇するといった形で、軍功の程度と官爵の等級と社会的序列の三者を厳しく対応させる点にあった。その他、商鞅の変法令には、民衆を什《じゅう》（十人組）や伍《ご》（五人組）

に組織して連帯責任を負わせる什伍《じゅうご》の制や、悪事の密告を奨励して相互に監視させる告姦《こくかん》の制、放蕩《ほうとう》息子の無駄飯食いを防ぐ分家の強制、穀物を増産して租税を多く納めた者への労役免除、私的決闘の禁止、商工業の抑圧など、多くの改革が盛り込まれていた。

商鞅は、富国強兵に直結する穀物生産と戦闘のみを残す合理性を徹底的に追求し、古い社会体制が宿す多様で曖昧《あいまい》な伝統的価値を一切排除して、農業と戦闘以外の手段では決して出世できない、全く新しい軍国体制を作り上げようとしたのである。もちろん、あまりに過激な改革だったから、反対意見も続出したが、商鞅は太子をはじめとする保守派を弾圧して、強引に国家改造計画を実行に移した。

もはや農業と戦闘以外には何の価値も見出せなくなった秦の民衆は、その一挙手一投足を、すべてのエネルギーを、無駄なく軍国体制に注ぎ込む。かくして秦は、戦時体制が常態である巨大な戦闘マシーンへと変貌《へんぼう》した。

商鞅の悲惨な最期

前三五二年、商鞅はさっそくこの戦闘マシーンを自ら動かし、魏《ぎ》の軍事拠点である安邑《あんゆう》を一挙に攻略して、内外にその威力を示した。続いて彼は、咸陽《かんよう》に新たな国都を

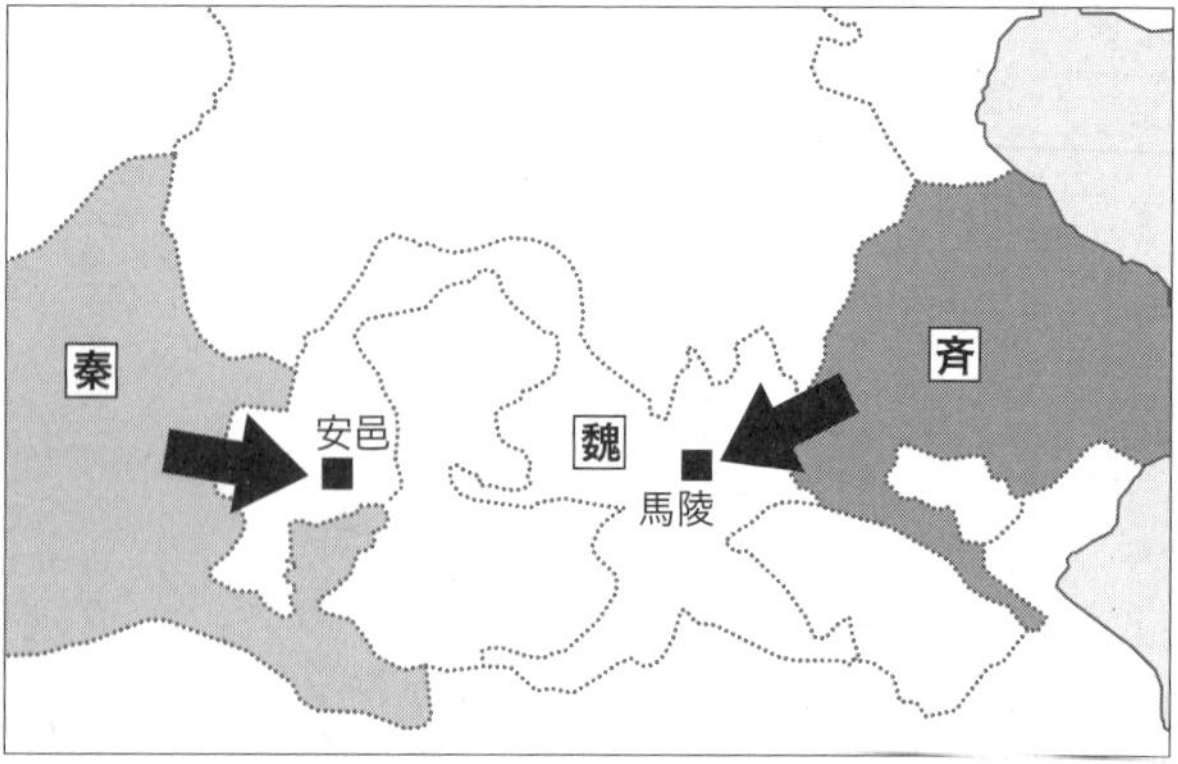

秦の東方進出の前に立ちはだかる魏は、安邑で秦に敗北、桂陵・馬陵でも斉に敗北。凋落し、天下統一の覇業から遠ざかった。

建設したり、耕地の区画を整理したり、税制を刷新したりと、改革の第二段階を推進した。その結果、秦《しん》の国力はさらに充実し、秦の軍隊の強さは天下の諸侯の恐怖の的となった。

続いて商鞅は、再び戦闘マシーンを自ら指揮して魏に侵攻し、敵将を殺して魏軍を撃破した。彼はこの軍功によって、於商《おしょう》十五邑《ゆう》の領主の地位を与えられた。

さらに商鞅は、宰相として国政の実権を握り続けたが、彼を信任していた孝公が死去し、かつて商鞅が処罰した太子が即位するや、彼の運命はにわかに暗転する。謀反の嫌疑をかけられた商鞅は、追っ手を逃れて魏に奔《はし》るが、彼に怨みを持つ魏の人々は、その亡命を許さず、逆に身柄を秦に引き渡す。途中で辛くも脱走した商鞅は、於商の兵を率いて戦うが敗死し、その屍《しかばね》は車裂きの刑に処せられる。前三三八年のことであった。

商鞅は、互いに領土を侵削し合う戦国期の状況を前提に、法術による軍国体制を完成させた。たしかにそれは、戦国期を勝ち抜く最も効果的な方法であった。商鞅の死後も、彼が作り上げた戦闘マシーンは、東方に向かってその威力を振るい続け、次々に六国を滅ぼして、前二二一年に天下を再統一する。

まさしく商鞅は、後の秦帝国の土台を築いた男であった。だが秦帝国は、敵国が消滅して平和が訪れた後も、なお戦時国家の体制から抜け出せずに滅んでいく。輝かしい成功を収めた商鞅と秦。それは同時に、自ら切り開いた時代に敗れ去る者の悲劇でもあった。

韓非子《かんぴし》

韓非子の伝記

戦国末に法家思想を集大成した人物として著名な韓非子（韓非）は、戦国の七雄の一つ、韓の公子であった。その具体的な伝記はほとんど不明であるが、『史記《しき》』老荘申韓列伝に簡略な記述が残されている。

それによれば韓非《かんぴ》と李斯《りし》は、かつて荀子《じゅんし》から儒学を学んだ学友だったという。形名・法術を好んだ韓非子は、「非は韓の削弱《さくじゃく》せらるるを見て、数しば書を以て韓王を諫《いさ》む」（『史記』老荘申韓列伝）と、強大な秦《しん》に領土を削り取られ、日々衰弱していく韓の窮状を憂え、韓王に上書して国政改革の必要性を訴えた。ところが「韓王は用うること能わず」（同）と、父・韓王は息子の諫言《かんげん》に耳を貸さなかった。そこで韓非子は、国家が衰弱していく原因がどこにあるかを深く分析し、「孤憤《こふん》・五蠹《ごと》・内外儲《ないがいちょ》・説林《ぜいりん》・説難《ぜいなん》十余万言を作る」（同）と、著述に専念して富国強兵の法術理論を完成させる。

その後彼は、韓王の密命を受け、使者として秦に赴く。『史記』によれば、秦王政《せい》（後の始皇帝）は、かねてから孤憤・五蠹の書を愛読してその思想に心酔し、この著者に会えたならば死んでもよいとまで、著者との面会を切望していた。そこで秦王はわざと韓を急襲して、国難を救うべく、韓非が秦にやって来るよう仕向けたのだという。面会した秦王は、はたせるかな大いに韓非を気に入り、永く秦に滞在させようとした。

だがすでに秦に仕えていた李斯と姚賈《ようか》は、いずれ自分たちの地位が韓非によって脅かされるのではないかと心配した。そこで二人は結託し、秦王に対して、韓非は実は韓王の密命を受け、秦を弱体化する謀略工作をしにやって来たのだと訴え出た。投獄された韓非は、獄中から秦王に無実を訴えたが、李斯は先手を打ち、毒薬を贈って彼を自殺させる。秦王は韓非の投獄を後悔して釈放命令を出したが、時すでに遅く、韓非は冷たい屍となっていた。

以上が『史記』が伝える韓非の生涯の概略である。

法治の目的

儒家は君主の徳によって国家を治める徳治主義を唱えた。韓非子はそうした考えを否定して、法による支配、法治主義を唱えた。それでは、韓非子は法治の目的をどのように設定したのであろうか。

明君が治める国家では、聖人の道を説く（『詩経』『書経』などの）教典は見当らず、人々は（君主が公布した）法律のみを教典とする。（堯《ぎょう》だの舜《しゅん》だのといった）古代聖王の言葉を師とは仰がず、（法を執行する）官吏《かんり》だけを教師と仰ぐ。決闘で勇者ぶったりはせず、戦場で敵兵を斬首するのが勇者とされる。そこで国内の民衆は、議論するときは必ず法の規定に従い、行動するときは国家への功績になるかどうか考え、勇気を誇るときは戦場での戦闘でのみ発揮する。だからこそ、平時には国内が豊かで、戦時には軍隊が強いのである。（『韓非子』五蠹篇）

韓非子は法による支配を説いたが、その法とは、内容が明確に文章化され、広く一般に公開された実定法（成文法）である。韓非は、民衆は官吏を教師として法律の規定を学習すべきだという。その上で彼は、法が掲げるべき目的を、次の三点に設定した。

第一は、法令を無視して私的権力の拡大を狙う重臣を摘発・排除し、君主権の強化

	儒家	法家
規範とする言葉	『書経』『詩経』など聖人の道を説く書物	制定された法律
規範とする人物	堯、舜などの古代聖王	法の執行者。官吏

法家の主張する成文法の制定や法による統治は、儒家の思想を否定した。

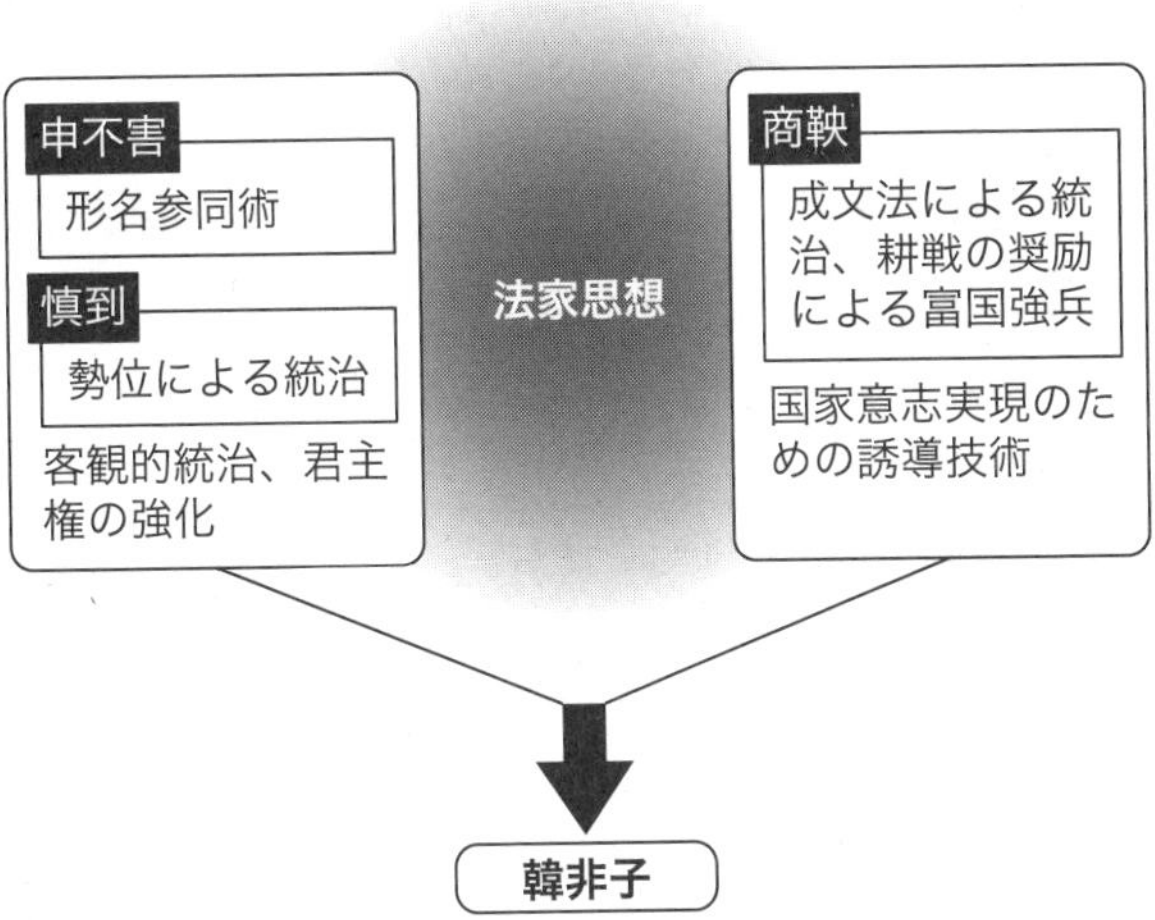

先人の理論を総合し、法家思想の集大成ともいえるのが韓非子の思想だった。

を実現することである。第二は、法や賞罰によって、民衆の価値基準を農耕と戦闘にのみ統一し、富国と強兵を実現することである。第三は、法治により犯罪を防ぎ、社会秩序を維持して、民衆すべてに安全な社会生活を保障することである。

これら三点の中、第一の君主権の強化は、法術思想の先駆者である商鞅には全く見られなかった主張で、韓非子が中不害や慎到が唱えた君主中心の法思想から影響を受けた結果と考えられる。また第二の耕戦の奨励による富国強兵は、もとより国家中心の法思想を説いた商鞅の法術思想の継承である。

法治の必要性

同じく実定法による支配を唱えても、そこには大きく分けて、二つの立場が存在する。

一つは、中不害や慎到のように、実定法を利害の対立を調停するための客観的基準と見なす立場である。この場合の実定法は、君主の主観的判断が持つ欠陥を克服する手段とされるから、個人の主観を交えない法の客観性・中立性が強調される。そこでこの立場に立つ法思想家は、実定法の性格を天秤《てんびん》ばかりやコンパス・定規などになぞらえる。

もう一つは、商鞅や韓非子のように、実定法を君主の意志を実現するための誘導技術と見なす立場である。この場合の実定法は、君主が意図する方向に民衆を賞罰で誘導する技術であるから、法の規定には君主の意図する方向性が強く込められることになる。そこでこの立場の法思想家は、実定法の性格を馬車の操縦装置や船の舵《かじ》になぞらえる。

韓非子が主張する法治とは、こうした誘導技術としての法（術的法）による支配を指しており、彼が語る法術とは、法による誘導技術の意味である。韓非子は、君主権の強化と富国強兵と治安維持を法の目的に掲げたのだが、それでは三者は、なぜ他の方法によってではなく、必ず法という手段によって実現されなければならないのであろうか。

韓非子は手段としての法の正当性を、まず時代の特色で説明する。古代は人口が少ないのに、生活物資は豊かだった。だから民衆もおっとりしていて、倫理・道徳で世の中は充分に治まったのだ。

ところが状況は時がたつにつれて悪化し、現代に至っては、人口はやたらに多いのに、生活物資は極めて不足している。勢い険しくなった民衆は、利益を奪い合って犯罪に走る。したがって、仁義・道徳は古き良き時代にのみ通用した統治手段に過ぎず、この厳しい時代に通用する手段は、ただ法治のみなのである。

農耕は激しくつらい労働を伴い、戦闘は負傷や戦死の危険が伴う。こんなことは、ほとんどの人間が嫌がるに決まっている。君主はそれをさせるのだから、民衆の自発性には全く期待できないのであって、恩賞を餌におびき寄せたり、刑罰で脅迫したりする法的強制以外に、富国強兵を実現できる手段はない。もし富国強兵が実現できなければ、弱肉強食の戦国の世にあって、国家は強国の餌食《えじき》となって滅んでいくしかない。

おまけに人間は、生まれつき出来が良くない。どこかに国家の前途を憂え、社会への愛と奉仕に生きる善人がいたとしても、それはあくまでも少数の例外に過ぎない。大多数の人間は、日々の欲望を満たし、安楽な生活を送ること以外は、何も考えずに生きている。そしてこの、社会全体のために役立ちたいなどとは爪の先ほども思わず、わが身の幸福しか考えないお馬鹿な連中こそ、君主が治めるべき相手なのだ。

そもそも民衆は、愛だの仁義だのといった道徳的説教には、はなから馬鹿にして全く耳を貸さない反面、強大な権力の威圧には、容易に屈服する卑しい性分を持つ。そこで、こうした人間の醜い本性を計算に入れれば、法術による支配こそが手段としての正当性を持つのだ。

かくして韓非子は、儒家が説く徳治主義のように人間の善意に期待するのは、偶然に頼ろうとするお人好《よ》しの愚考であって、術的法を操る法治こそが、必ず民衆を支配できる「必然の道」なのだとする結論にたどり着く。これが韓非子が考えた法治の必然性であった。

形名参同術の必要性

韓非子は法の目的の一つに君主権の強化を挙げたが、そのための具体的技術が形名参同術（あるいは形名参験術）である。君主は臣下に仕事を命ずる際、任務の遂行に必要な人員・費用・期間や、職分に応じた役割分担、見込まれる成果などを記した詳細な計画書を事前に提出させる。その上で必ず計画通りに事業を成功させますと誓約させる。この契約は、証拠としてすべて文字で記録しておく。ここで言われる「名」とは、こうした文書を指す。そして「形」とは、はっきりと目に見える形、すなわち結果・実績を指す。こうして臣下の実績（形）と最初の申告（名）を照合（参同・参験）し、ぴったり一致すれば恩賞を与える。もし結果が伴わない場合は、降格・罷免・投獄などの処罰を与える。

この方法で官僚を働かせれば、口先ばかりで実行力のない無能な連中は、厳しく査定・処罰されて、官僚組織から排除される。かくして君主は、いちいち自分の乏しい賢智を労せずとも、多数の官僚を制御して、自動的に統治を達成できる。

韓非子は君主権の強化を阻み、国家を弱体化させる悪の元凶は、国家の要職を占めて、君主から実権を奪い取り、私腹を肥やす重臣たちだと考えた。そこで彼は、重臣たちの悪巧みを見破る方法として、君主に形名参同術の採用を訴える。そうすれば君主は、効率よく臣下の不正を摘発できるというのである。

韓非子は先輩の申不害から、形名参同術の理論を導入したのだが、術的法や厚賞厳罰、君主の権勢などを、形名参同術と密接に結合する形に理論を進展させている。こうした操作によって形名参同術は、形名術に委ねれば自動的に臣下を督責でき、君主は賢智を用いた繁雑な判断をせずに無為でいられるといった申不害の段階から、法と賞罰による威嚇を背景に、より積極的に君主権への絶対的服従を強制する段階へと、その威力を増大させたのである。

法術思想の矛盾

韓非子は、欲望のままに生きる民衆の愚劣さを鋭く指摘し、民衆の善意には何の期待もできないから、賞罰で誘導し法で強制する以外に方法はないと考えた。そこでしばしば韓非子は、人間への不信感に取りつかれた、冷酷・非情な思想家と評される。

だが彼は、決して人間すべてに絶望していたのではない。

韓非子は、「智術の士は、必ず遠見にして明察。明察ならざれば、私を燭《てら》らすこと能わず。能法の士は、必ず強毅《きょうき》にして勁直《けいちょく》。勁直ならざれば、姦《かん》を矯《ただ》すこと能わず」(『韓非子』孤憤篇)と、いかなる誘惑にも乗らず、どんな迫害にも屈せず、ひたすら君主と国家の安泰のみを願って闘い続ける、法術の士の存在を強調する。また法術の士のパートナーとして、法術の士の価値を認め、要職を占める重臣たちの妨害を排除して、彼の意見を採用する明主の存在をも記す。

国家の要職を占める重臣たちは、その権力を悪用して、さまざまな陰謀をめぐらす。いかにも国家や君主のためにしているかのように見せかけながら、その裏では私腹を肥やし続ける。国家の財産を横領して子分たちにバラまき、国家にではなく自分に忠誠を尽くさせる。法をねじ曲げて便宜を図ってやり、私恩を売って味方を増やす。こうして勢力を拡大し、もう誰も自分の悪事に文句をつける者がいないと見るや、君主から実権を奪ったり、君主を殺してその地位を奪ったりする。

だが法術の士は、どんなに利益を餌に見せられても、決して釣られたりはしない。どんなに脅迫されても、決してひるんだりはしない。法術の士は、自分の利益には目もくれず、命を落とす危険も顧みない。彼は周りから煙たがられ憎まれて、朝廷内では常に孤立無援である。だが彼は、ひたすら国家と君主の利益のみを考え、果敢に重臣たちに闘いを挑み、国家と君主に損害を与える者たちを摘発する。

韓非子の幻想

法術の士が活躍するためには、その価値を高く評価して任用してくれる君主が必要である。そうした君主を韓非子は「明主」とか「明王」と呼ぶ。明主と法術の士。韓非子によってこの二種類の人間だけは、曇りなき叡智《えいち》を備え、欲望に目が眩《くら》まず、恐怖にたじろがず、決然として国家の前途に深謀をめぐらす、純粋な仕事師、ピューリタン的人間として描かれる。だがそうした人間が出現する保証は、実はどこにもない。

韓非子は、儒家の徳治主義を次のように批判した。儒家は、堯や舜のような有徳の君主が君臨すれば天下は治まるから、徳で治めなければならないと言う。だが堯や舜といった人物は、数千年に一人現れるかどうかの稀《まれ》な君主である。これに対して自分が主張する法治は、普通・一般の君主でも統治ができるようにするための手段なのだと。このように、そもそも韓非子自身が、英明な君主など滅多に出現しないとの前提に立って、法術思想を説いていたのである。たしかに彼が言うように、傑出した君主が出現する確率は極めて低く、大多数は凡庸な君主で占められるとしなければならな

徳治

徳治には有徳の君主が必要

↓

大多数の人間は凡庸な上に、君主の座は原則的に世襲される。

↓

有徳の君主の出現は、偶然のようなもの。

法治

法治には法術を理解する明主が必要

↓

大多数の人間は凡庸な上に、君主の座は原則的に世襲される。

↓

明主の出現も、有徳の君主同様に偶然のようなもの。

両者とも簡単に出現しない

韓非子は、儒家の唱える徳治はあくまで偶然の産物であり、法治より劣ると判断した。しかし、彼の唱える「明主」も滅多に出現しない。事実、法術に理解ある始皇帝と法術の士・李斯が亡くなると秦帝国はほどなく崩壊することとなった。

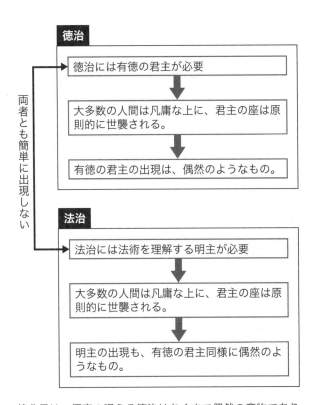

い。だとすれば、法術の士の価値を認め、重臣たちの妨害を排除して法術の士を任用する明主もまた、ほとんど出現は期待できなくなってしまう。

韓非子は、現実の暗さに目覚めよと説いて、偶然の幸運に頼る統治を甘美な幻想として退け、一貫して「必然の道」(『韓非子』顕学篇《けんがく》)を追い求めた。だが韓非子の鋭い理論も、実はその根抵に、明主と法術の士の出現といった偶然性に一切を託さんとする、大いなる幻影を宿していた。理想主義者の魂を現実主義者の仮面と衣装で演じ続けようとしたところに、韓非子の思想の、そして韓非子の人生そのものの悲劇が存在したのであり、彼もまた地上のあまりの暗さに耐え切れず、架空の幻夢の中に、己と世界を救済しようとしたのである。

法術思想のその後

韓非子は秦の獄中に倒れたが、彼の理念は始皇帝に継承される。韓非子の理論通りにいけば、偉大な明主・始皇帝と、法術の士・李斯《りし》のコンビが、法術によって整然と統治される永遠の帝国を完成させるはずであった。

ところが行幸先での始皇帝の急死により、新たに二世皇帝と趙高《ちょうこう》が登場してくる。趙高は始皇帝の急死をもっけの幸いとして、始皇帝の長男である扶蘇《ふそ》に自害を命じ、末子の胡亥《こがい》に皇帝の位を継がせるとの偽の詔勅《しょうちょく》を作り、それを認めるように李斯に迫る。韓非子の理論では「必ず強毅《きょうき》にして勁直《けいちょく》」のはずの法術の士・李斯は、たちまち脅迫に屈して趙高の陰謀に荷担する。かくして胡亥は皇帝に即位する。

自分の利益しか眼中にないこの最悪のコンビは、保身と権力の誇示に駆られ、苛斂《かれん》誅求《ちゅうきゅう》と恐怖政治に走った。二世皇帝は、「朕《ちん》は尊《とうと》きこと万乗《ばんじょう》なるも、其《そ》の実《じつ》な し」（『史記』秦始皇本紀）と、父に比べて何の実績もない自分にいらだち、無用の土木工事によって無理に実績を上げようと焦る。民に重税を課し、厳しい労役に駆り出せば、民心が離反するとの諫言《かんげん》にも一切耳を貸さず、「凡《およ》そ天下を有《たも》つを貴しと為す所の者は、意を肆《ほしいまま》にし、欲を極むる得ればなり」（同）と、欲望の限りを尽くし、やりたい放題できるからこそ皇帝なのだと開き直る。

その結果、項羽《こうう》や劉邦《りゅうほう》などに率いられた反乱軍が各地に蜂起《ほうき》し、史上空前の大帝国も、わずか十五年あまりで滅んでいく。明主と法術の士の存在に法治の成否を委ねる偶然性・賭博《とばく》性といった致命的欠陥が、徹底的に暴露されたのである。

かくして韓非子は、李斯と姚賈によって肉体的生命を、二世皇帝と趙高によって思想的生命を絶たれる。韓非子は現実の暗さを指摘して止まなかったが、現実は貴公子たる彼の品性が許容する限度を超えてはるかに暗く、下劣であった。

おわりに

本書の原著は、二〇〇七年にナツメ社から刊行された『図解雑学 諸子百家』である。この度、角川ソフィア文庫の一冊として復刊されるに際し、前著では紙数の都合で割愛した、道家《どうか》の楊朱《ようしゅ》、名家《めいか》の恵施《けいし》と公孫龍《こうそんりゅう》、陰陽家《いんようか》の鄒衍《すうえん》の四編を補充した。またその後の研究の進展により、『論語』の書名、荀子《じゅんし》の後王思想、儒教の歴史、新出土資料と墨家思想などの項目についても、補筆して追加した。

いつの日か諸子百家を網羅した著作を執筆したいというのは、私が学生時代から抱き続けた願望である。そこで以後、なるべく多くの学派を研究対象とするよう心掛けてきた。だが『漢書《かんじょ》』芸文志《げいもんし》・諸子略《しょしりゃく》が記す諸子の著作の大半が失われて現存しない状況では、所詮それは叶わぬ夢である。今は、新出土資料が続々と発見されて、失われていた諸子百家の著作が蘇る日の到来を待ち焦がれつつ、若き日の見果てぬ夢を追い続けるしかない。

最後に本書の編集に尽力して頂いた、角川ソフィア文庫編集部の伊集院元郁氏と、面倒な作画を担当されたデザイナーの小林美和子氏に謝意を表したい。

二〇二三年九月五日　浅野裕一

本書は、二〇〇七年五月にナツメ社より刊行された『図解雑学　諸子百家』に大幅に加筆をおこない、改題して文庫化したものです。

図解《ずかい》

諸子百家《しょしひゃっか》の思想《しそう》

浅野裕一《あさのゆういち》

令和６年 ２月25日　初版発行

発行者●山下直久

発行●株式会社KADOKAWA
〒102-8177　東京都千代田区富士見2-13-3
電話　0570-002-301（ナビダイヤル）

角川文庫 24052

印刷所●株式会社暁印刷
製本所●本間製本株式会社

表紙画●和田三造

◎本書の無断複製（コピー、スキャン、デジタル化等）並びに無断複製物の譲渡および配信は、著作権法上での例外を除き禁じられています。また、本書を代行業者等の第三者に依頼して複製する行為は、たとえ個人や家庭内での利用であっても一切認められておりません。
◎定価はカバーに表示してあります。

●お問い合わせ
https://www.kadokawa.co.jp/（「お問い合わせ」へお進みください）
※内容によっては、お答えできない場合があります。
※サポートは日本国内のみとさせていただきます。
※Japanese text only

©Yuichi Asano 2007, 2024　Printed in Japan
ISBN 978-4-04-400782-9　C0198

◇◇◇

角川文庫発刊に際して

角川源義

第二次世界大戦の敗北は、軍事力の敗北であった以上に、私たちの若い文化力の敗退であった。私たちの文化が戦争に対して如何に無力であり、単なるあだ花に過ぎなかったかを、私たちは身を以て体験し痛感した。西洋近代文化の摂取にとって、明治以後八十年の歳月は決して短かすぎたとは言えない。にもかかわらず、近代文化の伝統を確立し、自由な批判と柔軟な良識に富む文化層として自らを形成することに私たちは失敗して来た。そしてこれは、各層への文化の普及滲透を任務とする出版人の責任でもあった。

一九四五年以来、私たちは再び振出しに戻り、第一歩から踏み出すことを余儀なくされた。これは大きな不幸ではあるが、反面、これまでの混沌・未熟・歪曲の中にあった我が国の文化に秩序と確たる基礎を齎らすためには絶好の機会でもある。角川書店は、このような祖国の文化的危機にあたり、微力をも顧みず再建の礎石たるべき抱負と決意とをもって出発したが、ここに創立以来の念願を果すべく角川文庫を発刊する。これまで刊行されたあらゆる全集叢書文庫類の長所と短所とを検討し、古今東西の不朽の典籍を、良心的編集のもとに、廉価に、そして書架にふさわしい美本として、多くのひとびとに提供しようとする。しかし私たちは徒らに百科全書的な知識のジレッタントを作ることを目的とせず、あくまで祖国の文化に秩序と再建への道を示し、この文庫を角川書店の栄ある事業として、今後永久に継続発展せしめ、学芸と教養との殿堂として大成せんことを期したい。多くの読書子の愛情ある忠言と支持とによって、この希望と抱負とを完遂せしめられんことを願う。

一九四九年五月三日

角川ソフィア文庫ベストセラー

ビギナーズ・クラシックス 中国の古典
論語
加地伸行

ビギナーズ・クラシックス 中国の古典
老子・荘子
野村茂夫

ビギナーズ・クラシックス 中国の古典
韓非子
西川靖二

ビギナーズ・クラシックス 中国の古典
易経
三浦國雄

ビギナーズ・クラシックス 中国の古典
孟子
佐野大介

孔子が残した言葉には、いつの時代にも共通する「人としての生きかた」の基本理念が凝縮され、現代人にも多くの知恵と勇気を与えてくれる。はじめて中国古典にふれる人に最適。中学生から読める論語入門！

老荘思想は、儒教と並ぶもう一つの中国思想。「上善は水のごとし」「大器晩成」「胡蝶の夢」など、人生を豊かにする親しみやすい言葉と、ユーモアに満ちた寓話を楽しみながら、無為自然に生きる知恵を学ぶ。

「矛盾」「株を守る」などのエピソードを用いて法家の思想を説いた韓非。冷静ですぐれた政治思想と鋭い人間分析、君主の君主による君主のための支配を理想とする君主論は、現代のリーダーたちにも魅力たっぷり。

陽と陰の二つの記号で六四通りの配列を作る易は、「主体的に読み解き未来を予測する思索的な道具」として活用されてきた。中国三〇〇〇年の知恵『易経』をコンパクトにまとめ、訳と語釈、占例をつけた決定版。

論語とともに四書に数えられる儒教の必読書。人の上に立つ者ほど徳を身につけなければならないとする王道主義の教えと、「五十歩百歩」「私淑」などの故事成語の宝庫をやさしい現代語訳と解説で楽しむ入門書。

角川ソフィア文庫ベストセラー

大学・中庸
ビギナーズ・クラシックス 中国の古典
矢羽野隆男

国家の指導者を目指す者たちの教訓書である『大学』。人間の本性とは何かを論じ、誠実を尽くせと説く『中庸』。わかりやすい現代語訳と丁寧な解説で、今の時代に生きる中国思想の教えを学ぶ、格好の入門書。

貞観政要
ビギナーズ・クラシックス 中国の古典
湯浅邦弘

中国四千年の歴史上、最も安定した唐の時代「貞観の治」を成した名君が、上司と部下の関係や、組織運営の妙を説く。現代のビジネスリーダーにも愛読者の多い、中国の叡智を記した名著の、最も易しい入門書！

呻吟語
ビギナーズ・クラシックス 中国の古典
湯浅邦弘

皇帝は求心力を失い、官僚は腐敗、世が混乱した明代末期。朱子学と陽明学をおさめた呂新吾が30年かけて綴った人生を諭す言葉。「過ちを認める勇気」「冷静沈着の大切さ」など、現代にも役立つ思想を説く。

墨子
ビギナーズ・クラシックス 中国の古典
草野友子

儒家へのアンチテーゼとして生まれ、隆盛を誇った墨家。その思想を読み解けば、「自分を愛するように他人を愛する＝兼愛」、「自ら攻め入ることを否定する＝非攻」など、驚くほど現代的な思想が見えてくる！

書経
ビギナーズ・クラシックス 中国の古典
山口謠司

四書五経のひとつで、中国最古の歴史書。堯・舜から秦の穆公まで、古代の君臣の言行が記されており、帝王学の書としても知られる。教えのもっとも重要な部分を精選。総ルビの訓読文と平易な解説の入門書。